全国商业职业教育教学指导委员会推荐教材

工业和信息化高职高专“十二五”规划教材

高等职业教育财经类**名师精品**规划教材

Cost Accounting Practice

成本会计实务

顾全根 刘洪海 编著

人民邮电出版社

北京

图书在版编目（CIP）数据

成本会计实务 / 顾全根，刘洪海编著. -- 北京 ：人民邮电出版社，2013.11(2017.6重印)
高等职业教育财经类名师精品规划教材
ISBN 978-7-115-32052-0

Ⅰ. ①成… Ⅱ. ①顾… ②刘… Ⅲ. ①成本会计－会计实务－高等职业教育－教材 Ⅳ. ①F234.2

中国版本图书馆CIP数据核字(2013)第215908号

内容提要

本书以企业成本会计工作过程为主线，将教学内容分解设计为：成本核算的一般程序、要素费用的核算、综合费用的核算、生产费用在完工产品与在产品之间分配、成本计算的基本方法、成本计算的辅助方法、成本报表的编制和分析等七个项目。本书在内容、结构、体例上均有较大创新。为方便教学和自学，在每个项目后还配有适量课后练习题。

本书可作为高职高专财经类专业的教材，也可作为相关从业人员专业学习的辅导用书。

◆ 编　　著　顾全根　刘洪海
责任编辑　李育民
责任印制　沈　蓉　杨林杰

◆ 人民邮电出版社出版发行　北京市丰台区成寿寺路 11 号
邮编　100164　电子邮件　315@ptpress.com.cn
网址　http://www.ptpress.com.cn
固安县铭成印刷有限公司印刷

◆ 开本：787×1092　1/16
印张：13　2013 年 11 月第 1 版
字数：329 千字　2017 年 6 月河北第 5 次印刷

定价：29.80 元

读者服务热线：(010)81055256　印装质量热线：(010)81055316
反盗版热线：(010)81055315
广告经营许可证：京东工商广登字 20170147 号

编委会

序

一个国家经济社会的发展，主要是靠自然资源、物质资源和人力资源，但是我们不能仅依靠对自然资源破坏性的开发和对物质资源的大量消耗、浪费来发展社会经济。由于我国自然资源比较贫乏，物质资源也相对有限，所以我们要实现经济社会的持续发展就要建设人力资源强国。当前，我国处于从一个人力资源大国向人力资源强国转变的关键时期，要实现这样的转变就必须大力发展教育。人力资源理论指出教育对于经济的增长有重要作用，以 1926－1957 年的美国为例，其经济增长中有近三分之一是来自人力资源增长的贡献。所以一个国家经济社会要发展，首先就要发展教育，特别是发展职业教育，因为职业教育是为一线生产、服务、管理等部门培养高素质的劳动者和技术技能型应用人才的，这些人才的素质高低直接关系到一个国家经济社会的发展的规模、速度和效益。因此可以说，国家之间的实力竞争，归根结底是人才的竞争，是一线劳动者和技术技能人才综合素质的竞争，所以抓职业教育发展就是抓经济社会发展。

为了更好地促进职业教育商业类专业的发展，教育部和商务部牵头成立了全国商业职业教育教学指导委员会，其主要职能之一就是“研究商业职业教育的人才培养目标，教学基本要求和人才培养质量的评价方法，对专业设置，教学计划制定，课程开发，教材建设提出建议”，推进职业教育课程衔接体系建设，全面推进现代职业教育体系的建设，推动职业教育商业类人才的培养。

进入 21 世纪以来，随着中国经济实力的飞速提升，中国商业获得了巨大的发展，发生了深刻的变化。与商业相关的多个行业领域也重获新生且飞速发展，不仅各行业内部的繁荣程度得到不断提升，行业对外开放程度，行业的法制建设、人才建设等各方面都取得了显著成就，上升到了新的水平。我国商业及相关经济行业的飞速发展，既为商科职业教育的发展带来了勃勃生机，也同时带来了新的挑战。以往商科高等职业教育更多借鉴原专科教学经验，教学内容和教学形式多为原专科教学的“翻版”，尤其是教材，很多经典教材都由从事本专科教学的教师编写。实践证明，这些教材越来越难以满足高等职业教育应用性强及以就业为导向的教学需要。正是基于这样的考虑，2012 年年初，人民邮电出版社发起了“职业教育财经类名师精品教材建设项目”，这个“聚名师、建精品、促教学”的有益之举甫一出台就得到全国多家知名高职院校的支持和响应。同年仲夏，该项目在北京召开了项目启动仪式及专家委员会组建大会，之后历时一年，该项目的成果终能付梓，也就是现在呈现给各位读者的“高等职业教育财经类名师精品规划教材”。

作为“职业教育财经类名师精品教材建设项目”专家委员会的主任委员，我参与了这套教材的筹备、审稿等多个关键环节，认为这套教材与以往高职高专财经类教材相比，在三个方面做的比较好。首先，编者名师汇集，内容紧扣教改。这套教材的编写者、审阅者都是国内商科类院校的知名专家、教授，他们将自己多年教学实践所得，按照职业教育最新的“五个深度对接”的教学改革要求撰写成册，实现了课程教材内容与职业标准对接，充分体现了“做中学，做中教”、“理论实践一体化”的要求，科学地将专业知识和专业技能的培养结合起来，教材内容在确保学生达到职业资格要求的同时，还能促进学生综合职业素养的发展。其次，体例论证严密，呈现形式有创新性。组建了专门的专家委员会对教材的体例、内容进行审定。其中主任委员负责教材宏观方向和思路的把握；副主任委员负责具体教材规划的制定，包括课程规划、写作思路、教材体例、整体进度规划等，通过多级专家审定和多次会议讨论、商定，最终选择符合课程特色和教学改革新要求的教材编写体例和内容呈现形式。最后，资源丰富实用，打造立体平台。为了寓教于学，充分调动学生学习的积极性和主动性，出版社聘请专人运用最先进的教学资源建设理念和手段，为每本教材配套建设了丰富的多媒体教学资源，这些教学资源都经过精心的教学设计，能够与教材内容紧密结合，有效地促进学与教，从而为教师课堂教学注入新的活力。

相信这套教材被广大职业院校使用之后，可以有效地实现对学生学习能力、职业能力和社会能力的培养，促进学生综合素质的发展和提高。

这套教材从专家团队组建、教材编写定位、教材结构设计、教材大纲审定到教材编写、审校全过程都倾注了高职商科教学一线众多教育专家和教学工作者的心血，在这里我真诚地对参加编审的教授、专家表示衷心的感谢。

全国商业职业教育教学指导委员会副主任委员 王晋卿

2013 年 6 月 26 日

前言

Preface

我们根据高职高专财经类专业人才培养方案和“成本会计”课程教学基本要求，以工学结合项目过程为导向编写了本书。

在编写过程中，充分考虑了高职高专“成本会计”教学的目的和要求，以企业成本会计工作过程为主线，根据“任务驱动、项目导向”的课程思想，将本课程的教学活动分解设计成七个项目，以项目为单位组织教学，以典型案例为载体，操作技术为核心，辅以相关专业理论知识，来培养学生的综合职业能力，满足学生就业与发展的需要。

本书在内容、结构、体例上均有较大创新。内容上采用“每个能力为一个项目”的教学模式，以实用、够用为原则，紧紧围绕完成成本核算的需要来选择课程内容，强调过程操作和技能训练，重视能力培养；结构上遵循会计核算方法的内在联系和具体会计工作的操作程序，抓大放小，使体系更具科学性；体例上突破传统模式，以项目为单元，通过实务案例导入，更贴近企业的会计实践。本书更好地贯彻了工作过程导向，教学做一体化、理实一体化的高职教育理念。

本书由苏州经贸职业技术学院顾全根和苏州经贸职业技术学院刘洪海编著，顾全根执笔编写了项目一、项目二、项目七，刘洪海执笔编写了项目三、项目四、项目五、项目六。

本书在编写过程中参考了相关书籍的内容，得到了有关专家、学者的指导，在此一并表示感谢，特别感谢李永波老师、罗娟老师在前期工作中的辛勤付出！

限于编者的水平，书中不妥和疏漏之处，敬请读者和会计界同仁批评、指正。

编 者

2013 年 7 月

目 录

Contents

项目一 成本核算的一般程序

学习目标

1. 了解企业成本核算的内容、目的和原则；
2. 理解企业成本核算的要求；
3. 掌握企业成本的分类；
4. 会对企业相关成本进行分类；
5. 熟练掌握及运用企业成本核算的程序。

项目导航

成本核算的一般程序，就是对生产费用进行分类核算，将生产经营过程中发生的各项要素费用按经济用途归类反映的过程。为了将生产费用计入各成本计算对象，计算出各成本计算对象的制造成本，有必要建立一个完整的账户体系。本项目首先讲述企业成本核算的原则和要求，接着对费用进行分类，再通过对成本核算的账户设置学习，重点掌握企业成本核算的一般程序。

相关知识

一、企业成本核算的原则和要求

产品成本核算是对生产费用支出和产品成本形成的核算，它是成本会计和生产经营管理的重要组成部分，在整个会计核算过程中起着承上启下的作用。做好产品成本核算工作，对于降低成本、费用，增加企业利润，提高企业生产技术和经营管理水平，以及正确处理企业与国家和其他投资者之间的分配关系，都有着十分重要的意义。

（一）成本核算的原则

为了提供管理上需要的资料，成本核算必须讲究质量，使提供的信息符合规定，达到正确和及时的要求。要提高成本核算的质量，就必须遵循权责发生制核算基础，采用符合成本核算的原则。成本核算必须遵守的原则主要有以下六点。

1．成本分期核算原则

企业生产经营活动是不断进行的，为了取得一定期间生产产品的成本，企业就必须将生产经营期划分为若干个相等的成本会计期间，按期计算产品生产成本，但成本核算中的分期，必须与会计核算年度的分期一致，这样才有利于各项核算工作的开展。成本核算，包括费用的归集、汇总与分配都是按月进行的，而产成品（完工产品）成本的计算期则与生产类型有关，与成本计算期不一定一致，可能与生产周期一致。成本分期核算原则主要是分清当月发生和当月负担的成本费用的界限，从时间上确定各个成本计算期的费用和产品成本的界限，保证成本核算的正确性。

2．合法性原则

合法性原则是指计入成本的费用都必须符合党和政府的方针政策、法令、制度的规定。例如，目前制度规定：购置和建造固定资产的支出，购入无形资产的支出，对外投资的支出，被没收的财物，各项罚款性质的支出，捐赠和赞助性质支出等都不能列入成本开支。如果出现违反规定的开支，必须在纳税申报时予以调整，保证成本指标的合法性。

3．一致性原则

一致性原则是指成本核算所采用的方法必须前后一致，使各期成本资料有一个统一的口径，以便分析、比较与考核。诸如，耗用材料成本的计价方法、计提折旧的方法、辅助生产费用和制造费用分配的标准与方法、在产品的计价方法、产成品成本的计算方法等。

坚持一致性原则，并不是说成本核算方法固定不变，当原先方法不能适应，而采用新方法会更有效地取得正确、有用的成本信息资料时，可改变成本核算方法。但采用新方法后，必须在成本报表的附注中说明改变原有方法的原因。

4．划分收益性支出与资本性支出原则

构成资产的资本性支出，要在使用过程中才能逐渐转入成本费用。收益性支出计入当期产品成本或者作为期间费用单独核算，全部由当期销售收入来抵偿。区分两者支出的目的是为了正确计算资产的价值和正确计算各期的产品成本、期间费用及损益。假设将资本性支出列作收益性支出，其结果必然是少计了资产价值，多计了当期成本费用。反之，可能多计了资产价值，少计了当期成本费用，不论是何种情况都不利于正确进行产品成本计算。

5．实际成本计价原则

实际成本计价亦称历史成本计价，是指各项财产物资应按照取得或购建时发生的实际成本入账，并在会计报告中也按实际成本反映。成本核算按实际成本计价，包括两方面的内容，一是对生产所耗用的原材料、燃料、动力和折旧等费用都要按实际成本计价；二是完工产品成本要按实际成本计价。

原材料、燃料、动力按实际成本计价是指原材料、燃料、动力要按其实际耗用数量和实际单位成本计算，折旧要按固定资产原始价值和规定使用年限计算。必须指出，这里所谓原材料的实际单位成本，不一定是某次采购的实际单位成本，而是由已经入账的各个实际成本历史形成的账面实际成本，不管是采用先进先出法、加权平均法、移动平均法等哪种方法计算，只要是实际单位成本都可以。原材料、燃料也可以按计划成本计价，但是在计入产品成本时，仍须将计划成本调整为实际成本。

产品按实际成本计价，同样是指产品完工转出时，账面上已归集的属于该产品的实际成本随之转出，不能多转或少转，但它并不排斥“库存商品”账户按计划成本计价。实际成本与计划成本之间的差异另设账户登记。

6．重要性原则

重要性原则是指把对成本有重要影响的内容和项目作为重点，单独设立项目进行核算与反映，力求准确。而对于那些次要内容和项目则从简核算，合并反映。例如，构成产品实体或主要成分的原材料、生产工人的工资就直接计入产品成本中的“直接材料”、“直接人工”项目单独进行反映；对于一般性耗用数额不大的材料费用就计入制造费用或管理费用，在综合项目中合并反映，从而使成本指标达到最佳的成本效益和经济效益。

重要性原则，也是对上述有关原则的补充。例如，按照权责发生制原则，凡属于本期成本负担的费用，虽未支付亦应作为应付费用计入本期成本，但如果数额较小，就不一定要这样做，可以在实际支付时计入支付本月的成本。

（二）企业成本核算的要求

产品成本核算的内容包括费用支出的核算和产品成本的计算。产品成本核算应满足以下要求。

1．审核和控制费用，做到算管结合，算为管用

企业管理的主要目的就是降低成本和费用，提高经济效益。因此，成本核算与管理相结合，就是要根据企业管理的要求组织成本核算，核算要服务于管理。具体应做到以下五点。

（1）审核和控制企业的各项费用。根据国家规定的法规和制度，企业的成本计划和制定的各项消耗定额，对企业的各项费用进行三方面的审核和控制：即是否符合开支范围；是否符合生产经营管理费用开支范围；是否符合产品成本开支范围。为此，要对费用的发生情况，以及费用脱离定额或计划的差异进行日常核算和分析，并及时进行反馈。对于不合法、不合理、不利于提高经济效益的开支要进行制止。对于已经造成的损失和浪费要追究责任、采取措施，防止以后再次发生。对于定额或计划不符合实际情况产生的差异，应该按照规定程序修订定额计划。

（2）正确、及时地归集生产经营管理费用。在生产经营过程中发生的各项生产经营费用，应该分别进行归集。对于生产费用，应该按产品进行归集，计算各种产品成本，以便为产品的定期分析和考核，挖掘降低成本的潜力提供数据。计算产品成本，既要防止为算而算，过于繁琐，脱离实际，也要防止过于简化，不能为企业管理提供所需数据的做法。

2．正确划分各种费用支出的界限

（1）划清收益性支出与资本性支出、营业外支出的界限。收益性支出是指与当期收入相配比的费用支出，收益性支出全部列作当期的成本、费用，也称为营业支出。例如，工资支出、折旧费用等。资本性支出是指其效益影响两个或两个以上会计年度的各项支出。收益性支出和资本性支出都是为了正确计算各期的损益，正确反映资产的价值。营业外支出是指与企业生产经营无关的其他支出，如非常损失、处理固定资产损失等。区分不同性质的支出是企业正确计算产品成本的前提条件。

（2）划清产品制造成本与期间费用的界限。产品制造成本是指企业为制造产品在生产过程中所消耗的材料、工资和制造费用。期间费用指在会计期间内为企业提供一定生产条件，以保持产品产销能力所发生的费用，如销售费用、管理费用、财务费用等，期间费用不计入产品成本。

用于产品生产的原材料费用、生产工人的工资费用、制造费用等，应该计入生产成本；由于产品销售、组织和管理生产经营活动及筹集生产经营资金所发生的费用，应该计入经营管理费用，并归集为营业费用、管理费用和财务费用，直接计入当期损益，从当期利润中扣除。应该防止混淆生产成本或劳务成本与经营管理费用的界限，也就是成本和费用的界限，将产品或劳务的某些成本计入期间费用，计入当期损益，或者将某些期间费用计入产品成本，借以调节各期产品成本或劳务成本和各期损益的错误做法。

（3）正确划分各个会计期间的费用界限。为了正确划分各个会计期间的费用界限，《企业会计准则》规定“会计核算应当以权责发生制为基础”。按照权责发生制原则划清各个会计期间的费用界限，可以从时间上正确反映产品成本和期间费用水平，便于分析考核企业生产经营费用计划和产品成本计划的完成情况。因此，它是正确计算产品成本的重要保证。

（4）划清不同产品成本的界限。为了正确反映和监督成本计划的完成情况，企业应该按照成本计算对象分别计算产品成本。在应由本期产品成本负担的生产费用中，能够直接确定应由某种产品负担的，直接计入该种产品的成本；应由几种产品共同负担的生产费用，则须采用比较科学、合理、简便的分配方法，分配计入各种产品的成本。为了考核，分析可比产品成本降低计划的完情况，必须注意划清可比产品成本与不可比产品成本的界限，不得为了假报完成可比产品成本降低的任务，而将可比产品成本挤入不可比产品成本。

（5）划清在产品和产成品成本的界限。产品生产周期与会计核算周期的不一致性，往往导致企业月末有在产品。因此，计算产品成本时，必须将本期生产费用在产成品与月末在产品之间采用适当的方法予以分配，分别计算完工产品成本和月末在产品成本。当然，如果月末计算产品成本时，某种产品全部完工，这种产品的各项生产费用之和，就是这种产品的完工成本；如果某种产品全部未完工，这种产品的各项生产费用之和，就是这种产品的月末在产品成本。应当注意防止任意提高或降低月末在产品成本和人为调节完工产品成本的错误做法。

（6）按成本开支范围处理费用的列支。企业应严格遵守成本开支范围，认真执行成本开支的有关规定。企业发生下列费用，不应列入成本、费用。

① 购置和建造固定资产的支出，购入无形资产和其他资产的支出；
② 对外界的投资以及分配给投资者的利润；
③ 被没收的财物以及违反法律支付的各项滞纳金、罚款以及企业自愿赞助、捐赠的支出；
④ 在公积金、公益金中开支的支出；
⑤ 国家法律、法规规定以外的各种付费；
⑥ 国家规定不得列入成本的其他支出。

3．正确确定财产物资的计价和价值结转方法

企业的生产费用是生产经营过程中物化劳动和活劳动的货币表现。其中，物化劳动绝大部分是生产资料，它们的价值要随着生产过程的进行而转移到产品成本中去。因此，这些生产资料的计价和价值结算方法直接影响产品成本的计算，如固定资产原值的计价方法、折旧方法、折旧率的计算、固定资产修理费用的处理等。

为了正确计算产品成本，对于财产物资的计价和价值结转的方法既合理又简便。国家有统一规定的，应采用国家统一规定的方法。应防止任意改变计价和价值结转的方法，借以人为调节产品成本的错误做法。

4．做好各项基础工作

这些工作包括订额的制订和修订，材料物资的计量、收发、领退与盘点，原始记录，以及厂内计划价格的制订与修订等。

（1）制定和修订各项定额。定额是企业在正常生产条件下对生产的数量、质量，以及人力、物力和财力等方面所规定的应达到的数量标准。定额是编制成本计划、分析和考核成本水平的依据，也是审核和控制成本的标准。企业的定额主要有产量定额、材料消耗定额、动力消耗定额、设备利用定额、劳动定额、各项费用定额等。

（2）材料物资的计量、收发、领退和盘点。为了进行成本管理和成本核算，还必须对材料物资收发、领退和结存进行计量，建立健全材料物资的计量、收发、领退和盘点制度。库存的材料、半成品和产成品，以及车间的在产品和半成品，均应按照规定进行盘点、清查，防止丢失、积压、损坏变质和被贪污、盗用。这些工作也是进行生产管理、物资管理和资金管理所必需的。

（3）原始记录。为了进行成本的核算和管理，对于生产经营过程中工时和动力的耗费，在产品和半成品的内部转移，以及产品质量的检验结果等，均应做出真实的记录。原始记录对于劳动工资、设备动力、生产技术等方面管理，以及有关的计划统计工作，具有重要意义。

5．适应生产特点和管理要求，采用适当的成本计算方法

产品生产组织和生产工艺特点及管理的不同要求，是影响产品成本计算方法选择的重要因素，而成本计算方法选择的合理与否，将影响产品成本计算的准确性。因此，企业必须适应各种类型生产的特点和它相联系的管理要求，确定计算产品成本的具体方法。这一问题将在以后内容中具体讲述。

二、费用的分类

为了掌握各种费用的性质和特征，以便科学地进行成本管理和成本核算，必须对费用进行合理的分类。费用可以按不同的标准分类，其中最基本的是按费用的经济内容和经济用途进行分类。

（一）费用按经济内容分类

1．费用要素

工业企业发生的各种费用按经济内容（或性质）划分，主要有劳动对象方面的费用、劳动手段方面的费用和活劳动方面的费用三大类。为了具体反映各种费用的构成和水平，还应在此基础上，将费用进一步划分为以下八个费用要素。

（1）外购材料指企业为生产经营而耗用的一切从外部购进的原料及主要材料、半成品、辅助材料、包装物、修理用备件和低值易耗品等。

（2）外购燃料指企业为生产经营而耗用的一切从外部购进的各种燃料，包括固体、液体、气体燃料。外购燃料也可以包括在外购材料中，但由于燃料是重要能源，一般需要单独考核，因而单独列作一个要素。

（3）外购动力指企业为生产经营而耗用的从外部购进的各种动力（如电力、热力等）。

（4）职工薪酬指企业为获得提供的服务而支付的各种形式的报酬和支出，包括职工工资、奖金、津贴和补贴，职工福利费，社会保险费，住房公积金，工会经费和职工教育经费，非货币性福利，因解除与职工的劳动关系给予的补偿，以及其他获得职工提供的服务相关的支出。

（5）折旧费指企业按照规定计算的固定资产折旧费用。出租固定资产的折旧费不包括在内。

（6）利息费用指企业借款利息支出减去存款利息收入后的净额。

（7）税金指企业应缴纳的各种税金，如房产税、车船使用税、印花税、土地使用税等。

（8）其他费用指不属于以上各费用要素，但应计入生产经营费用的支出，如邮电费、差旅费、租赁费、保险费、外部加工费等。

2．费用按经济内容分类的作用

（1）能反映企业一定时期内发生的费用种类和金额，可据以分析各个时期各种费用的构成和水平。

（2）能反映外购材料、外购燃料以及职工工资的实际支出，为编制企业的材料采购资金计划和劳动工资计划提供资料。

（3）能为企业核定储备资金定额和考核储备资金周转速度提供资料。

（4）能划分物质消耗和非物质消耗，为计算工业净产值和国民收入提供资料。

费用按经济内容分类核算的不足之处在于：不能反映各种费用的经济用途，不便于分析这些费用的支出是否节约、合理；无法确定费用的发生与各种产品之间的关系，不利于寻求降低产品成本的途径。因此，对于企业的这些费用还须按其经济用途进行分类。

（二）费用按经济用途分类

1．成本项目

工业企业的各种费用按经济用途分类，首先可分为生产经营管理费用和非生产经营管理费用。生产经营管理费用还可细分为计入产品成本的生产费用和不计入产品成本的经营管理费用（期间费用）。

计入产品成本的生产费用按其经济用途分类的项目，称为产品成本项目，简称成本项目。工业企业一般应设置以下成本项目。

（1）直接材料指直接用于产品生产、构成产品实体的原料、主要材料费用以及有助于产品形成的辅助材料费用。

（2）燃料和动力指直接用于产品生产的各种外购和自制的燃料、动力费用。

（3）直接人工指直接参加产品生产的职工薪酬。

（4）制造费用指间接用于产品生产的各项费用，虽直接用于产品生产但不便于直接计入产品成本，因而没有专设成本项目的费用，以及企业内部生产单位为组织和管理生产活动而发生的各种费用。它包括车间管理人员的工资和福利费，车间用固定资产的折旧费、修理费、保险费和租赁费，机物料消耗，低值易耗品摊销，水电费，运输费，劳动保护费，设计制图费，试验检验费，差旅费，办公费，在产品盘亏、毁损和报废（减盘盈），以及季节性停工和生产用固定资产修理期间的停工损失等。

以上各成本项目的费用之和，构成产品的生产成本。为使产品成本项目更好地适应企业的生产特点和管理要求，企业可根据实际需要，对上述成本项目做适当的调整。对管理上须单独反映、控制和考核的费用，以及在产品成本中占比重较大的费用，可增设成本项目，如“废品损失”、“停工损失”等；对工艺上耗用燃料动力不多的生产项目，则不必专设“燃料和动力”成本项目，可将其中的燃料费用并入“直接材料”成本项目，将其中的动力费用并入“制造费用”成本项目。

经营管理费用（期间费用）按经济用途可分为营业费用、管理费用和财务费用。

2．费用按经济用途分类的作用

（1）能反映各种费用的具体经济用途，便于考核各项费用定额或计划的执行情况，分析费用支出是否合理、节约。

（2）将生产费用划分为若干成本项目，便于分析产品成本构成，寻求降低产品成本的途径，提高成本管理水平。

产品成本计算的过程，也就是各种要素费用按其经济用途划分，最后计入本月各种产品成本，按成本项目反映完工产品和月末在产品成本的过程，也就是费用五个方面界限的划分过程。

（三）费用的其他分类

1．费用按其与生产工艺的关系分类

费用按其与生产工艺的关系可分为直接生产费用和间接生产费用。直接生产费用是指由于生产工艺本身引起的直接用于产品生产的各项费用，如生产产品耗用的材料费用、生产工人工资及福利费、机器设备的折旧费等。间接生产费用是指与生产工艺没有联系，间接用于产品生产的各项费用，如机物料消耗、车间管理人员工资、车间厂房折旧费等。

费用划分为直接生产费用和间接生产费用，便于考察和分析企业的管理水平。一般来说，管理水平愈高，产品成本中间接生产费用所占比重愈低。

2．费用按计入产品成本的方法分类

费用按计入产品成本的方法可分为直接计入费用和间接计入费用。直接计入费用（又称直接费用）是指生产某种产品而发生的能直接计入该种产品成本的费用，如生产耗用的材料费用、生产工人计件工资等。间接计入费用（又称间接费用）是指生产几种产品而共同发生的，不能直接计入某种产品成本，需要按照一定标准分配计入相关产品成本的费用，如制造费用、炼油企业耗用的原油等。

费用划分为直接费用和间接费用，便于正确组织产品成本核算。对直接费用应根据原始凭证直接计入产品成本，对间接费用应选择适当的分配标准分配计入有关产品成本。

3．费用按其与产品产量的关系分类

费用按其与产品产量的关系可分为变动费用和固定费用。变动费用是指费用总额随着产品产量的变动而成正比例变动的费用，如耗用的材料费用、计件工资等。固定费用是指费用总额不受产品产量的变动影响，相对固定不变的费用，如车间管理人员工资、办公费等。

费用划分为变动费用和固定费用，有利于加强产品成本控制和科学地进行成本分析，寻求有效降低费用的途径。

三、成本核算的账户设置

为了核算产品成本，要设置“生产成本”一级账户，在该一级账户下，分别设置“基本生产成本”和“辅助生产成本”两个二级账户，分别核算基本生产成本和辅助生产成本。同时，在成本核算过程中，还要设置“制造费用”及其他相关账户，如“废品损失”、“停工损失”等账户。

（一）“生产成本——基本生产成本”账户

基本生产是指为完成企业主要生产目的而进行的商品产品生产。“生产成本——基本生产成本”账户核算生产各种产成品、自制半成品、自制材料、自制工具、自制设备等所发生的各项费用。该账户应按产品品种等成本计算对象分设基本生产成本明细账，也称产品成本计算单或产品成本明细账。

账中应按成本项目分设专栏或专行，登记各产品、项目的月初在产品成本，本月发生的生产费用，本月完工产品成本和月末在产品成本。其一般格式见表 1-1。

表 1-1　　产品成本计算单（基本生产成本明细账）

车间：　　　　产品：

年		摘要	产量	成本项目			成本合计
月	日			直接材料	直接人工	制造用费	
		月初在产品成本					
		本月生产费用					
		生产费用合计					
		本月完工产品成本					
		完工产品单位成本					

（二）“生产成本——辅助生产成本”账户

辅助生产是指为基本生产服务而进行的产品生产和劳务供应。“生产成本——辅助生产成本”账户核算为基本生产车间及其他部门提供产品、劳务所发生的各项费用。属于辅助生产的直接材料、直接工资应直接计入“辅助生产成本”账户及其有关明细账户。间接费用可以先通过“制造费用”账户归集，然后再分配转入“辅助生产成本”账户的借方，或者直接计入“辅助生产成本”账户的借方。该账户月末一般没有余额，如果有余额，就是辅助生产在产品的成本，也就是辅助生产在成品占用的资金。该账户应按辅助生产车间和生产的产品、劳务分设辅助生产成本明细账。

（三）“制造费用”账户

“制造费用”账户核算为企业生产产品和提供劳务而发生的应计入产品成本但没有专设成本项目的各项生产费用。费用发生时，计入“制造费用”账户的借方及有关明细账。月终根据企业成本核算办法的规定，按一定标准分配计入有关成本计算对象，从“制造费用”账户的贷方转入“基本生产成本”账户的借方及有关明细账户。

（四）其他相关账户

企业如果需要单独核算废品损失和停工损失，还应设置“废品损失”、“停工损失”账户。为了归集和结转不计入产品成本的期间费用，还需要分别设置“销售费用”、“管理费用”、“财务费用”账户。

四、成本核算的一般程序

成本核算的一般程序是指将生产经营过程中发生的各项费用，按照成本核算的要求进行归集和分配，并计算出各种产品的成本和各项期间费用的过程。

1．成本核算账户的设置

根据企业生产类型和管理要求，确定成本计算对象，开设各种生产成本、费用账户。

2．各要素费用的归集和分配

企业当期生产经营发生的各项要素费用，应根据费用的原始凭证和有关资料，按费用发生的地点和经济用途编制各项费用分配表，属于生产经营管理费用的，应分别计入“生产成本——基本生产成本”、“生产成本——辅助生产成本”、“制造费用”、“管理费用”等账户。不属于生产经营管理费用的，也应计入相关账户。

3．辅助生产成本的分配

月终将归集在“生产成本——辅助生产成本”账户上的费用，按其受益对象和提供的产品及劳务量，编制辅助生产成本分配表，分配计入“生产成本——基本生产成本”、“制造费用”、“管理费用”等账户。

4．制造费用的分配

月终将归集在“制造费用”账户上的费用，按其受益产品和分配标准，编制制造费用分配表，分配计入“生产成本——基本生产成本”账户。

5．完工产品成本的计算与结转

按产品成本计算期编制完工产品成本计算表，计算出完工产品成本，并将完工产品成本从“生产成本——基本生产成本”账户转入“库存商品”账户。

6．各项期间费用的结转

月末将“销售费用”、“管理费用”、“财务费用”账户上归集的费用转入“本年利润”账户。

结合成本核算的主要账户，成本核算的一般程序见图 1-1。

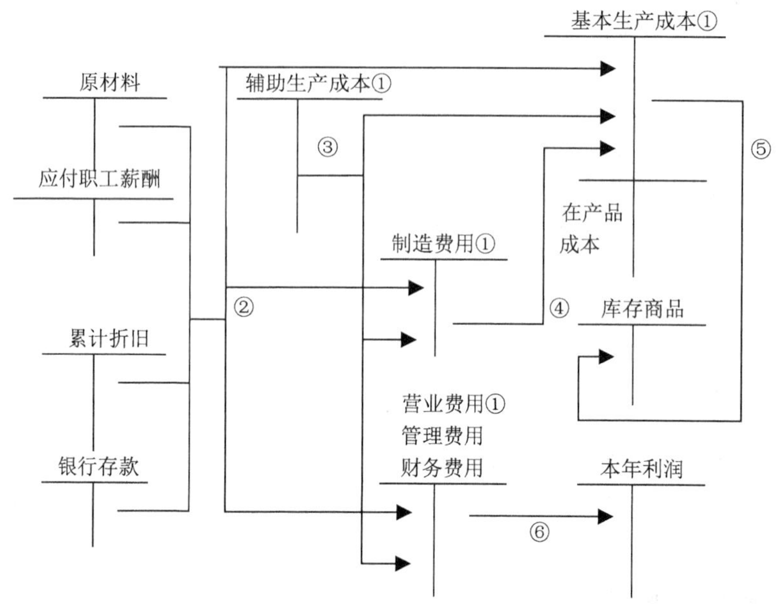

图 1-1　成本核算的一般程序图

注：①设置成本核算账户　②分配各项要素费用　③分配辅助生产费用
④分配制造费用　⑤结转完工产品成本　⑥结转各项期间费用

职业能力训练

一、职业能力选择

（一）职业能力单选

1. 工业企业产品成本是指（　　）。
   A. 生产费用、销售费用、管理费用、财务费用之和
   B. 生产一定种类、一定数量的产品所支出的各种生产费用之和
   C. 生产费用与管理费用之和
   D. 生产费用与管理费用、财务费用之和
2. 根据工业企业八个费用要素的划分，下列各项中不属于“外购材料”项目的有（　　）。
   A. 外购半成品　B. 外购包装物　C. 外购低值易耗品　D. 外购燃料
3. 下列说法合理的是（　　）。
   A. 直接生产费用皆可以直接计入费用，例如，原料、主要材料费用都能直接计入某种产品成本
   B. 间接生产费用皆可以间接计入费用，例如，机物料消耗只能按照一定标准分配计入有关的各种产品成本
   C. 在只生产一种产品的工业企业或车间中，也只有直接生产费用可以直接计入产品成本

D. 用一种原材料同时生产出几种产品的联产品生产（如煤化工），在这样的企业中，直接生产费用和间接生产费用都不能直接计入某种产品成本中，都是间接计入费用

4. 计入产品成本的费用是（　　）。

A. 生产费用　B. 销售费用　C. 财务费用　D. 管理费用

5. 属于产品成本项目的是（　　）。

A. 外购材料费用　B. 职工工资　C. 折旧费用　D. 制造费用

6. 下列各项中，属于工业企业费用要素的是（　　）。

A. 直接材料　B. 制造费用　C. 废品损失　D. 外购燃料

7. 下列各项中，属于产品生产成本项目的是（　　）。

A. 外购材料　B. 直接人工　C. 折旧费　D. 利息费用

8. 企业为生产产品而耗用的原料费用是（　　）。

A. 直接生产费用　B. 间接生产费用　C. 直接计入费用　D. 间接计入费用

9. 下列各项中，属于间接生产费用的是（　　）。

A. 生产工人工资　B. 机器设备耗用电费

C. 机器设备折旧费用　D. 车间厂房折旧费用

（二）职业能力多选

1. 工业企业的生产经营管理费用包括（　　）。

A. 生产费用　B. 销售费用　C. 管理费用　D. 财务费用

2. 为了充分发挥成本核算的作用，在成本核算工作中，应贯彻实施以下哪些要求？（　　）

A. 算管结合，算为管用　B. 正确划分各种费用界限

C. 正确确定财产物资的计价和价值结转的方法　D. 做好各项基础工作

E. 应生产特点和管理要求，采用适当的成本计算方法

3. 下列不计入生产经营管理费用的有（　　）。

A. 企业购置和建造固定资产，购买无形资产

B. 企业对外投资

C. 企业的固定资产盘亏损失，报废清理损失

D. 由于自然灾害造成的非常损失

E. 非正常原因造成的停工损失

4. 为了进行成本审核、控制，正确计算产品成本和经营管理费用，还必须做好以下各项基础工作（　　）。

A. 定额的制订和修订　B. 材料物资的计量、收发、领退和盘点

C. 原始记录　D. 厂内计划价格的制订和修订

5. 工业企业费用的三大要素为（　　）。

A. 物质消耗中的劳动对象方向费用　B. 物质消耗中的活劳动的耗费

C. 物质消耗中的劳动手段方向费用　D. 非物质消耗，即活劳动方向费用

6. 按照生产特点和管理要求，工业企业一般可以设立以下成本项目（　　）。

A. 原材料　B. 燃料及动力　C. 生产工资及福利费　D. 制造费用

7. 属于直接生产费用的有（　　）。

A. 生产工人计时工资　B. 生产工人计件工资

C. 车间机器折旧费用　　D. 车间厂房折旧费用

8. 属于间接生产费用的有（　　）。

A. 管理费用　　B. 财务费用　　C. 车间机物料消耗　　D. 分厂辅助工人工资

9. 为了进行产品成本的总分类核算，工业企业可以根据不同的情况，设立不同的总账科目：可以（　　）。

A. 设立“生产成本”科目

B. 设立“生产费用”科目

C. 设立“基本生产成本”和“辅助生产成本”科目

D. 在“生产成本”科目之外，增设“废品损失”科目

二、职业能力判断

1. 工业企业的生产费用、销售费用、管理费用、财务费用总称为经营管理费用。（　　）

2. 工业企业成本核算的内容就是产品生产成本即产品成本的核算。（　　）

3. 产品的生产经营过程，也是劳动对象、劳动手段和活劳动的耗费过程。（　　）

4. 根据工业企业八个费用要素的划分，“利息费用”是指企业的短期借款利息费用。（　　）

5. “基本生产成本”总账科目是为了归集进行基本生产所发生的各种生产费用和计算基本生产产品成本而设立的。基本生产所发生的各项费用，计入该科目的借方；完工入库的产品成本，计入该科目的贷方；该科目的余额就是基本生产在产品的成本。（　　）

6. 进行产品成本核算必须划分完工产品与月末在产品的费用界限。（　　）

7. 凡是直接用于产品生产而且专设成本项目的费用，都应单独计入“生产成本”科目。（　　）

8. 凡是直接计入费用都应设置专门的成本项目。（　　）

9. 产品成本是指企业在一定时期内发生的、用货币表现的生产耗费。（　　）

10. 在成本核算中，应该正确划分完工产品与在产品的费用界限，防止任意提高或降低月末在产品费用，人为调节完工产品的成本。（　　）

项目二 要素费用的核算

学习目标

1. 能进行要素费用归集和分配的账务处理；
2. 会编制各费用要素的分配表；
3. 掌握各成本构成要素的分配方法和费用分配表的编制方法；
4. 理解各有关费用要素各种分配方法的优缺点和适用范围；
5. 了解各费用要素归集与分配的关系。

项目导航

要正确核算产品的生产成本，就要对生产过程中发生的各种费用进行归集和分配，按一定的方法计入产品的成本项目。要素费用是指生产费用按其经济性质分类，包括材料费用、燃料费用、动力费用、职工工资及福利费、折旧费用、利息支出、税金及其他费用。直接用于产品生产的要素费用应直接或分配计入“基本生产成本”账户中各产品的成本项目；间接用于产品生产的要素费用有的构成了产品的成本，如辅助生产成本和制造费用，应通过一定的标准和分配方法分别计入各产品的成本项目；有的不是产品的成本部分，如用于销售或行政管理，对这些费用应按发生的部门和用途，分别归集和分配至“管理费用”、“营业费用”等账户及明细账。各种要素费用的归集和分配应通过编制相应的费用分配表来进行，并做相关的记账凭证，登记相应总账和明细账。

在本项目中，我们主要讲述材料费用的归集与分配，外购动力费用的归集与分配，薪酬费用的归集与分配，其他要素费用的归集与分配。

相关知识

一、材料费用的归集与分配

材料费用的归集与分配是企业生产过程中的重要环节，这里我们首先要对材料的内容进行归纳并分类，掌握实际成本计价方式下发出材料成本的确定，能够熟练填制材料领用凭证并对材料领用进行有效控制，熟练运用相关方法对材料费用进行分配。

（一）材料的内容与分类

材料是制造企业生产过程中的劳动对象，是生产过程中不可缺少的物资要素。在生产过程中直接取之于自然界的劳动对象，一般称为原料，例如，冶炼金属的矿砂，用以纺织的棉花，制造面粉的小麦；以经过工业加工的产品作为劳动对象的，一般称为材料，例如，各种钢材。在实际工作中有时把两者合并起来，称为原材料。材料在产品生产过程中所起的作用是不同的，有的经过加工后构成产品的主要实体，这种材料是主要材料，其余各种材料只在生产过程中起辅助作用，称之为辅助材料。在实践中，企业使用的材料名目繁多，如果简单地将其归为上述两种，既不利于材料管理，也不利于加强材料核算。为此，一般将材料按其用途分为以下几大类。

1．原料及主要材料

原料及主要材料是指经过加工后构成产品主要实体的各种原料和材料。如机械制造业中的金属材料、炼铁企业使用的矿石，以及纺织企业使用的原棉和棉纱外购半成品。对于购入企业来说，外购半成品同原材料一样都是劳动对象，在继续加工过程形成产品的主要实体，从理论上讲也应列入此类别。但是，有些企业为了加强外购成品专项管理和核算，将外购半成品作为材料的一个独立类别。

2．辅助材料

辅助材料是指在生产中不构成产品主要实体，只起一定辅助作用的各种材料。辅助材料在生产中的具体作用不同，有的与产品的主要材料相结合有助于产品形成，如染料、漂白粉和油漆等；有的供劳动资料消耗，如起润滑、防护作用的润滑油和防锈剂等；有的为正常劳动提供条件，如各种清洁用具和照明灯具等。

3．燃料

燃料是指生产过程中用来燃烧发热的各种材料，燃烧时能产生热能或动力和光能的可燃物质。按形态可以分成固体燃料（如煤、炭、木材）、液体燃料（如汽油、煤油、石油）、气体燃料（如天然气、煤气、沼气），但有些气体燃料可压缩为液体，如液化石油气；按类型可以分成化石燃料（如石油、煤、油页岩、甲烷、油砂等）、生物燃料（如乙醇、生物柴油等）、核燃料（如铀 235、铀 233、铀 238、钚 239、钍 232 等）。燃料在生产过程中的作用也不同，有的直接用于工艺技术过程，如铸造车间用的燃料；有的用于生产动力，如发电车间用的燃料；有的用于一般用途，如取暖用的燃料。

4．修理用备件

修理用备件是指为修理本企业机器设备和运输工具所专用的各种备品备件，如齿轮、轴承、阀门、轮胎等。修理用的一般零件属于辅助材料一类。在修理设备时用来更换磨损和老化零件的零件称为配件；为了缩短设备修理停歇时间，在备件库内经常保存一定数量的配件，称为备件。

配件和备件是做好设备维修工作的重要物质条件。配件和备件供应及时，不仅可以提高企业的设备完好率，而且还可以缩短设备修理停歇时间。机械制造企业的维修备件一般应包括以下几种零件：使用期限短（3～4 个月）的易损零件；制造工序较长、须用专用刀具、夹具加工而又易损坏的零件，如涡轮、花键等；设备上相同零件数量很大，或厂内同类设备多而消耗量大的零件；需要制造的大型复杂零件及铸、锻件，以及须向外厂委托加工的零件；外购件，例如，皮腕、链条、液压元件等；稀有、关键设备的全部配件。

5．包装物

包装物是指为包装本企业产品，随同产品一起出售或者在销售产品时租给、借给购货单位使用的各种包装物品，如桶、瓶、坛、袋、盒等包装容器。各种包装用料，如纸张、绳子、铁丝、塑料袋等，不属于包装物，而应列入辅助材料一类。

6．低值易耗品

低值易耗品是指单项价值在规定限额以下，或使用期限不满一年，不能作为固定资产管理的各种物品，如工具、管理用具、劳动保护用品等。

上述各类材料还可以按其性质、技术特征和规格等标准进一步分类，以满足实物管理的需要和会计核算的要求。企业材料的品种、规格、数量很多，为了保证材料名称在使用时的一致性，避免相互混淆，出现差错，简化核算，可以编制材料目录。材料目录应列明各种材料的类别、编号、名称、规格、性能、计量单位和计划单价等项目。材料目录应根据技术管理要求，由材料供应部门和财务部门共同制定。

（二）材料的采购与发出计价

1．实际成本计价方式下发出材料成本的确定

发出材料实际成本的确定可以采用以下 4 种方法：先进先出法。全月一次加权平均法和个别计价法。选择适当的发出材料计价方法，对于真实反映材料价值，正确计算产品成本和企业的损益是十分重要的。

选择计价方法时应注意以下内容。

（1）适用性。应在会计制度允许的范围内，据材料数量、种类、收发批次等因素，结合材料管理的需要，选择适合本企业的计价方法。

（2）谨慎性。在会计制度允许的前提下，尽量选择多计发出材料成本、结存材料成本的方法，这有利于降低企业经营风险，实现资本保全。

（3）一致性。计价方法一旦确定，不能随意变动。若须变动，应在会报表附注中予以说明，并揭示其影响数。

（4）简便性。发出材料的计价方法很多，各有利弊，在满足材料管理的情况下，应当选择简便易行的方法，以提高工作效率。

2．计划成本计价方式下发出材料成本的确定

当材料按计划成本计价时，发出材料是按计划价计算的，需要将发出材料的计划成本调整为实际成本，以便于产品实际成本的计算。为此，需要首先确定入库材料成本差异额和本月材料成本差异率。计算公式为：

$$入库材料成本差异额=入库材料实际成本-入库材料计划成本$$

$$本月材料成本差异率=\frac{月初结存材料成本差异额+本月入库材料成本差异额}{月初结存材料计划成本+本月入库材料计划成本}\times 100\%$$

$$上月材料成本差异率=\frac{月初结存材料成本差异额}{月初结存材料计划成本}\times 100\%$$

材料成本差异率一般应按材料类别分别计算确定。如果企业当月消耗的材料主要是期初库存材料，也可以采用上月材料成本差异率，以适应成本计算的要求。企业应根据材料的具体情况，选择本月或上月材料成本差异率进行计算。一旦确定，不应随意变动。根据发出材料计划成本和材料成本差异率，可以将本月发出材料计划成本调整为实际成本。计算公式为：

$$发出材料计划成本=发出材料数量\times 材料计划单价$$

$$发出材料应负担材料成本差异额=发出材料计划成本\times 材料成本差异率$$

$$发出材料实际成本=发出材料计划成本+发出材料应负担材料成本差异额$$

（三）材料领用凭证及材料领用控制

1．材料领用凭证

由于企业在生产过程中领用的材料品种、规格、数量很多，为明确各单位的经济责任，便于分配材料费用，在领用材料时，应办理必要的领料手续。生产单位或其他部门领用材料时，应由专人负责审核，只有经过有关人员签字审核后，才能办理领料手续。在实践中，领料凭证一般有以下 4 种。

（1）领料单。领料单是一种一次性使用的领料凭证，通常用于未制定消耗定额或不经常使用的材料。领料单可以一单一料，也可以一单多料。领料单的主要内容有领用部门、领用日期、用途及材料名称、规格、计量单位、数量、单价、金额等。领料单的格式见表 2-1（a）、表 2-1（b）。

表 2-1（a） 领料单（a）

2012 年 8 月 1 日

领料部门：车间 1　　　　编号：2206

用途：生产 A 产品　　　　发料仓库：钢材仓库

材料类别	材料编号	材料名称	规格	计量单位	请领数量	实发数量	单位	金额（元）
型钢	016	圆钢	O26	千克	4 000	4 200	3	12 600

生产部门负责人：张涛　　　　领料人：刘军　　　　发料人：王峰

表 2-1（b） 领料单（b）

领用单位：

日期：　年　月　日　　　　发料日期：　年　月　日

制造单号：　　　　领料单号：

材料名称	材料编号	规格	色纹	单位	领料数量	实发数量	备注
备注用途							

登卡：　　　　组长：　　　　领料人：

领料单由领料单位根据用料计划填制，填明所需材料的名称、数量、用途并由负责人签字后交仓库发料。仓库发料后，要把实发数填入领料单。领料后，领发双方都要签字。

领料单一般一式三联，一联留领料单位备查，一联由仓库据以记录材料明细账，另一联交财会部门用来进行材料发出总分类核算。

（2）领料登记表。对于一些经常领用的消耗性材料，可以不必每次都填制领料单，每次都经过审批，只要每次领用时在领料登记表中登记即可。领料登记表是一种多次使用的领料凭证，通常在一个月内连续使用，月末汇总记账。领料登记表的一般格式见表 2-2。

表 2-2　　领料登记表

年　月　日

领料部门：　　　　发料仓库：

材料类别	材料编号	材料名称	规格	计量单位
日期	领用数量	累计领用数量	领料人	发料人
材料单价		合计金额		

领料登记表一般一式两联，平时由仓库保管，领料时由领料人在该表上签收，月末汇总金额后，一联仓库自留，另一联交财会部门作为材料发出总分类核算的依据。

（3）限额领料单。限额领料单是一种多次使用的累计领料凭证，在有效期内只要领用数不超过限额，就可以连续领料。限额领料单适用于经常使用且有领用限额的材料发出业务。限额领料单的一般格式见表 2-3（a）、表 2-3（b）。

表 2-3　　限额领料单（a）

2012 年 8 月

编号：72056　　产品名称：A 型钢架

领料部门：第一车间　　计划产量：200 只

发料仓库：5 号库　　单位消耗定额：24 千克

材料类别	材料编号	材料名称	规格	计量单位	请领数量	实发数量	单价	金额	备注

领料日期	请领数量	实发数量	限额结余额	领料人签章	发料人签章

供应科科长：张蕾　　生产部部长：

表 2-3　　　　　　　　　　限额领料单（b）

领料部门：　　　　　　　　　　　　　第　　号

用　　途：　　　　　　　　　　　　　年　　月　　日　　　　　　发料仓库：

材料编号	材料名称规格	计量单价	计划投产量	单位消耗定额	领用限额	实发		
						数量	单价	金额
日期	领用			退料			限额结余数量	
	数量	领料人	发料人	数量	退料人	收料人		

生产计划部门：　　　　　　　　供销部门：　　　　　　　　　　仓库：

温馨提示

限额领料单一般一式三联，一联由供应部门或生产计划部门签发后留存备查，一联交给材料领用单位据以领料，另一联则由材料仓库保管并据以发料。

限额领料单应由企业生产计划部门或供应部门根据产品生产计划和材料消耗定额等资料填制。每次领用时，应在限额内填写实发数量并结出限额余额。月末应计算出全月实领数量和结余额，并计算出金额，将其转交给财务部门，作为发出材料核算的依据。

企业部分材料有时须送往外单位加工，制成另一种材料，以满足生产需要，此时应填制“委托加工材料出库单”。该出库单在发出材料时，由企业供应部门根据加工合同填制，经审核后据以发料。

温馨提示

委托加工材料出库单一般一式两联，一联由供应部门留存备查，一联由仓库用来发料记账，记账后送财务部门记账。

（4）退料单。采用上述各种领料凭证领到车间或部门的材料，月末如果未用完，应办理退料手续。对于下一月份不再使用的材料，应填写“退料单”，将材料退回仓库；对于下一月份还要继续使用的材料，可办理假退料手续，即填制本月份的“退料单”与下一月份的“领料单”，并在仓库办理退料和领料手续，但材料仍在原车间、部门，并不退回仓库。退料单一般格式参见表 2-4。

表 2-4　　　　　　　　　　　退料单

退料部门：　　　　　　　　　　　　　　　　　　　编号：

原领料批号：　　　　　　　　　　　　　　　　　　日期：　　年　　月　　日

退料名称	料　号	退料量	实收量	退料原因					
				溢　领	省　料	不适用	品质差	订单取消	其他

登账：　　　　　　　　点收：　　　　　　　　主管：　　　　　　　　退料人：

2. 材料领用控制

材料领用涉及材料的使用单位和材料仓库，为了明确管理和核算的经济责任，应做好以下控制工作。

（1）健全发出材料计量制度和领用凭证制度。库存材料数量计量可以采用两种盘存方法，一种是永续盘存制，另一种是实地盘存制。

两种方法的比较见表 2-5。

表 2-5　两种盘存方法比较

方法比较	永续盘存制	实地盘存制
概念	指材料日常收入、发出的有关凭证，按其数量在材料明细账中逐笔登记，以实际发出数量作为消耗量	收入材料时在材料明细账上登记，发出材料时不在材料明细账上登记，期末根据实际盘存数，倒算出本期发出材料数量
特点	可以随时根据账面记录算出每一种材料的收入、发出、结存数量。永续盘存制是材料消耗量计量的基本方法	平时只逐笔登记增加数，不登记减少数，期末根据实地盘点的实存数额倒算出本期的减少数。非特殊原因，一般不采用实地盘存制
优点	能保证企业财产的安全、完整，同时有利于材料实物的管理	核算工作较为简便，不会产生账存数与实存数不一致的情况
缺点	工作量较大，有时可能会产生账存数与实存数不一致的情况	手续不严密，不利于加强材料实物管理和成本核算
适用	在实际工作中，除少数特殊情况外，一般都应采用永续盘存制	适用不便随时办理领用手续的大宗材料或单位价值较低的材料，如黄沙、石子、煤、石灰等

材料发出数量的控制是通过签发各种领料凭证进行的，在健全材料收发计量制度的同时，还必须建立各种领料凭证制度，以与之相配套。前面已经讲过，材料领用凭证主要有领料单、限额领料单、领料登记表等，它们可以适应不同材料管理的要求。

温馨提示

（1）一切领料凭证都要经过专人审批、签字。

（2）应根据材料领用数量、次数和材料管理要求正确选择领料凭证的种类。

（3）领料凭证设计应能体现不相容职务分工负责原则。凭证上应设置填制人、用途、审核人、批准人及凭证份数等内容，以利于监督和控制领料业务，实现内部控制制度的要求。

（4）仓库保管和材料记账应由不同部门或人员进行。

（5）财会部门应定期对领料凭证进行复核，同时应定期进行材料账账、账卡、账实核对，以保证领料记录的真实性和正确性。

（2）健全材料退库和盘点制度。许多企业虽然建立了领料凭证制度，但对月终已领未用材料的核查和材料盘点工作不够重视，因此影响了核算的正确性。月终凡是车间部门已领未用材料，应办理退料手续，以便正确计算本期材料消耗。仓库保管的各种材料经过一段时间后，由于自然损耗，收发时的清点差错、登记差错，以及发生贪污、盗窃等，可能会产生账面数与实存数不符的情况。为了保证核算资料的正确性，需要对库存材料结存数量进行盘点。材料盘点有定期全面盘点和不定期轮流盘点两种。盘点时若发现账实不符确属于发料差错造成的，经过批准，可以按规定更改；如果是其他原因造成的，应按规定程序报经批准后进行会计处理。

（3）制定材料消耗定额，加强发料控制。材料消耗定额是指在一定的生产技术、组织管理条件下，生产单位产品消耗的材料数量标准。制定材料消耗定额是加强材料费用控制的主要方法。材料消耗定额制订的原则是先进可行。利用材料消耗定额，可以查明生产过程中材料实际消耗量与定额之间差异的产生原因，明确责任。同时，材料消耗定额的制订，有利于实行例外管理原则，将管理重点放在差异较大的材料上，从而加强对材料费用的控制，降低产品成本。

做好以上 3 个环节的工作，一方面可以强化对材料费用的管理，另一方面可以为材料费用的归集和分配创造良好的条件。

（四）材料费用的分配

1. 材料费用分配对象的确定

材料费用的分配对象应根据企业产品生产的特点和管理上的要求来确定。对于主要产品，要按照每种产品或每批产品单独作为分配对象，计算其实际总成本和单位成本；对于一些次要产品或零星产品，则可以合并为一个分配对象，计算其实际总成本，然后再按一定比例进行分配，计算出各种产品的单位成本。

2. 材料费用的分配方法

材料费用分配是指按材料用途把费用记入相关的成本费用账户。用于产品生产的原料及主要材料，如纺织用的原棉、铸造用的生铁、冶炼用的矿石、制造家具用的木材等，都是按产品分别领用的，属于直接费用，构成产品实体并能直接确定归属对象的材料费，应直接计入各产品成本明细账的成本项目；有时一批材料为几批产品或几种产品共同耗用，如某些化工生产的原料，属于间接费用，应选择适当的分配标准分配计入各产品成本明细账的成本项目。车间一般消耗的材料费用应记入“制造费用”总账及其明细账，行政管理部门领用的材料费用应记入“管理费用”总账及其明细账，销售部门领用的材料费用应记入“销售费用”总账及其明细账，在建工程领用的材料费用应记入“在建工程”总账及其明细账。

一般材料费用的分配标准有定额耗用量分配法、定额费用分配法、重量比例分配法、实际产量分配法、标准产量分配法等。

（1）定额耗用量分配法。定额耗用量分配法是指以一定数量的产品按材料消耗定额计算的可以消耗的材料数量限额为比例，来进行材料费用分配的方法。其计算公式如下:

$$某产品材料定额耗用量=该种产品实际产量\times单位产品材料消耗定额$$

$$材料费用分配率=\frac{材料实际总耗用量}{各产品材料定额耗用量总量}$$

$$某产品分配的材料费用=该产品的材料定额耗用量\times材料费用分配率$$

（2）定额费用分配法。定额费用分配法是以一定数量的产品按材料的费用定额计算的材料费用的限额为比例，来进行材料费用分配的方法。其计算公式如下：

$$某种产品材料定额费用=该种产品实际产量\times单位产品材料消耗定额\times该材料计划单价$$

$$材料费用分配率=\frac{材料实际总耗用量}{各种产品材料定额费用总额}$$

$$某产品应分配的材料费用=该产品材料定额耗用量\times材料费用分配率$$

（3）重量比例分配法。重量比例分配法是以各种产品的重量作为分配标准，分配共同发生的材料费用的方法。其计算公式如下：

$$材料费用分配率=\frac{材料实际总耗用量}{各种产品的重量之和}$$

某种产品应分配的材料费用=该种产品重量×材料费用分配率

（4）实际产量分配法。实际产量分配法是以产品的实际产量作为分配标准分配材料费用的方法。其计算公式如下：

$$材料费用分配率=\frac{材料实际总耗用量}{各种产品产量之和}$$

某种产品应分配的材料费用=该种产品重量×材料费用分配率

【例 2-1】

1. 资料

大海企业 2012 年 7 月份生产甲、乙两种产品，有关资料如下：本月产量甲产品为 600 件，单件产品消耗 C 材料定额为 10 千克；乙产品的实际产量为 500 件，单件产品消耗 C 材料定额为 8 千克。

2. 要求

（1）根据领料单等凭证（见表 2-6 至表 2-10）汇总材料费用，并计算甲、乙产品共同耗用的 C 原材料费用（见表 2-11）。

表 2-6　　领料单

单位：一车间　　2012 年 7 月 1 日　　发料仓库：第一仓库

货　号	品　名	单　位	数　量	单价（元）	金额（元）	备　注
0001	A	吨	8	30 000	240 000	生产甲产品

批料：王宁　　保管员：刘华　记账：刘强　　领料主管：赵红　　领料人：张林

表 2-7　　领料单

单位：一车间　　2012 年 7 月 5 日　　发料仓库：第一仓库

货　号	品　名	单　位	数　量	单价（元）	金额（元）	备　注
0002	B	吨	10	3 000	30 000	生产乙产品

批料：王宁　　保管员：刘华　记账：刘强　　领料主管：赵红　　领料人：张林

表 2-8　　领料单

单位：一车间　　2012 年 7 月 12 日　　发料仓库：第一仓库

货　号	品　名	单　位	数　量	单价（元）	金额（元）	备　注
0003	C	吨	10	2 000	20 000	甲、乙产品共同耗用

批料：王宁　　保管员：刘华　记账：刘强　　领料主管：赵红　　领料人：张林

表 2-9　　领料单

单位：运输车间　　2012 年 7 月 15 日　　发料仓库：第一仓库

货　号	品　名	单　位	数　量	单价（元）	金额（元）	备　注
0001	A	吨	1.2	30 000	36 000	修理耗用

批料：王宁　　保管员：刘华　记账：刘强　　领料主管：赵红　　领料人：林方

表 2-10　　领料单

单位：一车间　　2012 年 7 月 20 日　　发料仓库：第一仓库

货　号	品　名	单　位	数　量	单价（元）	金额（元）	备　注
0004	D	吨	20	600	12 000	修理耗用

批料：王宁　　保管员：刘华　记账：刘强　　领料主管：赵红　　领料人：张林

编制领料汇总表。

表 2-11　　领料汇总表

2012 年 7 月 30 日　　金额单位：元

领料部门	用　途	材料品种	数　量	单　价	金　额
基本生产车间	甲产品直接耗用				
	乙产品直接耗用				
	甲、乙产品共同耗用				
	一般耗用				
辅助生产车间					
合计					
编制：		审核：			

（2）编制材料耗用分配汇总表，见表 2-12。

表 2-12　　材料耗用分配汇总表

2012 年 7 月　　金额单位：元

类别＼材料		直接计入材料	分配计入材料			材料费用合　计
			分配标准（定额耗用量）	分配率	分配金额	
基本生产车间生产耗用	甲产品					
	乙产品					
	小计					
基本生产车间一般耗用						
辅助生产车间耗用						
合计						

（3）填制与审核记账凭证。根据材料耗用分配汇总表编制会计分录并填制记账凭证，见

表 2-13。

表 2-13　　记账凭证

2012 年 7 月 31 日　　字第　号　　金额单位：元

摘　要	总账科目	明细科目	借方金额	贷方金额	记　账
合计					

财务主管：　记账：　出纳：　审核：　制单：

（4）登记有关成本费用总账和明细账，见表 2-14 至表 2-16。

表 2-14　　基本生产成本明细账

产品名称：甲　　生产车间：一车间　　金额单位：元

2012 年		凭证号	摘　要	成本项目			合　计
月	日			直接材料	直接人工	制造费用	

表 2-15　　辅助生产成本明细账

辅助生产车间：运输车间　　产品名称：修理劳务　　金额单位：元

2012 年		凭证号	摘　要	成本项目			合　计
月	日			直接材料	直接人工	制造费用	

表 2-16　　制造费用明细账

车间名称：一车间　　金额单位：元

2012 年		摘要	借方合计	借方项目						
月	日			物料消耗	工资	福利费	折旧费	水电费	修理费	其他费用

说明

上述材料费用分配表和会计分录是按照实际成本进行核算的，如果原材料费用按照计划成本进行核算，上述分配表和会计分录还需要分配材料成本差异。

3. 解析

（1）运用定额消耗量比例分配计算甲、乙产品共同耗用的C原材料费用，并见表2-17。

甲产品C材料定额消耗量 = 600×10 = 6 000千克

乙产品C材料定额消耗量 = 500×8 = 4 000千克

C材料消耗量分配率 = 20 000/（6 000 + 4 000） = 2元/千克

甲产品应分配的材料费用 = 6 000×2 = 12 000（元）

乙产品应分配的材料费用 = 4 000×2 = 8 000（元）

表2-17 领料汇总表

2012年7月30日 金额单位：元

领料部门	用途	材料品种	数量	单价	金额
基本生产车间	甲产品直接耗用	A材料	8吨	30 000	240 000
	乙产品直接耗用	B材料	10吨	3 000	30 000
	甲、乙产品共同耗用	C材料	10吨	2 000	20 000
	一般耗用	D材料	20吨	600	12 000
辅助生产车间		A材料	1.2吨	30 000	36 000
合计					338 000
编制：		审核：			

（2）材料耗用分配汇总表，见表2-18。

表2-18 材料耗用分配汇总表

2012年7月 金额单位：元

类别＼材料		直接计入材料	分配计入材料			材料费用合计
			分配标准（千克）（定额耗用量）	分配率	分配金额	
基本生产车间生产耗用	甲产品	240 000	6 000		12 000	252 000
	乙产品	30 000	4 000		8 000	38 000
	小计	270 000	10 000	2	20 000	290 000
基本生产车间一般耗用		12 000				12 000
辅助生产车间耗用		36 000				36 000
合计		318 000			20 000	338 000

（3）根据材料耗用分配汇总表编制会计分录如下。

借：基本生产成本——××产品（基本生产直接耗用）

辅助生产成本——××车间（辅助生产耗用）

制造费用——××车间（车间为组织和管理生产所耗用）

管理费用（企业行政管理部门所耗用）

销售费用（企业销售部门所耗用）

贷：原材料

编制记账凭证，见表2-19。

表2-19 记账凭证

2012年7月31日 字第 号 金额单位：元

摘 要	总账科目	明细科目	借方金额	贷方金额	记 账
领用材料	基本生产成本	甲产品	252 000		
		乙产品	38 000		
	制造费用	一车间	12 000		
	辅助生产成本	运输车间	36 000		
	原材料			338 000	
合计			338 000	338 000	

财务主管： 记账： 出纳： 审核： 制单：

（4）登记有关成本费用总账和明细账，见表2-20至表2-22。

表2-20 基本生产成本明细账

产品名称：甲 生产车间：一车间 金额单位：元

2012年		凭证号	摘 要	成本项目			合 计
月	日			直接材料	直接人工	制造费用	
7	1		期初余额	50 000	5 000	9 000	64 000
7	31		发出材料	252 000			252 000

表2-21 辅助生产成本明细账

辅助生产车间：运输车间 产品名称：修理劳务 金额单位：元

2012年		凭证号	摘 要	成本项目			合 计
月	日			直接材料	直接人工	制造费用	
7	31		分配材料	36 000			36 000

表2-22 制造费用明细账

车间名称：一车间 金额单位：元

2012年		摘要	借方合计	借方项目						
月	日			物料消耗	工资	福利费	折旧费	水电费	修理费	其他费用
7	31	材料费	12 000	12 000						

说明

上述材料费用分配表和会计分录是按照实际成本进行核算的，如果原材料费用按照计划成本进行核算，上述分配表和会计分录还需要分配材料成本差异。

二、外购动力费用的归集与分配

本环节主要是对各种产品共同耗用的外购动力费用按照生产工时或定额消耗量比例分配。外购动力费用较多的企业专设“燃料及动力”成本项目单独核算；费用不多的企业将外购动力费用并入“制造费用”成本项目进行核算，燃料费用的分配应选择合理的分配标准，可以按照材料定额消耗量比例法或材料定额费用法进行分配。

（一）外购动力费用的核算

1．外购动力费用的归集

外购动力实际上相当于外购的材料，由于没有价值实体，因而无法设专门账户进行核算，也无收、发、存多环节的核算，所以在外购时，根据其具体用途直接借记各有关成本、费用账户。

2．外购动力费用的分配

外购动力费用的分配原则是：在不同受益单位或对象有仪表记录的情况下，应根据各仪表所示耗用动力的数量以及动力的单价直接计算，计入受益单位的成本、费用账户；在没有仪表的情况下，则要按一定的标准分配计入各受益对象，如可以按生产工时的比例、机器功率时数（机器功率×机器时数）的比例或定额耗用量的比例分配。

温馨提示

在实际工作中，由于外购动力付款期与成本、费用核算期并不一致，即外购动力付款日期往往是下月初，而成本、费用核算期一般在月末进行，因而付款时并不反映成本、费用，故先记入“应付账款”账户，等到月末核算成本、费用时，再将其分配到各有关成本、费用账户。

（二）燃料费用的核算

我们可以将直接用于产品生产的燃料记入“生产成本——基本生产成本”账户的“直接材料”成本项目，但若燃料耗用的数量较大，则应专门设置“燃料及动力”成本项目，归集生产中使用的燃料费用，以便于对其使用情况进行分析和考核。在这种情况下，对于直接用于产品生产的燃料，能分清是由哪种产品耗用的，则应根据有关的原始凭证，直接记入该产品成本计算单中的“燃料及动力”成本项目；几种产品共同耗用的燃料，在领用时无法确定每种产品的耗用量，则需要按照一定的分配标准在各种产品之间进行分配，然后分别记入各有关产品的“燃料及动力”成本项目。

对于辅助生产车间使用的燃料，应记入“生产成本——辅助生产成本”账户及其所属明细账有关项目；基本生产车间一般耗用的燃料，应记入“制造费用”账户及其所属明细账有关项目；

企业行政管理部门使用的燃料，应记入“管理费用”账户及其所属明细账有关项目；专设销售机构使用的燃料，应记入“销售费用”账户及其所属明细有关项目。

【例 2-2】 外购动力费用的核算

1. 资料

大海公司 2012 年 8 月份耗用外购电力共 70 000 度，每度 1 元。其中：基本生产车间生产甲、乙两种产品耗电 52 000 度，锅炉车间耗电 8 000 度。机修车间耗电 6 000 度，基本生产车间照明用电 2 000 度，公司管理部门用电 2 000 度。该公司对产品生产用电按机器功率时数在两产品间进行分配，甲、乙两种产品的机器功率时数分别为 8000 小时和 5 000 小时。

2. 要求

编制“外购动力费用分配表”，并编制相关的会计分录。

3. 解析

根据上述资料编制“外购动力费用分配表”，见表 2-23。

表 2-23 外购动力费用（电费）分配表

2012 年 8 月 金额单位：元

应借账户		成本项目或费用项目	耗用电量分配			每度电费	分配金额
			机械时数（小时）	分配率	分配量度		
基本生产成本	甲产品	燃料及动力	8 000		32 000		32 000
	乙产品	燃料及动力	5 000		20 000		20 000
	小计		13 000	4	52 000		52 000
辅助生产成本	锅炉车间	燃料及动力			8 000		8 000
	机修车间	燃料及动力			6 000		6 000
	小计				14 000		14 000
制造费用	基本生产车间	水电费			2 000		2 000
管理费用		水电费			2 000		2 000
合计					70 000	1	70 000

据此编制会计分录如下。

借：生产成本——基本生产成本——甲产品 32 000
——乙产品 20 000
辅助生产成本——锅炉车间 8 000
——机修车间 6 000
制造费用——基本生产车间 2 000
管理费用 2 000
贷：应付账款 70 000

若未专设“燃料及动力”成本项目，则将动力费用记入“制造费用”成本项目。

三、薪酬费用的归集与分配

职工薪酬是指企业为获得职工提供的服务而给予各种形式的报酬；以及其他相关支出。本环节首先要求掌握职工薪酬是产品成本的重要构成内容，熟悉职工薪酬核算的原始记录和凭证，对企业职工薪酬进行计件工资与计时工资核算，熟练应用职工薪酬的归集与分配的账务处理。

（一）职工薪酬的内容

职工薪酬是指企业为获得职工提供的服务而给予各种形式的报酬以及其他相关支出，包括企业为职工在职期间和离职后提供的全部货币性薪酬和非货币性福利，以及提供给职工配偶、子女或其他被赡养人的福利等。

职工薪酬是产品成本的重要构成内容，主要包括职工工资、奖金、津贴和补贴，职工福利费，医疗保险费、养老保险费、失业保险费、工伤保险费和生育保险费等社会保险费，住房公积金，工会经费和职工教育经费，非货币性福利，因解除与职工的劳动关系给予的补偿以及其他与获得职工提供的服务相关的支出等。

1．职工工资

职工工资（包括奖金、津贴和补贴）是指按照国家统计局《关于职工工资总额组成的规定》，构成工资总额的有计时工资、计件工资、支付给职工的超额劳动报酬和增收节支的劳动报酬、为了补偿职工特殊或额外的劳动消耗和因其他特殊原因支付给职工的津贴，以及为了保证职工工资水平不受物价影响支付给职工的物价补贴等。企业按规定支付给职工的加班加点工资，以及根据国家法律、法规和政策规定，企业在职工因病、工伤、产假、计划生育假、婚丧假、事假、探亲假、定期休假、停工学习、执行国家或社会义务等特殊情况下，按照计时工资或计件工资标准的一定比例支付的工资，也属于职工工资范畴，在职工休假或缺勤时，不应当从工资总额中扣除。

2．职工福利费

职工福利费是指企业为职工集体提供的福利，如补助生活困难职工等。职工福利费属于职工薪酬，在会计处理上采用“先提取后使用”的方法，提取比例由企业根据自身实际情况合理确定。

温馨提示

本书的举例都假定是按工资总额的14%计提。后面的各章例题中如有涉及类似情况并没有告知职工福利费的计提比例的，都拟定是按14%计提。

3．社会保险费

社会保险费是指医疗保险费、养老保险费、失业保险费、工伤保险费和生育保险费等。具体是企业按照国家规定的基准和比例计算，向社会保险经办机构缴纳的医疗保险费、基本养老保险费、失业保险费、工伤保险费和生育保险费，以及根据《企业年金试行办法》、《企业年金基金管理试行办法》等相关规定，向有关单位（企业年金基金账户管理人）缴纳的补充养老保险费。此外，以商业保险形式提供给职工的各种保险待遇也属于企业提供的职工薪酬。

4．住房公积金

住房公积金是指企业按照国家新修订的《住房公积金管理条例》规定的基准和比例计算，向住房公积金管理机构缴存的住房公积金。住房公积金是住房分配货币化、社会化和法制化的主要形式。住房公积金制度是国家法律规定的重要的住房社会保障制度，具有强制性、互助性、保障性，单位和职工个人必须依法履行缴存住房公积金的义务。职工个人缴存的住房公积金以及单位为其缴存的住房公积金，实行专户存储，归职工个人所有。这里的单位包括国家机关、国有企业、城镇集体企业、外商投资企业、城镇私营企业及其他城镇企业、事业单位、民办非企业单位、社会团体。

小贴士　职工是指与企业订立劳动合同的所有人员，含全职、兼职和临时职工，也包括虽未与企业订立劳动合同、但由企业正式任命的人员，如董事会成员、监事会成员等。在企业的计划和控制下，虽未与企业订立劳动合同或未由其正式任命，但为其提供与职工类似服务的人员，也纳入职工范畴，如劳务用工合同人员。

5．工会经费和职工教育经费

工会经费和职工教育经费是指企业为了改善职工文化生活、提高职工业务素质用于开展工会活动和职工教育及职业技能培训，根据国家规定的基准和比例，从成本费用中提取的金额。工会经费和职工教育经费分别按职工计提工资总额的2%和1.5%提取，计入管理费用。

6．非货币性福利

非货币性福利是指企业以自产产品或外购商品发放给职工作为福利，将自己拥有的资产无偿提供给职工使用，为职工无偿提供医疗保健服务等。

7．辞退福利

辞退福利是指企业由于实施主辅业分离、辅业改制、分流安置富余人员、实施重组或改组计划、职工不能胜任等原因，在职工劳动合同到期之前解除与职工的劳动关系，或者为鼓励职工自愿接受裁减而提出补偿建议的计划中给予职工的经济补偿。辞退福利包括：① 职工劳动合同到期前，不论职工本人是否愿意，企业决定解除与职工的劳动关系而给予的补偿；② 职工劳动合同到期前，为鼓励职工自愿接受裁减而给予的补偿。职工有权选择继续在职或接受补偿离职。

8．股份支付

股份支付是指企业为获取职工和其他方面提供服务而授予权益工具或者承担以权益工具为基础确定的负债的交易。股份支付分为以权益结算的股份支付和以现金结算的股份支付。以权益结算的股份支付是指企业为获取服务以股份或其他权益工具作为对价进行结算的交易；以现金结算的股份支付是指企业为获取服务承担以股份或其他权益工具为基础计算确定的支付现金或其他资产义务的交易。

（二）职工薪酬核算的原始记录和凭证

要正确核算产品成本的工资费用，应首先做好工资费用核算的基础工作，建立完整、正确的原始凭证和记录。核算工资费用的原始记录主要有工资卡片、考勤记录和完整的工作量记录。考勤记录一般通过“考勤簿”进行，工作量记录又分为“产量记录”和“工作记录”两种。

1．工资卡片

工资卡片是反映企业职工就职、离职、调动、职务变动、工资级别、工资标准与各种津贴变动的原始记录。它是计算工资费用的重要依据。

2．考勤记录

考勤记录是反映职工出勤和缺勤的记录。它是分析、考核职工工作时间利用情况的原始记录和计算职工工资的重要依据。一般情况下，生产班组人员的考勤记录由班组长负责，车间、部门人员的考勤记录由专人负责。考勤方法有考勤簿、考勤卡等。

（1）考勤簿。考勤簿一般按车间、生产班组和部门分别设置，由考勤人员根据职工出勤情况逐日登记。月末，根据考勤记录统计出每个职工的出勤时间和各种原因的缺勤时间，经车间或财务部门审核后，据以计算每个职工的计时工资、津贴、计件工资，以及病、伤、产假工资等，见表 2-24。

表 2-24 考勤簿

年　月

编号	姓名	职务	工资等级	出勤情况统计					出勤分类							备注
				1	2	…	31	合计	加班	迟到	早退	公假	工伤	病假	事假	

（2）考勤卡。考勤卡是按人设置的，在工人上班时，将自己的考勤卡片从考勤卡的存放处取出交给专职考勤人员，考勤人员根据收到的考勤卡片确定工人的出勤和缺勤情况，并记入考勤卡内。如果职工调入调出，可根据有关部门通知，增设或注销考勤卡。月末，财会部门根据考勤人员报送的职工出勤情况，计算每个职工的应付工资额。

3．工作量记录

工作量记录是记录工人或小组在出勤时间内完成产量和耗用工时的原始记录。它是统计产量和工时、监督生产作业计划完成情况、考核劳动生产率、计算计件工资和产品成本的重要依据。工作量记录在不同的行业、不同的生产工艺和不同的生产组织的企业、车间中，其格式和登记程序各不相同。如机械制造业的工作量记录通常有工作通知单、工序进程单和工作班产量记录等形式。不管哪种形式，所反映的内容都包括生产任务（生产数量、时间定额）、任务完成情况（开工时间、完工时间、实用工时、交验数量等）和检查结果（合格品数量，返修数量，工、料废品数量，缺少数量和验收人员等）三个方面。

（1）工作通知单。工作通知单也叫工票、工作票、派工单、施工单。工作通知单是按照每个工人或生产小组或每项工作作为对象开设的，用以分配生产任务并记录其产量和工作的原始记录。它适用于产品加工经常变动或是一些零星的加工任务。根据生产作业计划的安排，向工人下达生产任务时，开出“工作通知单”，要求工人按单内指定的内容进行工作，待工人完成工作任务后，将实际完成的工作量和工作实际耗用的工时数填入单内，并连同产品一起送交检验员验收，检验员应将检验结果填入单内，送交有关人员据以计算产品产量和工人应得的计件工资。

采用“工作通知单”要开出大量凭证，从而加大了核算的工作量，通常工作通知单只能反映个别工序上的加工过程，而不能反映产品在整个工艺过程中的动态。因此，在成批量生产的车间中使用工作通知单的同时，还要使用“工序进程单”。

（2）工序进程单。工序进程单也称加工路线单、跟单、多工序工票等。它是以加工的产品为对象而开设的记录加工进程的一种产量记录。由于加工对象一般需要经过若干道工序连续加工，因此移交时工序进程单要随加工的对象一并移交，并依顺序登记各道工序加工的实际产量和实际耗用的工时，以及各道工序间的加工对象的交接数量，见表2-25。

工序进程单有较强的监督和控制作用，但它是按加工对象开设的，而计算工资和统计产量是按班组、按个人进行的。因此，这种格式的工作产量记录难以满足工资核算的要求，故还应结合使用“工作班产量记录”。

表2-25　工序进程单

年　月

车间名称	工段	产品型号	部件、零件编号及名称	投产数量

机床号	任务完成情况								检查时间								
	姓名	工序	数量	工时定额	开工		完工		实际工时	交验数	合格数	返修数	工废数	料废数	缺额	检验员	工作班产量记录编号
					日期	时间	日期	时间									

（3）工作班产量记录。工作班产量记录也叫生产班报。它是按生产班组设置并反映班组在工作班内的生产数量的产量记录。这种产量记录还往往注明每班的实际耗用的工时。工作班产量记录经过工段长和检验员签名后，用以统计产量、工时和计算产品成本。工作班产量记录是计算计件工资的主要依据，见表2-26。

表2-26　工作班产量记录

年　月　　　　班组：

工人			工作任务						检查结果										工资			
工号	姓名	等级	加工进程单编号	产品型号	零件编号	工序	发给加工数量	工时定额	交验数量	合格数量	退修数量	工废数量	料废数量	短缺数量	未加工数量	定额总工时	实际工时	检验员	计件单价	合格品工资	废品工资	工资合计

工资费用核算的原始记录，除以上介绍的几种外，如果发生各种代扣款项，也应取得各种原始记录，如“代扣房租通知单”、“水电费扣款通知单”、“停工单”、“废品通知单”等。这些原始记录都应在月末结算之前送交财会部门，以便在工资结算时据以扣款。

（三）职工薪酬的计算

工资是职工薪酬的主要内容，工资的计算是企业直接工资费用归集的基础，也是企业与职工之间进行工资结算的依据。企业可以根据具体情况采用各种不同的工资制度，其中最基本的工资制度是计时工资制度和计件工资制度。

1．计时工资的计算

计时工资是根据每一职工的考勤记录和规定的工资标准计算的。工资标准按其计量的时间长短不同形成了不同的工资计算和结算制度。有年薪制、月薪制、周薪制、日薪制和小时工资制。企业固定职工的计时工资一般按月薪计算；临时职工的计时工资大多按日薪计算，也有按小时工资计算的。采用月薪制，不论各月日历日数多少，每月的标准工资相同。下面着重讲述月薪制计时工资的计算方法。

在月薪制下，虽然职工各自的月工资标准是相同的，但由于职工的每月出勤和缺勤的情况不同，每月的应得计时工资也就不尽相同，在职工有缺勤的情况下，计算有缺勤职工的应得计时工资有两种基本方法：其一，按月标准工资扣除缺勤天数应扣工资额计算；其二，直接根据职工的出勤天数计算。具体计算公式如下。

（1）月标准工资扣除缺勤工资。

某职工应得计时工资＝该职工月标准工资–（事假和旷工天数×日标准工资率）–（病假天数×日标准工资×病假扣款率）

（2）按出勤天数直接计算。

某职工应得计时工资＝该职工本月出勤天数×日标准工资+病假天数×日标准工资×（1–病假扣款率）

采用月薪制计算应付工资，由于各月日历日数不同，因而同一职工各月的日工资率不尽相同。在实际工作中，为了简化日工资的计算工作，日工资率一般按以下两种方法之一计算。

① 按月平均天数（30 天）计算。每年总天数按国家统计口径 360 天计算，每月固定按 30 天计算；以月工资标准除以 30 天即可算出每月的日工资率。

② 按月平均工作天数（20.83 天）计算。每月固定按年日历日数 365 天减去法定节假日 11 天和周末休息日 104 天，再除以 12 个月算出的平均工作日数 20.83 天计算；以月工资标准除以 20.83 天算出每月的日工资率。

综上所述，计算计时工资有两种基本方法，计算日标准工资也有 30 天和 20.83 天之分，二者组合，就产生了计算计时工资的四种基本方法。

① 按月平均天数（30 天）算日工资率，按出勤日数算月工资；

② 按月平均天数（30 天）算日工资率，按缺勤日数扣缺勤工资；

③ 按月平均工作天数（20.83 天）算日工资率，按出勤日数算月工资；

④ 按月平均工作天数（20.83 天）算日工资率，按缺勤日数扣缺勤工资。

采用哪一种方法由企业自行确定，确定以后，不应任意改变。我国大多数企业采用按月平均工作天数计算的方法。

在按 30 天计算日工资率的企业中，由于节假日也算工资，因而出勤期间的节假日，也按出勤日算工资，事假、病假等缺勤期间的节假日，也按缺勤日扣工资。在按 20.83 天计算日工资率的企业中，节假日不算，也不扣工资。

【例 2-3】 职工薪酬的计算（计时工资）

1. 资料

某工人的月工资标准为 1 260 元。8 月份 31 天，病假 3 日，事假 2 日，公休日 8 日，出勤 18

日。根据该工人的工龄，其病假工资按工资标准的85%计算。该工人的病假和事假期间没有节假日。

2. 要求

按4种方法分别计算该工人8月份的应得工资。

3. 解析

（1）按30日算日工资率，按出勤日数算月工资。

日工资率=1 260/30 = 42（元）

出勤工资 = 42×(18 + 8) = 1 092（元）

病假工资 = 42×3×85% = 107.10（元）

应付月工资 = 1 092 + 107.1 = 1 199.10（元）

（2）按30日算日工资率，按缺勤日数扣月工资。

应扣缺勤病假工资 = 42×3×(1−85%) =18.90（元）

应扣缺勤事假工资 = 42×2 = 84（元）

应付月工资 = 1 260−18.9−84=1 157.10（元）

（3）按20.83日算工资率，按出勤日数算月工资。

日工资率 = 1 260/20.83 = 60.49（元）

应算出勤工资 = 60.49×18 = 1 088.82（元）

应算病假工资 = 60.49×3×85% = 154.25（元）

应付月工资 = 1 088.82 + 154.25= 1 243.07（元）

（4）按20.83日算工资率，按缺勤日数扣月工资。

应扣缺勤病假工资 = 60.49×3×(1−85 %) = 27.22（元）

应扣缺勤事假工资 = 60.49×2 = 120.98（元）

应付月工资 = 1 260−27.22−120.98 = 1 111.80（元）

小思考

计算出来的薪酬数额为什么总会有差异呢？

从以上各种计算方法的举例中，可以看出，在按30日计算日工资率的情况下，按出勤日数算工资与按缺勤日数扣工资的计算结果不一样。前者比后者多计算了42元（即1 199.10−1 157.10），即一天的工资。这是因为作为计算日工资率依据的天数（30天）与该月日历天数（31天）有差异。按出勤日数算工资，是以31天（上例为出勤26天、病假3天、事假2天，共31天）为基础计算的，而按缺勤日数扣工资，是以30天（月标准工资900元为30天与日工资率的乘积）为基础扣算的，两者相差一天工资额。如果是30天的月份，作为计算日工资率依据的日数与月份日历日数相同，则按出勤日数扣算工资与按缺勤日数扣算工资两者计算的结果相同。

从以上举例中还可以看出，在按20.83天计算日工资率的情况下，按出勤日数算工资与按缺勤日数扣工资的计算结果也不一样。前者比后者多计算了131.27元（即1 243.07−1 111.80），即2.17天的工资。这是因为，按出勤日数算该月的法定工作日数是以法定工作日数23（即31−8）天（上例为出勤18日、病假3日、事假2日，共23日）为基础计算的，而按缺勤日数扣工资，是以20.83天为基础扣算的。两者相差2.17（即23−20.83）天工资额。

上述四种方法相比较，按 20.83 天计算日工资率，节假日不算工资，更能体现按劳分配的原则；职工缺勤日数一般比出勤日数少，计算缺勤工资一般比计算出勤工资简便。

2．计件工资的计算

计件工资一般情况下是针对生产工人所采用的计算方法。采用计件工资制时，根据产量和工时记录中登记的每一生产工人或班组完成的工作量，乘以事前规定的计件工资进行计算。计件工资按照结算对象不同分为个人计件工资和集体计件工资。

（1）个人计件工资的计算。职工的计件工资，应根据产量记录中登记的每位工人的产品产量，乘以规定的计件单价计算。同一工人在月份内可能从事计件工资单价不同的各种产品的生产，从而计件工资的计算应该如下式所示。

应付工资 = Σ月份内生产的每种产品的产量×该产品的计件单价

这里的产量包括合格品产量和不是由于工人本人过失造成的不合格品产量（如料废产品数量）。由于本人过失造成的不合格品（如工废产品），不计算工资，有的还应由工人赔偿损失。

产品的计件单价是根据工人生产单位产品所需要的工时定额和该工人每小时的工资率计算出的。在同位工人生产不同计件单价产品的情况下，为了简化计件工资的计算工作，也可以根据每位工人完成的定额工时总数和小时工资率计算计件工资。

【例 2-4】 职工薪酬的计算（个人计件工资）

1．资料

制造车间工人刘刚本月加工 A 零件 500 个，酬金单价 1.00 元；加工 B 零件 500 个，酬金单价 1.20 元。经检验 A 零件料废 10 个，工废 6 个；B 零件料废 5 个，工废 10 个；其余均为合格品，料废零件按 40%计工资。

2．要求

计算刘刚的应得工资。

3．解析

应付计件工资=（500−6−10×40%）×1.00 +（500−10−5×40%）×1.20 = 1 075.6（元）

在计算计件工资时，合格产品可完全按计件单价计算，但料废产品并不一定都是完工以后发现的，即料废产品并不一定都完成整个加工过程，当然也就不能按计件单价全额计工资。此时，可按生产工人完成的定额工时计算计件工资。

小贴士

机关技术工人的技术岗位设为：初级工、中级工、高级工、技师、高级技师等五个技术等级（职务）岗位；事业单位技术工人的技术岗位设为：技术五级、技术四级、技术三级、技术二级、技术一级等五个技术等级（职务）岗位。除政策明确规定外，晋升技术等级（职务）考试考核必须逐级进行。

（2）集体计件工资的计算。集体计件工资是根据某一集体完成工作量和计件单价计算并与集体进行结算的工资。

按生产小组等集体计件工资的计算方法与个人计件工资相同。不同之处是：集体计件工资还要在集体内部各工人之间按照贡献大小进行分配。由于工人的级别或工资标准一般体现工人劳动的质量和技术水平，工作日数一般体现劳动的数量，因而集体内部大多按每人的工资标准和工作日数（或工时数）的乘积为比例进行分配。

【例 2-5】 职工薪酬的计算（小组计件工资）

1. 资料

第 2 生产小组由 4 位不同等级的工人组成，共同完成一项工作任务，按计件工资计算，该班组共获计件工资 11 424 元。该组各成员的工作时间和工资等级见表 2-27。

表 2-27　　小组成员工作时间和工资等级

2012 年 8 月 31 日

生产小组：第 2 生产小组

成 员 姓 名	工 资 等 级	小时工资标准（元）	实际工作小时
张荣	2	5	280
李玟	3	7	270
王明	4	9	260
刘刚	5	11	230

2. 要求

计算第 2 生产小组 4 位工人的应得工资。

3. 解析

第 2 生产小组 4 位工人的应得工资计算结果，见表 2-28。

表 2-28　　集体计件工资分配表

2012 年 8 月 31 日

生产小组：第 2 生产小组

成员姓名	工资等级	小时工资标准（元）	实际工作时间（小时）	分配标准（元）	分配率	各成员应得计件工资（元）
		①	②	③	④	⑤
张荣	2	5	280	1 400	1.4	1 960
李玟	3	7	270	1 890	1.4	2 646
王明	4	9	260	2 340	1.4	3 276
刘刚	5	11	230	2 530	1.4	3 542
合计				8 160	1.4	11 424

（四）职工薪酬的结算

职工薪酬一般包括两个部分：①现金实发工资；②代扣款项。代扣款项是指在工资发放时从应付工资中扣除的由企业替职工垫付给有关单位的款项，或从应付工资中扣减后代职工付给有关单位的款项。因此，应付工资是实发工资和各种代扣款项的和。除此之外，在实际工作中，企业常将一部分工资性津贴与工资一起发放，把它列入工资单中，但不属于工资，如上下班交通补贴。计算实发额时应加上这些津贴。

工资单通常按车间或部门分别编制，一式三份。一份交劳动部门存档，一份裁成工资条连同工资额一并发给职工，另一份在发工资时由职工个人签名后交财会部门，据此编制工资结算汇总表。工资单的格式见表 2-29。

表 2-29　　工资结算单

2012 年 8 月

车间或部门：第一车间　　金额单位：元

<table>
<tr><th rowspan="3">姓名</th><th colspan="3">工资标准</th><th colspan="14">应付工资</th><th colspan="3">代扣款项</th><th rowspan="3">实发数</th><th rowspan="3">签章</th></tr>
<tr><th rowspan="2">级别</th><th rowspan="2">月标准工资</th><th rowspan="2">日工资</th><th colspan="3">标准工资</th><th rowspan="2">加班工资</th><th colspan="2">奖金</th><th colspan="3">津贴</th><th colspan="3">病假工资</th><th rowspan="2">工伤产假工资</th><th rowspan="2">合计</th><th rowspan="2">房租费</th><th rowspan="2">视听费</th><th rowspan="2">合计</th></tr>
<tr><th>出勤天数</th><th>计时工资</th><th>计件工资</th><th>综合类</th><th>单项奖</th><th>副食补贴</th><th>夜班津贴</th><th>物价补贴</th><th>天数</th><th>补贴</th><th>金额</th></tr>
<tr><td></td><td></td><td></td><td></td><td></td><td></td><td></td><td></td><td></td><td></td><td></td><td></td><td></td><td></td><td></td><td></td><td></td><td></td><td></td><td></td><td></td><td></td><td></td></tr>
<tr><td></td><td></td><td></td><td></td><td></td><td></td><td></td><td></td><td></td><td></td><td></td><td></td><td></td><td></td><td></td><td></td><td></td><td></td><td></td><td></td><td></td><td></td><td></td></tr>
</table>

工资结算汇总表是按各车间部门编制的“工资单”汇总编制的。它可以提供按工资类别反映的应付工资总额，又可以提供车间、部门反映的全厂应付工资总额，各种代扣款项总额和实发工资总额。因此，工资结算汇总表是工资结算和成本计算的依据。其格式见表 2-30。

表 2-30　　工资结算汇总表

2012 年 8 月

金额单位：元

<table>
<tr><th colspan="2" rowspan="3">车间
部门</th><th colspan="9">应付工资</th><th colspan="4">代扣款项</th><th rowspan="3">实发金额</th></tr>
<tr><th rowspan="2">计时工资</th><th rowspan="2">计件工资</th><th rowspan="2">奖金</th><th colspan="3">各种津贴</th><th colspan="2">特殊情况下支付的工资</th><th rowspan="2">合计</th><th rowspan="2">房租</th><th rowspan="2">水电</th><th rowspan="2">托幼费</th><th rowspan="2">合计</th></tr>
<tr><th>夜班津贴</th><th>高温津贴</th><th>副食津贴</th><th>病假</th><th>产假</th></tr>
<tr><td rowspan="2">车间1</td><td>生产工人</td><td>11 956</td><td>14 000</td><td>1 484</td><td>280</td><td>140</td><td>1 120</td><td>168</td><td>252</td><td>29 400</td><td>140</td><td>126</td><td>1 260</td><td>1 526</td><td>27 874</td></tr>
<tr><td>管理人员</td><td>992</td><td>0</td><td>288</td><td>0</td><td>80</td><td>160</td><td>160</td><td>0</td><td>1 680</td><td>128</td><td>80</td><td>224</td><td>432</td><td>1 248</td></tr>
<tr><td rowspan="2">车间2</td><td>生产工人</td><td>10356</td><td>0</td><td>1044</td><td>108</td><td>180</td><td>972</td><td>96</td><td>144</td><td>12 900</td><td>108</td><td>96</td><td>960</td><td>1164</td><td>11 736</td></tr>
<tr><td>管理人员</td><td>60</td><td>0</td><td>144</td><td>0</td><td>120</td><td>120</td><td>72</td><td>96</td><td>612</td><td>84</td><td>72</td><td>120</td><td>276</td><td>336</td></tr>
<tr><td colspan="2">锅炉车间</td><td>1 820</td><td>0</td><td>390</td><td>78</td><td>0</td><td>260</td><td>52</td><td>0</td><td>2 600</td><td>52</td><td>45.5</td><td>26</td><td>123.5</td><td>2 476.5</td></tr>
<tr><td colspan="2">机修车间</td><td>1 800</td><td>0</td><td>384</td><td>48</td><td>0</td><td>288</td><td>0</td><td>0</td><td>2 520</td><td>84</td><td>60</td><td>36</td><td>180</td><td>2 340</td></tr>
<tr><td colspan="2">管理部门</td><td>2 240</td><td>0</td><td>560</td><td>0</td><td>0</td><td>476</td><td>168</td><td>0</td><td>3 444</td><td>168</td><td>140</td><td>140</td><td>448</td><td>2 996</td></tr>
</table>

续表

<table>
<tr><th rowspan="3">车间部门</th><th colspan="9">应付工资</th><th colspan="4">代扣款项</th><th rowspan="3">实发金额</th></tr>
<tr><th rowspan="2">计时工资</th><th rowspan="2">计件工资</th><th rowspan="2">奖金</th><th colspan="3">各种津贴</th><th colspan="2">特殊情况下支付的工资</th><th rowspan="2">合计</th><th rowspan="2">房租</th><th rowspan="2">水电</th><th rowspan="2">托幼费</th><th rowspan="2">合计</th></tr>
<tr><th>夜班津贴</th><th>高温津贴</th><th>副食津贴</th><th>病假</th><th>产假</th></tr>
<tr><td>医务保育人员</td><td>720</td><td>0</td><td>180</td><td>0</td><td>0</td><td>144</td><td>0</td><td>0</td><td>1 044</td><td>72</td><td>48</td><td>54</td><td>174</td><td>870</td></tr>
<tr><td>长期病假人员</td><td>288</td><td>0</td><td>0</td><td>0</td><td>0</td><td>48</td><td>0</td><td>0</td><td>336</td><td>24</td><td>32</td><td>16</td><td>72</td><td>264</td></tr>
<tr><td>合计</td><td>30 232</td><td>14 000</td><td>4 474</td><td>514</td><td>520</td><td>3 588</td><td>716</td><td>492</td><td>54 536</td><td>860</td><td>699.5</td><td>2 836</td><td>4 395.5</td><td>50 140.5</td></tr>
</table>

（五）职工薪酬归集与分配的账务处理

核算企业职工薪酬的分配，除应通过有关成本费用账户外，还要通过“应付职工薪酬”账户核算已分配计入有关成本费用项目的职工薪酬数额。该账户应按“工资”、“职工福利”、“社会保险费”、“住房公积金”、“工会经费”、“职工教育经费”、“非货币性福利”等应付职工薪酬项目设置明细账户，进行明细核算。

1．货币性职工薪酬的会计处理

企业应当在职工为其提供服务的会计期间，根据职工提供服务的受益对象，将应确认的职工薪酬（包括货币性薪酬和非货币性福利）计入相关资产成本或当期损益，同时确认为应付职工薪酬。具体相据以下情况进行处理。

借：生产成本——基本生产成本——××产品　　（基本生产部门职工薪酬）
　　生产成本——辅助生产成本——××车间　　（辅助生产部门职工薪酬）
　　制造费用　　（生产部门管理人员薪酬）
　　管理费用　　（管理部门人员薪酬）
　　销售费用　　（销售部门人员薪酬）
　　贷：应付职工薪酬—— 工资

在建工程、研发支出负担的职工薪酬，借记“在建工程”、“研发支出”账户，贷记“应付职工薪酬”账户。

对于企业工资以外的职工薪酬项目，如果政府有明确规定计提基础和计提比例的，应按规定标准计提。譬如，企业应向社会保险经办机构（或企业年金基金账户管理人）缴纳的医疗保险费、养老保险费、失业保险费、工伤保险费、生育保险费等社会保险费，应向住房公积金管理中心缴存的住房公积金，以及应向工会部门缴纳的工会经费等。而对于政府（或企业年金计划）没有明确规定计提基础和计提比例的职工薪酬项目，如职工福利等，企业应当根据历史经验数据和实际情况，合理预计当期应付职工薪酬。当期实际发生金额大于预计金额的，应当补提应付职工薪酬；当期实际发生金额小于预计金额的，应当冲回多提的应付职工薪酬。这些项目的分配比照工资费用分配进行。

实际工作中，工资的分配一般是通过编制“工资费用分配表”进行的。编制的依据是工资结算单。下面举计时工资形式下的例子，说明工资费用分配表的编制。

【例 2-6】 职工薪酬的计算（货币性职工薪酬）

1. 资料

大海公司生产工人管理人员 2012 年 8 月应发工资 2 000 万元，其中生产部门直接生产人员工资 1 000 万元（甲、乙产品的生产工时分别是 12 000 小时和 13 000 小时），生产部门管理人员工资 400 万元，公司管理部门人员工资 500 万元，公司专设的销售机构人员工资 100 万元。

根据当地政府的规定，公司分别按照职工工资总额的 10%、12%、2%和 10.5%计提医疗保险费、养老保险费、失业保险费和住房公积金，并缴纳给当地的社会保险经办机构和住房公积金经办机构。另按工资总额的 14%、2%和 1.5%分别计提了职工福利费、工会经费和职工教育经费。

生产工人工资规定按甲、乙两种产品的生产工时比例进行分配。

2. 要求

编制“职工薪酬分配表”，并编制相关的会计分录。

3. 解析

编制“职工薪酬分配表”，见表 2-31。

表 2-31　职工薪酬分配表

（工资及其他薪酬分配表）

2012 年 8 月　金额单位：万元

应借账户		成本或费用项目	生产工时（小时）	分配率	工资费用	医疗保险费 10 %	养老保险费 12%	失业保险费 2%	住房公积金 10.5%	职工福利费 14 %	工会经费 2%	职工教育经费 1.5%	合计
基本生产成本	甲产品	直接人工	12 000		480	48	57.6	9.6	50.4	67.2	9.6	7.2	249.6
	乙产品	直接人工	13 000		520	52	62.4	10.4	54.6	72.8	10.4	7.8	270.4
	小计		25 000	0.04	1 000	100	120	20	105	140	20	15	520
制造费用	基本生产车间	工资及福利			400	40	48	8	42	56	8	6	208
管理费用		工资及福利			500	50	60	10	52.5	70	10	7.5	260
销售费用		工资及福利			100	10	12	2	10.5	14	2	1.5	52
合计					2 000	200	240	40	210	280	40	30	1 040

有关职工薪酬分配业务的会计分录如下。

借：生产成本——基本生产成本　15 200 000
　　制造费用　6 080 000
　　管理费用　7 600 000
　　销售费用　1 520 000
　贷：应付职工薪酬——工资　20 000 000

——职工福利　2 800 000
——社会保险费（医疗保险费）　2 000 000
（养老保险费）　2 400 000
（失业保险费）　400 000
——住房公积金　2 100 000
——工会经费　400 000
——教育经费　300 000

2．非货币性职工薪酬的会计处理

企业以非货币性资产作为福利发给职工的，应根据非货币性资产的不同性质进行相应的账务处理。

（1）企业以自产产品作为非货币性福利发放给职工的，应当根据受益对象，按照该产品的公允价值，计入相关资产成本或当期损益，同时确认应付职工薪酬。会计分录为借记“基本生产成本”、“辅助生产成本”、“制造费用”、“管理费用”等账户，贷记“应付职工薪酬——非货币性福利”账户。

（2）企业将拥有的房屋等资产无偿提供给职工使用的，应当根据受益对象，将该住房每期计提的折旧计入相关资产成本或当期损益，同时确认应付职工薪酬。会计分录为借记“基本生产成本”、“辅助生产成本”、“制造费用”、“管理费用”等账户，贷记“应付职工薪酬——非货币性福利”、“累计折旧”账户。

（3）租赁住房等资产供职工无偿使用的，应根据受益对象，将每期应付的租金计入相关资产成本或当期损益，并确认应付职工薪酬，会计分录同上。

【例 2-7】　职工薪酬的计算（非货币性职工薪酬）

1. 资料

企业以其生产的电瓶车作为职工福利发给每位职工，每辆电瓶车的成本是 1 200 元，售价是 2 000 元，增值税率 17%，企业共有职工 100 人，80 人为生产人员，20 人为管理人员。

2. 要求

编制发放非货币福利及其分配的会计分录。

3. 解析

编制发放非货币福利及其分配的会计分录如下。

① 发放时

借：应付职工薪酬——非货币性福利　234 000
　贷：主营业务收入　200 000
　　应交税费——应交增值税（销项税额）　34 000

同时结转商品成本

借：主营业务成本　120 000
　贷：库存商品　120 000

② 分配时

借：生产成本——基本生产成本　163 800（=234 000×70%）

管理费用　　　　　　　　　　　　　　70 200（=234 000×30%）
贷：应付职工薪酬——非货币性福利　　　　234 000

四、其他要素费用的归集与分配

本环节重点掌握固定资产折旧费的归集与分配，低值易耗品费用的归集与分配，包装物的归集与分配。

（一）固定资产折旧费的归集与分配

1．固定资产折旧费用的计算

固定资产折旧费的计算是通过编制各车间、部门折旧计算明细表进行的。折旧计算明细表应根据月初计提折旧的固定资产的有关资料和确定的折旧计算方法编制。根据规定，月份内增加的固定资产，当从下月起计提折旧；月份内减少的固定资产，当月不提折旧，从下月起停止计提折旧。

固定资产折旧计算明细表的格式见表2-32。

表2-32　　　　固定资产折旧计算明细表

车间名称：××车间　　　　2012年8月　　　　金额单位：元

固定资产类别	月折旧率（%）（平均年限法）	上月折旧额	上月增加固定资产原价	上月减少固定资产原价	应增应减折旧额	本月折旧额
房屋	2	9 000	—	35 000	-800	7 200
生产设备	5	5 000	50 000	—	+2 000	7 000
辅助设备	3	2 500	—	—	—	2 500
动力设备	4	1 600	—	—	—	1 600
专用设备	5	1 500	6 000	—	+400	1 900
合计	—	19 600	56 000	35 000	+1 700	20 200

2．固定资产折旧费用的会计核算

对于按规定计提的折旧费用，应根据固定资产的使用地点和用途进行归集和分配，分别记入“制造费用”、“生产成本——辅助生产成本”、“销售费用”和“管理费用”等账户。但是，需要指出的是生产车间生产产品使用的机器设备的折旧费用，由于生产一种产品往往需要使用多种机器设备，而一种机器又可能生产多种产品，如果将机器设备的折旧费用直接计入产品成本，其计算分配工作比较复杂。为了简化成本计算工作，通常不专门设置“折旧费用”成本项目，而是将机器设备的折旧费用与生产车间的其他固定资产折旧费用一起记入“制造费用”账户。

在实际工作中，折旧费用的归集和分配是在汇总各车间、部门固定资产折旧计算明细表的基础上，通过编制折旧费用分配表进行的。财会人员根据该表编制记账凭证，登记有关总账和明细账。

（二）低值易耗品费用的归集与分配

低值易耗品的收入、发出、摊销和结存的核算，应设置“低值易耗品”账户进行核算。

在“低值易耗品”账户下，可分设“在库低值易耗品”、“在用低值易耗品”和“低值易耗品摊销”三个二级账户。低值易耗品在收入时，其核算方法比照原材料一样处理；低值易耗品在领用时，应将其价值摊销计入成本、费用。因为低值易耗品在使用过程中，其价值是逐步丧失的，为了反映这种消耗的过程，应将其成本陆续转为费用，即采用分次摊销的方法。但如果领用的低值易耗品价值不大，根据重要性原则，也可在领用时一次摊销。因此，其摊销方法有：一次摊销法、分期摊销法、五五摊销法。3 种方法比较见表 2-33。

表 2-33　　低值易耗品摊销方法比较

方法比较	一次摊销法	分期摊销法	五五摊销法
特点	在领用低值易耗品时，将其全部价值一次计入产品成本或期间费用。报废时，收回残料的价值作为当月低值易耗品摊销额的减少	在领用低值易耗品后，根据其使用期限分期摊入成本、费用。报废时，若有残值应冲减有关成本、费用	在领用低值易耗品时，先摊销其价值的一半，报废时再摊销另一半。报废时，若有残值应冲减有关成本、费用或冲减在用低值易耗品价值
优点	核算简便	可使各月成本、费用负担比较合理	便于对实物资产进行监督
缺点	可能会使各月成本、费用负担不合理	核算工作量较大	核算工作量较一次摊销法大
适用	单位价值较低、使用期限较短或容易破损的低值易耗品	单位价值较高、使用期限较长，或单位价值虽不高、使用期限虽不长，但一次领用数量较多的低值易耗品	各月领用、报废较均衡的低值易耗品

（三）包装物的归集与分配

通常单位使用的包装物有 4 类。其中，各种包装材料，如纸、绳、铁丝、铁皮等，应在“原材料”账户内核算；用于储存和保管产品、材料而不对外出售的包装物，应按价值大小和使用年限长短，分别在“固定资产”或“低值易耗品”账户内核算；计划上单独列作企业商品产品的自制包装物，应作为库存商品处理，不在本账户核算范围内。包装物数量不大的企业，可以不设置本账户，而将包装物并入“原材料”账户内核算。

在实务中应设立“包装物”账户，核算企业库存的各种包装物的实际成本或计划成本，应按包装物的种类设置明细账，进行明细核算。借方登记购入或自制包装物的成本，贷方登记领用包装物的成本，期末余额在借方，为期末库存未用包装物的成本。包装物的日常核算的计价可以按实际成本进行，也可以按计划成本进行。

生产中领用包装物作为产品组成部分的，借记“基本生产成本”账户及其明细账贷记；随同产品出售但不单独计价的包装物，借记“营业费用”账户及其明细账贷记；随同产品出售并单独计价的包装物，借记“其他业务支出”账户及其明细账贷记。如有成本差异，则借记“基本生产成本”、“销售费用”、“其他业务支出”等账户及其明细账，贷记“材料成本差异”账户及其明细账。

包装物购入、自制、委托外单位加工、一次性领用、清查盘点等业务的核算内容与核算程序类似于原材料。包装物周转使用的核算类似于固定资产。出租、出借包装物的摊销核算与低值易耗品的相似，方法主要有一次摊销法和五五摊销法，账户处理类似于低值易耗品的摊销。

【例 2-8】 折旧费用的核算

1. 资料

大海公司 2012 年 8 月固定资产折旧资料（见表 2-17）。

2. 要求

编制“折旧费用分配表”，并编制相关会计分录。

3. 解析

编制的“折旧费用分配表”见表 2-34。

表 2-34 折旧费用分配表

2012 年 8 月 金额单位：元

应借账户	第一基本生产车间	第二基本生产车间	修理车间	销售部门	行政管理部门	合计
制造费用	5 000	6 000				11 000
辅助生产成本			1 000			1 000
销售费用				800		800
管理费用					4 000	4 000
合计	5 000	6 000	1 000	800	4 000	15 800

根据“折旧费用分配表”，编制会计分录如下。

借：制造费用 11 000

生产成本——辅助生产成本 1 000

销售费用 800

管理费用 4 000

贷：累计折旧 15 800

【例 2-9】 低值易耗品费用的核算

低值易耗品的摊销可编制低值易耗品摊销分配表。其格式见表 2-35。

表 2-35 低值易耗品摊销分配表

2012 年 8 月 金额单位：元

应借科目		领用额	摊销方法	本月摊销额	摊销余额
制造费用	第一车间	800	一次摊销法	800	0
	第二车间	2 000	五五摊销法	1 000	1 000
	小计	2 800		1 800	1 000

续表

应借科目	领用额	摊销方法	本月摊销额	摊销余额
管理费用	3 000	分期摊销法	500	2 500
合计	5 800		2 300	3 500

根据表2-35，编制有关会计分录如下。

借：制造费用——第一车间　　800
　贷：低值易耗品　　800

借：制造费用——第二车间　　1 000
　管理费用　　500
　贷：低值易耗品——低值易耗品摊销　　1 500

职业能力训练

一、职业能力选择

（一）职业能力单选

1. 月末车间已领未用，但本月生产还需要的材料，应办理（　　）手续，冲减本月的生产费用。

A. 假退料　B. 退库　C. 重新领用　D. 计入成本

2. 为基本生产车间租用设备预付的租金按月摊销时，应借记的账户是（　　）。

A. 待摊费用　B. 预提费用　C. 制造费用　D. 基本生产成本

3. 在各种产品共同耗用原材料的种类较多的情况下，为了进一步简化分配计算工作，可按各种材料的（　　）比例分配材料实际费用。

A. 定额消耗量　B. 定额费用　C. 消耗定额　D. 定额消耗

4. 不属于要素费用的是（　　）。

A. 机器设备折旧费　B. 车间厂房折旧费
C. 仓库设备折旧费　D. 行政部门设备折旧费

5. 下列不属于“包装物”科目核算的是（　　）。

A. 出租包装物　B. 生产领用包装物
C. 计划中未列作商品产品的包装物　D. 包装材料

6. 销售过程中随同产品出售并单独计价的包装物，应借记（　　）科目。

A. 销售费用　B. 管理费用　C. 制造费用　D. 其他业务支出

7. 出租包装物摊销，应计入（　　）。

A. 管理费用　B. 制造费用　C. 其他业务支出　D. 销售费用

8. 外购动力费支付时，应借记（　　）科目。

A. 制造费用　B. 应付账款　C. 基本生产　D. 银行存款

9. 下列项目中，不计提折旧的有（　　）。

A. 未使用的房屋　B. 当月减少的固定资产

C. 在用设备　　D. 以经营租赁方式租入的固定资产

（二）职业能力多选

1. 采用实际成本计价组织材料核算时，消耗材料价格确定的方法有（　　）等。

A. 先进先出法　B. 加权平均法　C. 移动平均法　D. 个别计价法

2. 材料按计划成本计价进行核算时，应设置的账户有（　　）。

A. “原材料”　B. “材料成本差异”　C. “材料采购”　D. “银行存款”
E. “应付账款”　F. “应付票据”

3. “材料成本差异”账户用于核算（　　）的实际成本与计划成本的差异。

A. 外购材料　B. 自制材料　C. 接受捐赠材料
D. 外购燃料　E. 产成品

4. 生产经营过程中领用的材料，按照用途进行归类，生产产品耗用、生产车间耗用、企业行政管理部门耗用，应分别记入（　　）账户。

A. “基本生产成本”　B. “制造费用”　C. “管理费用”　D. “销售费用”

5. 材料费用的分配标准有（　　）。

A. 材料定额消耗量　B. 材料定额费用　C. 产品体积　D. 产品工时定额

6. 外购动力费用的分配方法主要有（　　）等。

A. 定额耗用量比例分配法　B. 生产工人工时比例分配法。
C. 机器工时比例分配法　D. 标准产量比例分配法

7. 计入产品成本的各种工资，按其用途应分别借记（　　）账户。

A. “销售费用”　B. “基本生产成本”　C. “制造费用”　D. “管理费用”

8. 专设成本项目的生产费用（　　）。

A. 是直接生产费用　B. 可能是直接计入费用
C. 可能是间接计入费用　D. 间接生产费用

9. 按照职工工资总额和规定比例计提职工福利费时，应借记（　　）账户。

A. “基本生产成本”　B. “应付职工薪酬”　C. “制造费用”　D. “管理费用”

10. 应付工资主要包括（　　）。

A. 计时工资　B. 计件工资　C. 各种奖金
D. 各种补贴及津贴　E. 各种扣款

11. 按月薪制计算工资，应付工资额取决于（　　）。

A. 月标准工资　B. 日工资率　C. 缺勤天数
D. 定额工时　E. 产品数量

12. 直接人工费用成本项目包括的内容主要有（　　）。

A. 产品生产工人的计时工资和计件工资　B. 产品生产工人的奖金、津贴和补贴
C. 产品生产工人加班工资　D. 产品生产工人非工作时间工资

13. 根据“工资结算汇总表”和“直接人工费用分配表”进行分配结转工资费用的账务处理时，会计分录中对应的借方科目主要有（　　）等。

A. 生产成本　B. 制造费用　C. 管理费用　D. 财务费用

14. 下列本月应提折旧的固定资产是（　　）。

A. 本月减少的固定资产　B. 本月增加的固定资产

C. 未使用的房屋和建筑物　　D. 经营租赁租出的固定资产

15. 下列不计提固定资产折旧的是（　　）。

A. 经营租赁租入的固定资产　　B. 提前报废的固定资产

C 停用的固定资产　　D. 未使用的房屋和建筑物

二、职业能力判断

1. 属于几种产品生产共同耗用的辅助材料，可以直接计入各种产品成本。（　　）

2. 几种产品生产共同耗用的原材料费用，属于间接计入费用。（　　）

3. 各种产品共同耗用的原材料费用按材料定额消耗量比例分配与按材料定额费用比例分配的计算结果是不相同的。（　　）

4. 直接用于产品生产的燃料费用，应记入“基本生产成本”总账和所属明细账借方的“燃料及动力”成本项目。（　　）

5. 低值易耗品作为劳动资料，其摊销的核算与固定资产折旧的核算完全相同。（　　）

6. 产品生产用的低值易耗品摊销额应记入“基本生产成本”账户。（　　）

7. 分次摊销法一般适用于单位价值较低，使用期限较短或者容易破损的低值易耗品。（　　）

8. 生产人员、车间管理人员的工资及福利费，根据工资费用分配表，应直接计入产品生产成本。（　　）

9. 按照医务及福利部门人员工资的一定比例计提的应付福利费，应在应付职工薪酬中列支。（　　）

10. 为均衡成本负担，正确确定各期收益，凡是数额较大的费用，均应作为待摊费用处理，分期摊销。（　　）

11. “材料成本差异”科目的借方反映材料成本的节约差异，贷方反映材料成本的超支差异。（　　）

12. 月末车间已领未用的材料，如果下月生产还需要，应办理“假退料”手续，不能计入本月份的生产费用由本月产品成本负担。（　　）

13. “预提费用”账户仅有贷方期末余额，因此，它是负债类账户。（　　）

14. 预提的租金、保险费等属于预提费用，企业可以根据每项预提费用所需总额和受益期限分别确定预提费用的预提期限及各月提取的数额。（　　）

15. 企业的借款利息费用不应计入产品成本，应记入“财务费用”账户，全部作为期间费用处理。（　　）

三、任务实训

1. 大海公司 2012 年 7 月份发生工资资料如下，根据应付工资的 14%计提职工福利费。

企业共生产甲、乙、丙 3 种产品，其中甲、乙产品由第一车间生产，丙产品由第二车间生产；产品产量分别为：甲 3 000 件，乙 2 000 件，丙 5 000 件。工时定额分别为：甲 8 小时，乙 6 小时，丙 4 小时；各车间基本生产工人工资为：第一车间 630 000 元，第二车间 250 000 元；其他管理、销售人员工资如表 2-36 所示。

要求：

（1）完成表中计算；

（2）做出会计分录。

表 2-36　　职工薪酬分配表

2012 年 7 月　　金额单位：元

<table>
<tr><th colspan="3">应借科目</th><th colspan="5">应付工资</th><th>应付福利费（14%）</th></tr>
<tr><th>总账</th><th colspan="2">明细科目</th><th>分配标准（工时）</th><th>分配率</th><th>基本生产工人工资</th><th>管理人员工资</th><th>工资合计</th><th>金额</th></tr>
<tr><td rowspan="4">基本生产成本</td><td rowspan="2">一车间</td><td>甲产品</td><td></td><td></td><td></td><td></td><td></td><td></td></tr>
<tr><td>乙产品</td><td></td><td></td><td></td><td></td><td></td><td></td></tr>
<tr><td colspan="2">小　计</td><td></td><td></td><td></td><td></td><td></td><td></td></tr>
<tr><td>二车间</td><td>丙产品</td><td></td><td></td><td></td><td></td><td></td><td></td></tr>
<tr><td rowspan="3">辅助生产成本</td><td colspan="2">机修</td><td></td><td></td><td>20 000</td><td></td><td>20 000</td><td></td></tr>
<tr><td colspan="2">供热</td><td></td><td></td><td>40 000</td><td></td><td>40 000</td><td></td></tr>
<tr><td colspan="2">小计</td><td></td><td></td><td>60 000</td><td></td><td>60 000</td><td></td></tr>
<tr><td rowspan="5">制造费用</td><td colspan="2">一车间</td><td></td><td></td><td></td><td>8 000</td><td>8 000</td><td></td></tr>
<tr><td colspan="2">二车间</td><td></td><td></td><td></td><td>5 000</td><td>5 000</td><td></td></tr>
<tr><td colspan="2">机修</td><td></td><td></td><td></td><td>3 000</td><td>3 000</td><td></td></tr>
<tr><td colspan="2">供热</td><td></td><td></td><td></td><td>2 800</td><td>2 800</td><td></td></tr>
<tr><td colspan="2">小　计</td><td></td><td></td><td></td><td>18 800</td><td>18 800</td><td></td></tr>
<tr><td colspan="3">管理费用</td><td></td><td></td><td></td><td>45 000</td><td>45 000</td><td></td></tr>
<tr><td colspan="3">营业费用</td><td></td><td></td><td></td><td>115 000</td><td>115 000</td><td></td></tr>
<tr><td colspan="3">合　　计</td><td></td><td></td><td></td><td></td><td></td><td></td></tr>
</table>

2. 8 月份某企业耗电 72 500 度，每度电为 1.2 元，其中：生产产品耗用 50 000 度（甲产品生产工时为 45 000 小时，乙产品生产工时为 30 000 小时），辅助生产车间耗电 7 000 度，基本生产车间管理照明用电 7 500 度，企业行政管理部门用电 6 000 度，专设销售机构用电 2 000 度。

要求：分配本月的动力费用，并编制相应的会计分录（电费尚未支付）。

3. 假定某企业的一名工人的月工资标准为 2 400 元。8 月份出勤情况如下：病假 4 日，事假 1 日，公休日 8 日，出勤 18 日。根据该工人的工龄，病假工资按工资标准的 90%计算。该工人的病假和事假期间没有节假日。

要求：按 4 种方法计算该工人 8 月份的应付月工资。

4. 大海公司生产甲、乙两种产品，本月共同耗用 A 材料 6 000 千克，每千克 10 元。甲产品的实际产量为 350 件，单件产品材料消耗定额材料为 4 千克，每件重 2 千克；乙产品的实际产量为 600 件，单件产品材料消耗定额材料为 6 千克，每件重 5 千克。

要求：运用定额耗用量分配法、定额费用分配法、重量比例分配法和实际产量分配法计算和分配甲、乙产品各自应负担的费用。

项目三 综合费用的核算

学习目标

1. 了解各项综合费用的性质、特点；
2. 会对各项综合费用进行分配和归集；
3. 掌握辅助生产费用、制造费用、废品损失与停工损失的归集和分配的方法。

项目导航

综合费用是指由两种或两种以上费用要素组成的费用。综合费用按其发生地用途归集后进行的分配，包括辅助生产成本的分配、制造费用的分配等。综合费用的分配是成本核算的一个重要环节，关系到产品成本计算的正确性。进行综合费用分配，应按照费用的受益原则，选择合理的分配标准和分配方法，并编制相应的费用分配表，据以登记有关的成本明细账，将综合费用按照一定的方法计入产品成本。

相关知识

一、辅助生产费用的归集和分配

辅助生产费用的归集是指按照辅助生产车间以及产品和劳务类别对耗用的辅助生产费用进行归集，计算辅助生产产品成本和劳务成本的过程。本环节要求掌握辅助生产费用归集各账户的设置，理解辅助生产费用的分配程序，掌握辅助生产费用的分配方法。

（一）辅助生产认知

1．辅助生产

工业企业的辅助生产是指为基本生产和经营管理服务而进行的产品生产和劳务供应。辅助生产所生产的产品有工具、模具、修理用备件等；劳务供应有运输、修理、供水、供电、供热等。辅助生产提供的产品和劳务主要为本单位生产管理服务，有时也对外销售。企业通常设置专门的辅助生产车间来组织辅助产品的生产和劳务的供应，如供水、供电、修理车间，工具、模具车间等，该车间可以只生产一种产品或劳务，也可以生产多种产品和劳务。

2．辅助生产费用

辅助生产车间在生产产品或提供劳务过程中所耗用的原材料费用、动力费用、工资及福利费用，以及辅助生产车间的制造费用统称为辅助生产费用。构成某种产品或劳务的辅助生产成本是为生产和提供一定种类和一定数量的产品或劳务所耗费的辅助生产费用之和。

（二）辅助生产费用的归集

制造业的辅助生产是指为基本生产及企业管理部门提供劳务或产品而进行的生产活动。从事辅助生产活动的车间称为辅助生产车间。有的辅助生产车间只提供一种劳务，如供电、机修、运输等辅助生产车间；有的辅助生产车间则生产多种产品，如从事工具、模具制造的辅助生产车间。为了归集辅助生产车间为提供劳务或产品而发生的各种费用，企业应设置“生产成本——辅助生产成本”账户。该账户还应按车间以及劳务或产品的种类设置明细账，账内按成本项目或费用项目设置专栏进行明细核算。

对于辅助生产车间发生的直接费用，应记入“生产成本——辅助生产成本——××辅助生产车间”账户借方。对于辅助生产车间发生的制造费用，若辅助生产车间的规模较大，提供劳务或产品品种较多，制造费用在辅助生产成本中所占比重较大，可分别按辅助生产车间设置“制造费用——××辅助生产车间”账户，专门归集辅助生产车间的制造费用，并于月末时将归集在“制造费用——××辅助生产车间”账户借方的费用由账户贷方转入“生产成本——辅助生产成本——××辅助生产车间”账户借方，其一般格式见表 3-1。若辅助生产车间的规模较小，提供劳务或产品单一，发生的制造费用较少，为了简化核算，企业也可以不设置“制造费用——××辅助生产车间”账户，而是将辅助生产车间发生的制造费用直接记入“生产成本——辅助生产成本——××辅助生产车间”账户借方，其一般格式见表 3-2、表 3-3。

表 3-1 辅助生产成本明细账

车间：工具车间——A 工具　　金额单位：元

2012 年		凭证号数	摘　　要	直接材料	直接人工	制造费用	合　　计
月	日						
6	31	略	根据原材料费用分配汇总表	5 400			5 400
	31		根据工资费用分配表		3 800		3 800
	31		根据职工福利费分配表		532		532
	31		根据制造费用分配表			1 468	1 468
	31		结转完工入库工具成本	5 400	4 332	1 468	11 200

表 3-2 辅助生产成本明细账

车间：供电车间　　金额单位：元

2012 年		凭证号数	摘　　要	材料	工资	福利费	折旧费	保险费	办公费	合计
月	日									
6	10	略	购买办公用品						556	556
	31		根据原材料费用分配汇总表	35 000						35 000
	31		根据工资费用分配表		9 600					9 600
	31		根据职工福利费分配表			1 344				1 344
	31		根据折旧费用分配表				1 000			1 000
	31		根据待摊费用分配表					800		800
	31		本月发生额合计	35 000	9 600	1 344	1 000	800	556	48 300
			结转本月辅助生产费用	35 000	9 600	1 344	1 000	800	556	48 300

表 3-3 辅助生产成本明细账

车间：机修车间　　金额单位：元

2012 年		凭证号数	摘　　要	材料	工资	福利费	折旧费	保险费	办公费	合计
月	日									
5	10	略	购买办公用品						220	220
	31		根据原材料费用分配汇总表	25 000						25 000
	31		根据工资费用分配表		7 000					7 000
	31		根据职工福利费分配表			980				980
	31		根据折旧费用分配表				1 200			1 200
	31		根据待摊费用分配表					1 000		1 000
	31		本月发生额合计	25 000	7 000	980	1 200	1 000	220	35 400
			结转本月辅助生产费用	25 000	7 000	980	1 200	1 000	220	35 400

表 3-2 中本月发生额合计数 48 300 元即为当月供电车间归集的辅助生产费用；表 3-3 中本月发生额合计数 35 400 元即为当月机修车间归集的辅助生产费用。

（三）辅助生产费用的分配

1. 辅助生产费用的分配程序

辅助生产费用的分配，就是将归集在“生产成本——辅助生产成本——××辅助生产车间”账户借方的辅助生产费用，采用一定的方法在各受益对象之间进行分配。

由于辅助生产车间生产的产品和提供劳务的不同，其归集的辅助生产费用的分配程序也不一样。如果辅助生产车间生产的是工具、模具等可以入库的产品，应在产品完工入库时，将其成本从“生产成本——辅助生产成本——××工具”账户贷方分别转入“原材料”或“低值易耗品”账户的借方。结转后，“生产成本——辅助生产成本——××工具”账户期末如有借方余额，则反映辅助生产车间在产品成本。如果辅助生产车间提供的是电、水等不须入库的产品或提供机修、运输等劳务所发生的费用，则要在各受益对象之间按所消耗数量采用一定的分配方法进行分配。分配时，应从“生产成本——辅助生产成本——××辅助生产车间”账户贷方分别转入“生产成本——基本生产成本”、“制造费用”、“管理费用”、“营业费用”等账户的借方，分配结转后，“生产成本——辅助生产成本——××辅助生产车间”账户应无余额。本节介绍的分配方法主要是针对不能入库的产品和劳务而言。

2. 辅助生产费用分配的方法

企业如果只有一个辅助生产车间，辅助生产费用的分配比较简单，通常按各受益对象耗用的该辅助生产车间的产品或劳务数量比例在各受益对象之间进行分配。企业如果拥有两个或两个以上的辅助生产车间，且它们之间往往还相互提供产品或劳务，如供电车间向机修车间提供电力，机修车间向供电车间提供修理劳务，这就使得辅助生产费用的分配比较复杂。为了正确计算辅助生产车间的产品或劳务成本，在分配辅助生产车间费用时，首先要在各辅助生产车间之间进行费用的交互分配，然后是对辅助生产车间以外的各受益对象分配费用。从而形成了辅助生产费用分配的特点，同时也增加了辅助生产费用分配的难度。

在实际工作中，通常采用直接分配法、交互分配法、计划成本分配法、顺序分配法、代数分配法等专门方法。

（1）直接分配法。直接分配法是指将各辅助生产车间归集的辅助生产费用，直接分配给辅助生产车间以外的各受益对象的方法。其特点是：辅助生产车间虽然相互耗用产品或劳务，但并不相互分配费用，而是将费用直接分配给辅助生产车间以外的各受益对象。计算公式如下：

$$\text{某辅助生产车间费用分配率}=\frac{\text{该辅助生产车间归集的费用总额}}{\text{该辅助生产车间提供产品或劳务的总量}-\text{其他辅助生产车间的耗用量}}$$

某辅助生产车间以外的某受益对象分配额＝该受益对象耗用量或劳务量×提供该产品或劳务的辅助生产车间的费用分配率

【例 3-1】 辅助生产费用分配的核算（直接分配法）

1. 资料

某企业设有供电和机修两个辅助生产车间，根据 2012 年 6 月“生产成本——辅助生产成本”

明细账（表 3-2、表 3-3）资料，供电车间本月发生费用为 48 300 元，机修车间本月发生费用为 35 400 元，各辅助生产车间提供的产品或劳务数量见表 3-4。

2. 要求

编制“辅助生产费用分配表”，并编制相关会计分录。

表 3–4　　辅助生产车间提供的产品、劳务数量表

受益对象		供电车间（度）	机修车间（工时）
辅助生产车间	供电		100
	机修	6 600	
基本生产车间	甲产品	50 000	
	乙产品	30 000	
	一般耗用	8 000	5 000
行政管理部门		2 000	800
合　计		96 600	5 900

3. 解析

根据上述资料，用直接分配法计算辅助生产车间产品或劳务的单位成本如下。

$$供电车间分配率 = \frac{48\,300}{96\,600-6\,600} = \frac{48\,300}{90\,000} \approx 0.54$$

$$机修车间分配率 = \frac{35\,400}{5\,900-100} = \frac{35\,400}{5\,800} \approx 6.1$$

根据上述分配率，计算辅助生产车间以外的受益对象应分配的辅助生产费用，并编制“辅助生产费用分配表”，见表 3-5。

表 3–5　　辅助生产费用分配表（直接分配法）

企业名称：×企业　　2012 年 6 月　　金额单位：元

项　目			供电车间	机修车间	合　计
归集的辅助生产费用			48 300	35 400	83 700
供应辅助生产车间以外的劳务量			90 000	5 800	
辅助生产费用分配率			0.54	6.1	
基本生产车间	甲产品	耗用数量	50 000		
		分配金额	27 000		27 000
	乙产品	耗用数量	30 000		
		分配金额	16 200		16 200
	一般耗用	耗用数量	8 000	5 000	
		分配金额	4 320	30 500	34 820
行政管理部门		耗用数量	2 000	800	
		分配金额	780①	4 900②	5 680
合计			48 300	35 400	83 700

① 48 300−27 000−16 200−4 320=780　② 35 400−30 500=4 900

根据“辅助生产费用分配表”编制的会计分录如下。

借：生产成本——基本生产成本——甲产品　　27 000
　　　　　　　　　　　　　——乙产品　　16 200
　　制造费用　　34 820
　　管理费用　　5 680
　　贷：生产成本——辅助生产成本——供电车间　　48 300
　　　　　　　　　　　　　　　——机修车间　　35 400

根据会计分录（记账凭证）登记辅助生产成本明细账，见表 3-2、表 3-3，其他成本费用账户从略。

采用直接分配法分配辅助生产费用时，由于费用只对辅助生产车间以外的受益对象进行分配，因而计算工作简便，但辅助生产车间之间相互提供产品或劳务却不分配费用，造成分配结果不够准确。因此直接分配法一般适用于辅助生产车间之间相互提供产品或劳务较少的企业。

（2）交互分配法。交互分配法又称一次交互分配法，是指将归集的辅助生产费用先在辅助生产车间之间进行交互分配，然后计算出交互分配后的辅助生产费用，再在辅助生产车间以外的受益对象之间进行分配的方法。其特点是：费用的分配分为两个步骤进行。第一步：交互分配；第二步：对外分配。

第一步，交互分配的计算公式如下：

$$\text{某辅助生产车间交互分配率}=\frac{\text{该辅助生产车间交互分配前归集的费用总额}}{\text{该辅助生产车间提供产品或劳务总量}}\times$$

$$\text{某辅助生产车间应分配的辅助生产费用}=\text{该辅助生产车间耗用产吕或劳务量}\times$$
$$\text{提供产品或劳务的辅助生产车间交互分配率}$$

第二步，对外分配计算公式如下：

$$\text{某辅助生产车间对外分配率}=\frac{\text{该辅助生产车间交互分配后归集的费用}}{\text{该辅助生产车间对外提供产品或劳务量}}$$

$$\text{该辅助生产车间交互分配后归集的费用}=\text{该辅助生产车间交互分配前归集的费用}+$$
$$\text{该辅助生产车间交互分配转入的费用}-\text{该辅助生产车间交互分配转出的费用}$$

$$\text{该辅助生产车间对外提供产品或劳务量}=\text{该辅助生产车间提供产品或劳务总量}-$$
$$\text{其他辅助生产车间的耗用量}$$

$$\text{某受益对象应分配的辅助生产费用}=\text{该受益对象耗用量或劳务量}\times$$
$$\text{提供产品或劳务的辅助生产车间对外分配率}$$

【例 3-2】 辅助生产费用分配的核算（交互分配法）

1. 资料

某企业设有供电和机修两个辅助生产车间，根据 2012 年 6 月“生产成本——辅助生产成本”明细账（表 3-2、表 3-3）资料，供电车间本月发生费用为 48 300 元，机修车间本月发生费用为 35 400 元，各辅助生产车间提供的产品或劳务数量见表 3-4。

2. 要求

编制“辅助生产费用分配表”，并编制相关会计分录。

3．解析

第一步，交互分配。

$$供电车间交互分配率=\frac{48\,300}{96\,600}=0.5$$

$$机修车间应分配的费用=6\,600\times0.5=3\,300（元）$$

$$机修车间交互分配率=\frac{35\,400}{5\,900}=6$$

$$供电车间应分配的费用=100\times6=600（元）$$

第二步，对外分配。

$$供电车间交互分配后归集的费用=48\,300+600-3\,300=45\,600（元）$$

$$供电车间对外分配率=\frac{45\,600}{96\,600-6\,600}=\frac{45\,600}{90\,000}\approx0.51$$

$$机修车间交互分配后归集的费用=35\,400+3\,300-600=38\,100（元）$$

$$机修车间对外分配率=\frac{38\,100}{5\,900-100}=\frac{38\,100}{5\,800}\approx6.57$$

根据表 3-4 中的有关资料和上述计算结果，编制“辅助生产费用分配表”，见表 3-6。

表 3-6　　辅助生产费用分配表（交互分配法）

企业名称：×企业　　2012 年 6 月　　金额单位：元

项　目			交互分配			对外分配		
辅助生产车间名称			供电	机修	合计	供电	机修	合计
归集的辅助生产费用			48 300	35 400	83 700	45 600	38 100	83 700
供应劳务总量			96 600	5 900		90 000	5 800	
辅助生产费用分配率			0.5	6		0.51	6.57	
辅助生产车间	供电车间	耗用数量		100				
		分配金额		600	600			
	机修车间	耗用数量	6 600					
		分配金额	3 300		3 300			
基本生产车间	甲产品	耗用数量				50 000		
		分配金额				25 500		25 500
	乙产品	耗用数量				30 000		
		分配金额				15 300		15 300
	一般耗用	耗用数量				8 000	5 000	
		分配金额				4 080	32 850	36 930
行政管理部门		耗用数量				2 000	800	
		分配金额				720①	5 250②	5 970
金额合计			3 300	600	3 900	45 600	38 100	83 700

① 45 600−25 500−15 300−4 080=720　　② 38 100−32 850=5 250

根据“辅助生产费用分配表”，编制如下会计分录。

① 交互分配。

借：生产成本——辅助生产成本——供电车间　　600
　　　　　　　　　　　　　　——机修车间　　3 300
　贷：生产成本——辅助生产成本——供电车间　　3 300
　　　　　　　　　　　　　　　——机修车间　　600

② 对外分配。

借：生产成本——基本生产成本——甲产品　　25 500
　　　　　　　　　　　　　　——乙产品　　15 300
　制造费用　　36 930
　管理费用　　5 970
　贷：生产成本——辅助生产成本——供电车间　　45 600
　　　　　　　　　　　　　　　——机修车间　　38 100

登记有关成本费用账户从略。

采用交互分配法分配辅助生产费用时，由于各辅助生产车间相互之间提供的产品或劳务进行了一次交互分配，与直接分配法相比，提高了费用分配结果的正确性。但是，由于在分配费用时要计算交互分配和对外分配两个分配率，进行两次分配，增加了分配计算的工作量。一般情况下，该种分配方法适用于各辅助生产车间之间相互提供产品或劳务较多且差异较大的企业。

（3）计划成本分配法。计划成本分配法是指按照预先确定的辅助生产车间提供产品或劳务的计划单位成本（计划分配率）和各受益对象（包括辅助生产车间）的实际耗用量进行分配，然后再将各辅助生产车间实际发生的费用（该辅助生产车间在计划成本分配前归集的费用加上其他辅助生产车间按计划成本分配时转入的费用）与各辅助生产车间按计划成本分配转出的费用之间的差额，进行追加分配或将其直接计入管理费用的方法。其特点是：费用的分配分为两个步骤进行。第一步：计划分配；第二步：差额的追加分配或直接计入管理费用。

【例 3-3】　辅助生产费用分配的核算（计划成本分配法）

1. 资料

某企业设有供电和机修两个辅助生产车间，根据 2012 年 6 月“生产成本——辅助生产成本”明细账（表 3-2、表 3-3）资料，供电车间本月发生费用为 48 300 元，机修车间本月发生费用为 35 400 元，各辅助生产车间提供的产品或劳务数量见表 3-4。假定供电车间的计划分配率为 0.52 元/度，机修车间的计划分配率为 6.2 元/小时。

2. 要求

编制“辅助生产费用分配表”，并编制相关会计分录。

3. 解析

采用计划成本分配法的分配结果，见表 3-7。

表 3-7　　辅助生产费用分配表（计划成本分配法）

企业名称：×企业　　2012 年 6 月　　金额单位：元

项　目			供电车间	机修车间	金额合计
归集的辅助生产费用			48 300	35 400	83 700
供应劳务总量			96 600	5 900	
计划分配率			0.52	6.2	
辅助生产车间	供电车间	耗用数量		100	
		分配金额		620	620
	机修车间	耗用数量	6 600		
		分配金额	3 432		3 432
基本生产车间	甲产品	耗用数量	50 000		
		分配金额	26 000		26 000
	乙产品	耗用数量	30 000		
		分配金额	15 600		15 600
	一般耗用	耗用数量	8 000	5 000	
		分配金额	4 160	31 000	35 160
行政管理部门		耗用数量	2 000	800	
		分配金额	1 040	4 960	6 000
计划分配金额合计			50 232	36 580	86 812
辅助生产实际成本			48 920	38 832	87 752
辅助生产成本差异			-1 312	2 252	940

表中，辅助生产车间的实际成本计算如下：

供电车间的实际成本 = 48 300+620 = 48 920（元）

机修车间的实际成本 = 35 400+3 432 = 38 832（元）

根据表 3-7，编制的会计分录如下。

① 计划分配。

借：生产成本——辅助生产成本——供电车间　　620
　　　　　　　　　　　　　　——机修车间　　3 432
　　生产成本——基本生产成本——甲产品　　26 000
　　　　　　　　　　　　　　——乙产品　　15 600
　　制造费用　　35 160
　　管理费用　　6 000
　　贷：生产成本——辅助生产成本——供电车间　　50 232
　　　　　　　　　　　　　　　　——机修车间　　36 580

② 将辅助生产成本的差额计入管理费用。

借：管理费用　　940
　　贷：生产成本——辅助生产成本——供电车间　　1 312（红字）
　　　　　　　　　　　　　　　　——机修车间　　2 252

温馨提示 调整成本差异的分录，不论是超支差异还是节约差异，借贷对应科目都相同，只是超支差异用蓝字金额，节约差异用红字金额。

采用计划成本分配法，各辅助生产车间的计划单位成本是预先确定的，不必单独计算分配率，因而简化和加速了分配工作，同时通过辅助生产成本差异的计算，可以考核辅助生产车间计划的完成情况，有利于分清企业内部各单位的经济责任。这种分配方法，一般适用于辅助生产车间的计划单位成本比较准确，成本核算的基础工作较好的企业。

（4）顺序分配法。顺序分配法是指按照辅助生产车间受益的多少（按价值量计算）的顺序排列，受益少的排在前，受益多的排在后，然后按顺序分配辅助生产费用的方法。其特点是：前序辅助生产车间将费用分配给后序辅助生产车间和辅助生产车间以外的受益对象，而不承担后序辅助生产车间的费用；后序辅助生产车间将前序辅助生产车间分配来的费用加上本辅助生产车间归集的费用，再分配给下一顺序的辅助生产车间和辅助生产车间以外的受益对象，直至分到最后一个辅助生产车间为止。

【例 3-4】 辅助生产费用分配的核算（顺序分配法）

1. 资料

某企业设有供电和机修两个辅助生产车间，根据 2012 年 6 月“生产成本——辅助生产成本”明细账（表 3-2、表 3-3）资料，供电车间本月发生费用为 48 300 元，机修车间本月发生费用为 35 400 元，各辅助生产车间提供的产品或劳务数量见表 3-4。分配的顺序：供电车间受益少排在前，机修车间受益多排在后。

2. 要求

编制“辅助生产费用分配表”，并编制相关会计分录。

3. 解析

根据顺序分配法分配辅助生产费用，分配结果见表 3-8。

表 3-8 辅助生产费用分配表（顺序分配法）

企业名称：×企业 2012 年 6 月 金额单位：元

项目			供电车间	机修车间	金额合计
分配顺序			一	二	
归集的辅助生产费用			48 300	35 400	83 700
前序辅助生产车间转入的费用				3 300	3 300
应分配的辅助生产费用			48 300	38 700	87 000
供应劳务总量			96 600	5 900	
用于分配的劳务量			96 600	5 800	
费用分配率			0.5	6.67	
辅助生产车间	供电车间	耗用数量			
		分配金额			
	机修车间	耗用数量	6 600		
		分配金额	3 300		3 300

续表

项目			供电车间	机修车间	金额合计
基本生产车间	甲产品	耗用数量	50 000		
		分配金额	25 000		25 000
	乙产品	耗用数量	30 000		
		分配金额	15 000		15 000
	一般耗用	耗用数量	8 000	5 000	
		分配金额	4 000	33 350	37 350
行政管理部门		耗用数量	2 000	800	
		分配金额	1 000	5 350	6 350
金额合计			48 300	38 700	87 000

表中，辅助生产车间的费用分配率计算如下：

$$供电车间费用分配率=\frac{48\,300}{96\,600}=0.5$$

$$机修车间费用分配率=\frac{35\,400+3\,300}{5\,900-100}=\frac{38\,700}{5\,800}\approx 6.67$$

根据表 3-8，编制的会计分录如下。

① 分配供电车间费用

借：生产成本——辅助生产成本——机修车间　3 300
　　生产成本——基本生产成本——甲产品　25 000
　　　　　　　　　　　　　　——乙产品　15 000
　　制造费用　4 000
　　管理费用　1 000
　　贷：生产成本——辅助生产成本——供电车间　48 300

② 分配机修车间费用

借：制造费用　33 350
　　管理费用　5 350
　　贷：生产成本——辅助生产成本——机修车间　38 700

采用顺序分配法时，各辅助生产车间的费用只计算分配一次，因而计算简便，但由于排在前序的辅助生产车间不负担后序的辅助生产车间的费用，分配结果的正确性受到一定的影响。这种分配方法，一般适用于辅助生产车间相互受益有明显顺序的企业。

（5）代数分配法。代数分配法是指将辅助生产车间的费用分配率设为未知数，根据辅助生产车间交互提供劳务的关系建立多元一次方程组求解，再按各受益对象（包括受益的辅助生产车间在内）的受益量分配辅助生产费用的方法。其特点是：费用分配率需要通过解方程组计算，并且辅助生产车间之间也需要交互分配费用。

【例 3-5】 辅助生产费用分配的核算（代数分配法）

1. 资料

某企业设有供电和机修两个辅助生产车间，根据 2012 年 6 月“生产成本——辅助生产成本”明细账（表 3-2、表 3-3）资料，供电车间本月发生费用为 48 300 元，机修车间本月发生费用为 35 400 元，各辅助生产车间提供的产品或劳务数量见表 3-4。假设供电车间的费用分配率为 X（元/度），机修车间的费用分配率为 Y（元/工时）。

2. 要求

编制“辅助生产费用分配表”，并编制相关会计分录。

3. 解析

根据辅助生产车间交互提供劳务的关系列出二元一次方程组：

$$\begin{cases} 48\,300+100Y=96\,600X \\ 35\,400+6\,000X=5\,900Y \end{cases}$$

$$解得：\begin{cases} X\approx 0.506798 \\ Y\approx 6.566868 \end{cases}$$

根据以上计算结果分配辅助生产费用，分配结果见表 3-9。

表 3-9　　辅助生产费用分配表（代数分配法）

企业名称：×企业　　2012 年 6 月　　金额单位：元

项目			供电车间	机修车间	金额合计
归集的辅助生产费用			48 300	35 400	83 700
供应劳务总量			96 600	5 900	
用代数分配法计算的费用分配率			0.506 798	6.566 868	
辅助生产车间	供电车间	耗用数量		100	
		分配金额		656.69	656.69
	机修车间	耗用数量	6 600		
		分配金额	3 344.87		3 344.87
基本生产车间	甲产品	耗用数量	50 000		
		分配金额	25 339.9		25 339.9
	乙产品	耗用数量	30 000		
		分配金额	15 203.94		15 203.94
	一般耗用	耗用数量	8 000	5 000	
		分配金额	4 054.38	32 834.34	36 888.72
行政管理部门		耗用数量	2 000	800	
		分配金额	1 013.6	5 253.49	6 267.09
分配金额合计			48 956.69	38 744.52	87 701.21

根据表 3-9，编制会计分录如下。

借：生产成本——辅助生产成本——供电车间　　656.69

　　　　　　　　　　　　　　——机修车间　　3 344.87

生产成本——基本生产成本——甲产品　　25 339.9
　　　　　　　　　　　　——乙产品　　15 203.94
制造费用　　36 888.72
管理费用　　6 267.09
贷：生产成本——辅助生产成本——供电车间　　48 956.69
　　　　　　　　　　　　——机修车间　　38 744.52

采用代数分配法时，分配结果最正确，但在辅助生产车间较多的情况下未知数较多，计算工作较复杂。这种分配方法，一般适用于已实现会计电算化的企业。

二、制造费用的归集和分配

本环节首先把制造费用分成三类，为了归集和分配制造费用，企业应设置“制造费用”账户，该账户还应按不同车间设置明细账，账内按费用项目设置专栏进行明细核算。这里重点讲述常用的制造费用分配方法：生产工时比例法、生产工人工资比例法、机器工时比例法和按年度计划分配率分配法。

（一）制造费用的含义与分类

1．制造费用的含义

制造费用是指工业企业内部各分厂或车间为生产产品或提供劳务而发生的，应该计入产品成本，但没有专设成本项目的各项生产费用。

2．制造费用的分类

制造费用具体可划分为以下三类。

（1）间接材料费用指企业内部各分厂或车间耗用的一般性消耗材料，如机物料的消耗等；

（2）间接人工费用指企业内部各分厂或车间，除生产工人之外的管理人员、工程技术人员、车间辅助人员、清洁工、维修工、搬运工等的薪酬费用；

（3）其他制造费用指企业内部各分厂或车间发生的不属于材料和人工的各种与产品生产有关的费用，包括房屋、建筑物、机器设备的折旧费、修理费、租赁费和保险费、取暖费、水电费、办公费、差旅费、运输费、设计制图费、试验检验费、劳动保护费、季节性停工和生产用固定资产修理期间的停工损失等。

（二）制造费用的归集

制造费用是指车间在生产产品或提供劳务而发生的各项间接费用，具体包括车间管理人员的薪酬费用、折旧费、修理费、办公费、水电费、机物料消耗、劳动保护费、季节性和修理期间的停工损失等。

为了归集和分配制造费用，企业应设置“制造费用”账户，该账户还应按不同车间设置明细账，账内按费用项目设置专栏进行明细核算。制造费用的归集与材料费用、外购动力费用、固定资产折旧费用和修理费用、薪酬费用、辅助生产费用的分配密切相关。制造费用发生时，应根据付款的原始凭证和各种费用分配表编制记账凭证，借记“制造费用”账户，贷记“原材料”、“应付职工薪酬”、“累计折旧”、“应付账款”、“生产成本——辅助生产成本”、“银行存款”等账户，并根据记账凭证登记“制造费用”账户的总账和明细账。“制造费用”明细账的一般格式见表 3-10。

表 3-10　　制造费用明细账

车间：第一基本生产车间　　金额单位：元

2012年		凭证	摘　要	机物料	工资	职工	折旧	修理	劳动保	保险	水电	办公	合计
月	日	号数		消耗		福利	费	费	护费	费	费	费	
8	1	略	购买劳保用品及办公用品						1 200			700	1 900
	31		材料费用分配表	8 000									8 000
	31		工资及福利费分配表		12 000	1 680							13 680
	31		折旧费用分配表				16 220						16 220
	31		待摊费用分配表							3 200			3 200
	31		辅助生产费用分配表					5 000			20 000		25 000
	31		本月合计	8 000	12 000	1 680	16 220	5 000	1 200	3 200	20 000	700	68 000
	31		分配制造费用	8 000	12 000	1 680	16 220	5 000	1 200	3 200	20 000	700	68 000

（三）制造费用的分配

制造费用的分配是按各个车间进行的，月份终了时，企业应将各车间在制造费用明细账中归集的制造费用直接转入或分配转入有关成本计算对象中。其中：只生产一种产品或劳务的车间，其归集的制造费用全部由该种产品或劳务承担，月末将制造费用直接转入该种产品或劳务的成本中；生产多种产品或劳务的车间，其归集的制造费用应由本车间生产的各种产品或劳务承担，月末应采用适当的方法分配转入各种产品或劳务的成本中。

常用的制造费用分配方法有以下 4 种。

1．生产工时比例法

生产工时比例法是指以各种产品所耗用的实际（或定额）生产工时为分配标准分配制造费用的一种方法。计算公式如下。

$$\text{某车间制造费用分配率}=\frac{\text{该车间归集的制造费用总额}}{\text{该车间各种产品耗用的实际（或定额）生产工时总和}}$$

$$\text{某车间某产品应分配的制造费用}=\text{该产品耗用的实际（或定额）生产工时数}\times\text{该车间制造费用分配率}$$

【例 3-6】　制造费用分配的核算（生产工时比例法）

1．资料

某企业 2012 年 8 月第一基本生产车间归集的制造费用为 68 000 元（见表 3-10）。该车间本月生产甲、乙产品耗用的实际工时分别为 5 000 工时和 3 500 工时。

2．要求

按生产工时比例法分配制造费用，并编制会计分录。

3．解析

按生产工时比例法分配制造费用，计算如下。

$$第一基本生产车间制造费用分配率=\frac{68\ 000}{5\ 000+3\ 500}=8（元/工时）$$

$$甲产品应分配的制造费用=5\ 000\times 8=40\ 000（元）$$

$$乙产品应分配的制造费用=3\ 500\times 8=28\ 000（元）$$

编制的“制造费用分配表”见表3-11。

表3-11　　制造费用分配表（生产工时比例法）

车间：第一基本生产车间　　2012年8月　　金额单位：元

产品名称	分配标准（生产工时）	分配率	分配金额
甲产品	5 000		40 000
乙产品	3 500		28 000
合计	8 500	8	68 000

根据“制造费用分配表”，编制的会计分录如下。

借：生产成本——基本生产成本——甲产品　　40 000
　　　　　　　　　　　　　　——乙产品　　28 000
　贷：制造费用——第一基本生产车间　　68 000

生产工时比例法将劳动生产率的高低与应分配费用的多少联系起来，分配结果也比较合理，在实际工作中应用得较广泛。

2．生产工人工资比例法

生产工人工资比例法是以计入各种产品成本的生产工人的实际工资为分配标准分配制造费用的一种方法。计算公式如下：

$$某车间制造费用分配率=\frac{该车间归集的制造费用总额}{该车间各种产品的生产工人工资总和}$$

$$某车间某产品应分配的制造费用=该产品的生产工人工资数额\times 该车间制造费用分配率$$

如某企业2012年8月第一基本生产车间归集的制造费用为68 000元（见表3-10）。该车间本月生产甲、乙产品的生产工人工资分别为30 000元和21 000元。现按生产工人工资比例法分配制造费用，计算如下：

$$第一基本生产车间制造费用分配率=\frac{68\ 000}{30\ 000+21\ 000}=1.333\ 3$$

$$甲产品应分配的制造费用=30\ 000\times 1.333\ 3=39\ 999（元）$$

$$乙产品应分配的制造费用=21\ 000\times 1.333\ 3=28\ 001（元）$$

制造费用分配表及会计分录从略。

采用生产工人工资比例法时，值得注意的是，如果生产工人工资是按生产工时比例分配计入各种产品成本的，那么按照生产工人工资比例法分配的制造费用的结果与生产工时比例法分配的制造费用的结果是相同的。另外，还应注意各种产品的机械化程度差别应该不大，否则机械化程度高的产品，由于生产工人工资费用少，分配的制造费用也少，从而影响制造费用分配的合理性。

这是因为在制造费用中大部分是机器设备的折旧费用、修理费用和保险费用，这些费用对于机械化程度高的产品来说，是应该多分配费用，而不是少分配费用。

3．机器工时比例法

机器工时比例法是以各种产品耗用的机器设备的运转时间为标准，分配制造费用的一种方法。计算公式如下：

$$某车间制造费用分配率=\frac{该车间归集的制造费用总额}{该车间各种产品耗用机器设备运转工时总和}$$

$$\begin{matrix}某车间某产品应\\分配的制造费用\end{matrix}=\begin{matrix}该产品耗用机器设\\备运转工时数\end{matrix}\times\begin{matrix}该车间制造\\费用分配率\end{matrix}$$

该种方法适用于产品生产机械化程度较高的企业。

4．按年度计划分配率分配法

按年度计划分配率分配法是根据企业在正常经营条件下计算的各车间年度制造费用计划分配率分配制造费用的一种方法。计算公式如下：

$$某车间年度制造费用计划分配率=\frac{该车间年度制造费用计划总额}{该车间年度各种产品计划产量的定额工时总和}$$

$$\begin{matrix}某车间某月某产品应\\分配的制造费用\end{matrix}=\begin{matrix}该月该产品实际产量\\的定额工时数\end{matrix}\times\begin{matrix}该车间年度制造费\\用计划分配率\end{matrix}$$

采用这种方法分配制造费用时，不管各月实际发生的制造费用是多少，每月各种产品应分配的制造费用都是按年度计划分配率分配的。

【例 3-7】 制造费用分配的核算（按年度计划分配率分配法）

1. 资料

某企业第一基本生产车间年度制造费用的计划数为 840 000 元，全年产品的计划产量为：甲产品 4 000 件、乙产品 3 000 件。产品工时定额为：甲产品 30 工时、乙产品 100 工时。1 月份该车间各产品的实际产量为：甲产品 500 件、乙产品 200 件。该车间 1 月实际发生的制造费用为 70 300 元。

2. 要求

按年度计划分配率分配法分配制造费用，并编制会计分录。

3. 解析

按年度计划分配率分配法分配制造费用，计算结果如下：

$$第一基本生产车间年度制造费用计划分配率=\frac{840\,000}{4\,000\times30+3\,000\times100}=\frac{840\,000}{420\,000}=2$$

$$本月甲产品应分配的制造费用=500\times30\times2=30\,000（元）$$

$$本月乙产品应分配的制造费用=200\times100\times2=40\,000（元）$$

制造费用分配表及会计分录从略。

根据以上计算结果，该车间一月份应分配转出的制造费用合计为 70 000（30 000+40 000）元，而该车间一月份实际发生的制造费用为 70 300 元，则“制造费用”账户有借方余额 300 元，也就是说采用年度计划分配率分配制造费用，“制造费用”账户月末一般有余额，余额有可能在借方，也可能在贷方。借方余额表示实际发生的制造费用金额大于已分配转出的金额，为超支差异；贷方余额表示实际发生的制造费用金额小于已分配转出的金额，为节约差异。该余额平时不须调整，年末时将该账户的余额转入“生产成本——基本生产成本”账户的借方，超支差异用蓝字金额，节约差异用红字金额。

按【例 3-7】资料，年终时假定该车间 1 ~ 12 月已分配的制造费用为 841 000 元（其中：甲产品已分配 240 000 元；乙产品已分配 601 000 元），全年实际发生的制造费用为 845 000 元，“制造费用”账户年末出现借方余额 4 000 元，应按照已分配的制造费用比例将该余额调整分配转入甲、乙产品的成本。其计算如下：

$$\text{调整分配率} = \frac{4\,000}{240\,000 + 601\,000} = 0.0\,048$$

$$\text{甲产品应调整的金额} = 240\,000 \times 0.0\,048 = 1\,152\text{（元）}$$

$$\text{乙产品应调整的金额} = 4\,000 - 1\,152 = 2\,848\text{（元）}$$

编制的调整分录如下。

借：生产成本——基本生产成本——甲产品　　1 152

　　　　　　　　　　　　　——乙产品　　2 848

　贷：制造费用　　4 000

采用年度计划分配率分配法，计算较为简单，并且由于各月制造费用分配率相同，有利于均衡产品成本水平，而且还能保证产品成本计算的及时性。该方法一般适用于季节性生产，有较高的计划、定额管理水平的企业。

三、废品损失的归集和分配

本环节要求对废品损失进行确认，掌握不单独核算废品损失和单独核算废品损失的核算方式。

（一）废品损失的确认

废品是指不符合规定的技术标准，不能按原定用途使用，或需要加工修理后才能使用的在产品、半成品和产成品。

废品按能否修复的可能性和经济性，可分为可修复废品和不可修复废品。可修复废品是指在技术上是可修复的，而且在经济上是合算的废品；不可修复废品是指技术上不可修复，或者虽可修复但在经济上是不合算的废品。

废品损失是指由于生产原因产生废品而造成的损失。具体而言，不可修复废品产生的损失是指不可修复废品的成本扣除回收的残料价值及责任人赔偿后的净额；可修复废品产生的损失是指可修复废品在返修过程中发生的修复费用扣除回收的残料价值及责任人赔偿后的净额。企业发生的废品损失应计入合格产品的成本。应当注意的是，产品质量虽不符合规定的技术标准，但经检验不需要返修而可以降价出售的产品，应作为次品处理，其降价损失反映为销售收入的减少，不能作为废品损失处理；产品入库时确系合格品，但由于保管不善等原因使产品损坏、变质而发生的损失，应作为管理费用处理，不能作为废品损失。在产品质量检验过程中，一旦发现废品，应由产品质量检验部门填制“废品通知单”，“废品通知单”内应填明废品的名称和数量、发生废品的原因和相关责任人等内容。成本会计人员应对“废品通知单”所列各项目进行审核，审核无误后，作为废品损失核算的依据。

（二）废品损失的归集和分配

废品损失的核算方式有两种：不单独核算废品损失和单独核算废品损失。

在不单独核算废品损失的企业中，不可修复废品只扣除产量，而不结转成本；可修复废品的修复费用应直接计入“生产成本——基本生产成本”明细账的有关成本项目。废品的残料价值及责任人的赔偿可直接冲减“生产成本——基本生产成本”明细账中的“直接材料”、“直接人工”成本项目。该方法核算简便，适用于产品生产中不易产生废品、管理上不需要单独考核废品损失的企业。

在单独核算废品损失的企业中，可以单独设置“废品损失”总账，并按基本生产车间分别产品品种设置账页，分别成本项目设置专栏进行废品损失的明细核算；也可以在“生产成本”总账下设置“废品损失”二级账户。“废品损失”账户借方登记不可修复废品的生产成本和可修复废品的修复费用，贷方登记回收的废品残料价值和责任人赔偿以及转入当期产品成本的净损失。该账户月末一般无余额。该方法适用于管理上需要单独考核废品损失的企业。下面将详细介绍单独核算废品损失的企业对废品损失的归集和分配。

1．不可修复废品损失的归集和分配

为了归集和分配不可修复废品的损失，必须首先计算确定废品的成本，然后扣除回收的残料价值和责任人赔偿算出废品的净损失，将净损失计入产品成本。由于不可修复废品的成本与合格品的成本都是通过“生产成本”账户核算，因此可采用一定的方法予以计算确定。具体有两种方法：按实际成本计算和按定额成本计算。

（1）按实际成本计算不可修复废品成本。这种方法是在废品报废时将废品和合格品实际发生的全部生产费用按一定的分配方法，在合格品和废品之间进行分配，计算出废品的实际生产成本，并将其从“生产成本”账户的贷方转入“废品损失”账户的借方。

【例 3-8】（按实际成本计算法）废品损失的核算（不可修复废品损失）

1．资料

2012 年 8 月某企业第一基本生产车间生产甲产品 2 000 件，生产过程中发现不可修复废品 60 件。合格品的生产工时为 3 850 工时、废品的生产工时为 150 工时。该产品基本生产成本明细账中登记的合格品和废品共同发生的生产费用为 400 000 元（其中：直接材料费用 280 000 元、直接人工费用 80 000 元、制造费用 40 000 元）。回收的废品残料价值为 500 元。假定原材料在生产开始时一次投入。直接材料费用按合格品与废品的数量比例分配；其他费用按合格品与废品的生产工时比例分配。

2．要求

按实际成本计算不可修复废品成本，并编制会计分录。

3．解析

根据资料编制“废品损失计算表”，见表 3-12。

表 3-12　　废品损失计算表（按实际成本计算）

第一基本车间：甲产品　　2012 年 8 月　　金额单位：元

项　目	数量（件）	直接材料费用	生产工时（工时）	直接人工费用	制造费用	合　计
费用总额	2 000	280 000	4 000	80 000	40 000	400 000
费用分配率		140		20	10	
废品实际成本	60	8 400	150	3 000	1 500	12 900
减：残料价值		500				
废品损失		7 900		3 000	1 500	12 400

根据“废品损失计算表”，编制会计分录如下。

① 结转不可修复废品的成本

借：废品损失——第一基本生产车间——甲产品　　12 900

　　贷：生产成本——基本生产成本——甲产品　　12 900

② 回收残料价值

借：原材料　　500

　　贷：废品损失——甲产品　　500

③ 结转废品的净损失

借：生产成本——基本生产成本——甲产品　　12 400

　　贷：废品损失——第一基本生产车间——甲产品　　12 400

根据资料及会计分录（记账凭证）登记“生产成本——基本生产成本——甲产品”账户和“废品损失——甲产品”账户，见表 3-13、表 3-14。

表 3-13　　基本生产成本明细账

第一基本生产车间：甲产品　　金额单位：元

2012 年		凭证号数	摘　要	直接材料费用	直接人工费用	制造费用	废品损失	合　计
月	日							
8	31	略	根据原材料费用分配汇总表	280 000				280 000
	31		根据薪酬费用分配表		80 000			80 000
	31		根据制造费用分配表			40 000		40 000
	31		转出不可修复废品实际成本	8 400	3 000	1 500		12 900
	31		转入不可修复废品净损失				12 400	12 400
	31		生产费用合计	271 600	77 000	38 500	12 400	399 500

表 3-14　　废品损失明细账

第一基本生产车间：甲产品　　金额单位：元

2012 年		凭证号数	摘　要	直接材料费用	直接人工费用	制造费用	合　计
月	日						
8	31	略	转入不可修复废品实际成本	8 400	3 000	1 500	12 900
	31		回收残料价值	500			500
	31		结转废品损失	7 900	3 000	1 500	12 400

按废品的实际成本计算废品损失，其结果较为准确，但核算的工作量较大。

（2）按定额成本计算不可修复废品成本。这种方法是按不可修复废品的数量和事先确定的工时定额和各种费用定额计算不可修复废品的生产成本，而不考虑废品实际发生的费用。

【例 3-9】　（按定额成本计算法）废品损失的核算（不可修复废品损失）

1. 资料

2012 年 8 月某企业第一基本生产车间生产乙产品 1 000 件，验收时发现不可修复废品 40 件。原材料在生产开始时一次投入，单位产品的直接材料费用消耗定额为 80 元。废品的定额工时为 100 工时，单位工时的直接人工费用定额为 15 元、单位工时的制造费用定额为 8 元。回收残料价值为 100 元。

2. 要求

按定额成本计算不可修复废品成本，并编制会计分录。

3. 解析

根据资料，编制“废品损失计算表”，见表 3-15。

表 3-15　　　　废品损失计算表（按定额成本计算）

第一基本车间：乙产品　　　　2012 年 8 月　　　　金额单位：元

项　目	数量（件）	直接材料费用	定额工时（小时）	直接人工费用	制造费用	合　计
费用定额		80		15	8	
废品定额成本	40	3 200	100	1 500	800	5 500
减：残料价值		100				100
废品损失		3 100		1 500	800	5 400

有关会计分录以及相关的明细账从略。

企业按废品的定额成本计算废品损失，计算工作简便，但企业必须具备比较准确的定额成本资料，否则会影响产品成本的真实性。

2．可修复废品损失的归集和分配

可修复废品损失是指可修复废品在返修过程中发生的修复费用并扣除回收的残料价值和责任人赔偿后的净额。因此，对于可修复废品在返修前发生的各项生产费用仍保留在“生产成本——基本生产成本”账户中，不必转出。对于返修过程中发生的各种修复费用，应根据原材料、工资及福利费和制造费用等各种费用分配表，借记“废品损失”账户，贷记“原材料”、“应付职工薪酬”、“制造费用”等账户。如有回收残料价值和应收赔偿，应分别根据残料交库凭证及有关结算凭证，借记“原材料”、“其他应收款”等账户，贷记“废品损失”账户。最后将废品净损失（修复费用减去残值和赔偿后的净额），借记“生产成本——基本生产成本”账户，贷记“废品损失”账户。

【例 3-10】　废品损失的核算（可修复废品损失）

1. 资料

益达公司一车间生产甲产品 400 件，在生产过程中发现可修复废品 20 件。修复过程耗费原材料 150 元，工资 100 元，职工福利 14 元，制造费用 60 元。

2. 要求

编制可修复废品损失核算的相关会计分录。

3. 解析

编制的会计分录如下。

① 核算修复费用

借：废品损失——甲产品　　324

　贷：原材料　　150

　　应付职工薪酬——工资　　100

　　　　——职工福利　　14

　　制造费用　　60

② 将废品净损失计入同种合格品的成本

借：基本生产成本——甲产品（废品损失）　　324

　贷：废品损失——甲产品　　324

四、停工损失的归集和分配

本环节要求理解停工损失的确认，掌握单独核算企业的停工损失，“停工损失”总账的设置，并按车间分产品品种设置账页，分成本项目设置专栏进行停工损失的明细核算。

（一）停工损失的确认

停工损失是指企业的生产车间或车间内某个班组在停工期间内发生的各项费用，包括停工期间发生的生产工人的工资和福利费、耗用的材料费用以及应分配的制造费用，但由责任人或保险公司负担的赔偿，应从停工损失中扣除。为了简化核算，停工时间不满一个工作日的，一般不计算停工损失。值得注意的是，季节性生产企业在停工期间内发生的费用，应采取待摊、预提的方法，由开工期间内的产品生产成本负担，不作为停工损失。

在实际工作中，由于电力中断、原材料供应不足、机器设备发生故障或进行修理、发生自然灾害以及计划减产等原因，都可能引起停工，发生停工损失。停工损失一般应计入产品成本，但不是所有的停工损失都要计入产品成本。对于自然灾害引起的停工损失，应计入营业外支出。

企业一旦发生停工，应由停工的车间或班组填制“停工报告单”，并在考勤记录上予以反映。“停工报告单”内应填明停工时间、停工地点、停工原因、造成停工的责任单位和责任人等内容。成本会计人员应对“停工报告单”所列的各项目进行审核，审核无误后，作为停工损失的核算依据。

（二）停工损失的归集和分配

为了单独核算企业的停工损失，可以设置“停工损失”总账，并按车间分产品品种设置账页，分成本项目设置专栏进行停工损失的明细核算，也可以在“生产成本”总账下设置“停工损失”二级账户。“停工损失”账户借方登记因停工发生的各项费用，贷方登记责任单位、责任人和保险公司的赔偿以及结转的停工损失。该账户月末一般无余额，若月末企业仍处于停工状态，其停工损失可以不结转，待停工终止后再进行结转，此时，该账户有借方余额。

停工损失归集和分配的核算如下。

（1）企业发生停工时，归集停工期间发生的各项费用。

借：停工损失——×车间——×产品

　　贷：原材料

　　　　应付工资

　　　　应付福利费

　　　　制造费用

（2）企业应收责任单位、责任人的赔偿。

借：其他应收款

　　贷：停工损失——×车间——×产品

（3）结转停工的净损失。

借：生产成本——基本生产成本——×产品

　　贷：停工损失——×车间——×产品

如果是由于自然灾害引起的停工，其停工损失结转为营业外支出。

借：营业外支出

　　贷：停工损失——×车间——×产品

对于较少发生停工损失的企业，为了简化核算，也可以不单独设置“停工损失”账户，停工期间发生的各项费用，计入“制造费用”、“营业外支出”账户。

职业能力训练

一、职业能力选择

（一）职业能力单选

1. 辅助生产费用直接分配法的特点是将辅助生产费用（　　）。
   A. 直接记入“生产成本——辅助生产成本”账户
   B. 直接分配给所有受益的车间、部门
   C. 直接分配给辅助生产以外的各受益单位
   D. 直接记入“生产成本——基本生产成本”账户
2. 辅助生产费用的交互分配法，交互分配时是在（　　）。
   A. 各受益的基本生产车间进行分配
   B. 各受益的单位之间进行分配
   C. 辅助生产车间以外的各受益的单位之间进行分配
   D. 各辅助生产车间之间进行分配
3. 辅助生产费用的交互分配法，对外分配时是在（　　）。
   A. 各受益的基本生产车间进行分配
   B. 各受益的单位之间进行分配
   C. 辅助生产车间以外的各受益的单位之间进行分配
   D. 各辅助生产车间之间进行分配
4. 在辅助生产车间之间相互提供产品或劳务的情况下，下列各项中分配辅助生产费用最为准确的方法是（　　）。

A. 按计划成本分配法 B. 交互分配法　　C. 直接分配法　　D. 代数分配法

5. 采用顺序分配法进行分配时，分配顺序的排列是（　　）。

A. 受益多的辅助生产车间排列在前，受益少的辅助生产车间排列在后

B. 受益少的辅助生产车间排列在前，受益多的辅助生产车间排列在后

C. 对外提供劳务多的辅助生产车间排列在前；反之，排列在后

D. 对外提供劳务少的辅助生产车间排列在前；反之，排列在后

6. 下列项目中属于制造费用的是（　　）。

A. 车间生产工人薪酬　　B. 车间管理人员薪酬

C. 企业管理人员薪酬　　D. 车间固定资产的修理费

7. 下列制造费用分配方法中，“制造费用”账户可能出现余额的是（　　）。

A. 生产工时比例法　　B. 生产工人工资比例法

C. 机器工时比例法　　D. 按年度计划分配率分配法

8. 按年度计划分配率分配法分配制造费用时，如果“制造费用”科目年末有贷方余额，应按余额（　　）。

A. 用红字借记“生产成本”科目，贷记“制造费用”科目

B. 用蓝字借记“制造费用”科目，贷记“生产成本”科目

C. 有红字借记“制造费用”科目，贷记“生产成本”科目

D. 结转下年度

9. 下列各项中，不应计入废品损失的是（　　）。

A. 不可修复废品的生产成本　　B. 可修复废品的生产成本

C. 用于修复废品的人工费用　　D. 用于修复废品的材料费用

10. 结转不可修复废品的成本，应借记“废品损失”账户，贷记（　　）账户。

A. “生产成本”　　B. “库存商品”　　C. “制造费用”　　D. “原材料”

（二）职业能力多选

1. 辅助生产车间发生的制造费用在（　　）条件下可以直接记入“生产成本——辅助生产成本”账户借方。

A. 辅助生产车间的规模较小　　B. 辅助生产车间提供劳务或产品单一

C. 辅助生产车间发生的制造费用较少　　D. 辅助生产车间不对外提供劳务或商品

E. 辅助生产车间对外提供劳务或商品较少

2. 下列方法中属于辅助生产费用分配方法的有（　　）。

A. 直接分配法　　B. 交互分配法　　C. 计划分配法

D. 顺序分配法　　E. 代数分配法

3. 下列项目中属于制造费用的是（　　）。

A. 车间固定资产折旧费　　B. 车间固定资产的修理费

C. 车间的机物料消耗　　D. 车间管理人员薪酬

E. 车间办公费

4. 下列方法中属于制造费用分配方法的有（　　）。

A. 生产工时比例法　　B. 生产工人工资比例法

C. 机器工时比例法　　D. 按年度计划分配率分配法
E. 顺序分配法

5. 废品损失应该包括（　　）。
A. 不可修复废品的损失　　B. 可修复废品的损失
C. 出售不合格品的降价损失　　D. 库存产品因水灾而变质的损失
E. 产品出售后的修理费用

二、职业能力判断

1. 辅助生产费用的归集和分配，是通过“生产成本——辅助生产费用”总账科目进行的，辅助生产发生的各项费用，应计入该科目的借方进行归集。（　　）

2. 辅助生产车间发生的制造费用都应通过“制造费用”账户进行核算。（　　）

3. 直接分配法是指将各辅助生产车间归集的辅助生产费用，直接分配给各受益对象的方法。（　　）

4. 交互分配法只进行辅助生产车间之间交互分配，不进行对外分配。（　　）

5. 交互分配法考虑了辅助生产车间相互提供劳务的因素，因而分配的结果是完全符合实际的。（　　）

6. 采用顺序分配辅助生产车间费用时，排列在前面的辅助生产车间不承担排列在后面的辅助生产车间费用。（　　）

7. 任何企业均可采用按年度计划分配率分配法分配制造费用。（　　）

8. 经过修理虽可使用，但所花费的修复费用在经济上不合算的废品，属于不可修复废品。（　　）

9. 可修复废品是指经过修复可以使用，而且在经济上合算的废品。（　　）

10. 由于自然灾害等引起的非正常停工损失，应计入营业外支出。（　　）

三、任务实训

1. 某企业设有供水和供电两个辅助生产车间，它们之间相互提供的劳务不多，各辅助生产车间发生的费用和供应劳务数量见表3-16。

表3-16　　辅助生产车间发生的费用和提供的劳务数量表

受益对象		供电车间		供水车间	
		劳务量（度）	费用（元）	劳务量（m^3）	费用（元）
辅助生产车间	供电		64 000	200	8 460
	供水	1 000			
基本生产车间	甲产品	30 000			
	乙产品	40 000			
	一般耗用	7 000		4 000	
行政管理部门		3 000		700	
合计		81 000		4 900	

要求：根据上述资料，采用直接分配法分配辅助生产车间费用，并编制会计分录。

2. 某企业设有供水和机修两个辅助生产车间，各辅助生产车间发生的费用和供应劳务数量见表3-17。

表3-17　　辅助生产车间发生的费用和提供的劳务数量表

受益对象		供水车间		机修车间	
		劳务量（m^3）	费用（元）	劳务量（工时）	费用（元）
辅助生产车间	供水		12 390	1 000	14 000
	机修	2 300			
基本生产车间	甲产品				
	乙产品				
	一般耗用	4 200		2 000	
行政管理部门		1 760		500	
合计		8 260		3 500	

要求：根据上述资料，采用交互分配法分配辅助生产车间费用，并编制会计分录。

3. 某企业设有供水和机修两个辅助生产车间，各辅助生产车间发生的费用和供应劳务数量见表3-17，假定供水车间的计划分配率为1.4元/m^3，机修车间的计划分配率为4.5元/小时。

要求：采用计划成本分配法分配辅助生产费用。

4. 某企业基本生产车间生产A、B、C三种产品。本月已归集在“制造费用——基本生产车间”账户借方的制造费用合计为32 560元。A产品生产工时为3 560小时、B产品生产工时为2 250小时、C产品生产工时为2 330小时。

要求：按生产工时比例法分配制造费用。

5. 某企业不可修复废品的成本按定额成本计算。本月基本生产车间生产甲产品1 000件，验收时发现不可修复废品20件。原材料在生产开始时一次投入，单位产品的直接材料费用消耗定额为60元，废品的定额工时为130工时，单位工时的直接人工费用定额为18元，单位工时的制造费用定额为6元，回收残料价值为80元。

要求：（1）计算不可修复废品的定额成本及净损失；

（2）编制结转不可修复废品的成本、回收残料价值、废品净损失的会计分录。

项目四 生产费用在完工产品与在产品之间分配

学习目标

1. 了解在产品与完工产品的关系；
2. 掌握在产品数量的确定方法；
3. 会将生产费用在完工产品与在产品之间进行分配。

项目导航

通过将各项发生的费用的归集和分配，基本生产车间在生产过程中发生的各项费用，已经集中反映在“生产成本——基本生产成本”科目及其明细账的借方，并按成本项目予以反映。当期末有在产品时，就要在本月完工产品和月末在产品之间进行分配，以确定本月完工产品成本。生产费用在完工产品与在产品之间的分配，在成本计算工作中是一个重要而又比较复杂的问题。企业应当根据产品的生产特点，月末结存在产品数量的多少，各月月末在产品结存数量变化的大小，各项费用在成本中所占比重的轻重，以及企业定额管理基础工作的扎实与否等，结合企业的管理要求，选择既合理又简便的分配方法。

本项目主要讲述在产品的数量核算，在产品按定额成本计价法，在产品按定额比例计价法，按约当产量计算在产品成本法，在产品成本按其所耗用的原材料费用计算，完工产品的成本结转。

相关知识

一、在产品的数量核算

对在产品实物数量的核算主要通过在产品收发结存的日常核算和在产品的清查两项工作来实现。做好这两项工作可以使企业同时具备账面核算资料和实际盘点资料。一是通过设置“在产品收发结存账”，进行台账记录；二是通过实地盘点方式确定月末在产品实际结存数量。在实际工作中，这两项工作不仅对正确计算产品成本，加强生产资料管理，以及保护企业财产有着重要的意义，而且对掌握生产进度，加强生产管理也有着重要意义。

（一）在产品与完工产品的关系

企业的在产品是指没有完成全部生产过程，不能作为商品销售的产品。在产品有狭义和广义之分。狭义在产品是指在各个生产车间加工中的在制品；广义在产品不仅包括狭义在产品，还包括正在或等待返修的废品、已完成部分生产步骤的半成品、已完工但尚未入库的完工产品等。本节所讲的在产品是指狭义在产品。

本期发生的生产费用和期初、期末在产品成本及本期完工产品成本等四项费用的关系可以用下列公式表示：

期初在产品成本+本期发生的生产费用=本期完工产品成本+期末在产品成本

根据上述公式，则有：

本期完工产品成本=期初在产品成本+本期发生的生产费用−期末在产品成本

在上述第一个公式中，前两项是已知数，期初在产品成本就是上期末的在产品成本，本期发生的生产费用通过要素费用的归集与分配可以得到确定。实务中，生产费用在完工产品与在产品之间的分配要么是将前两项之和按一定比例在后两项之间进行分配，要么是先确定月末在产品成本，再确定完工产品成本。生产费用在完工产品与在产品之间的分配的前提是对在产品数量进行核算。

（二）在产品的数量核算

为进行在产品收发结存的日常核算，应分别按车间产品品种和在产品名称（如零件、部件的名称）设立在产品台账，根据生产工艺特点与管理需要，在按生产车间设置在产品台账的情况下，可在各台账中按每一道工序分设栏目，反映各工序的收发结存数量。简化的在产品台账格式见表 4-1。

表 4-1　　在产品台账

生产车间：　　工序：　　在产品名称：　　数量单位：

日　期	凭 证 号	摘　要	收　入	发　出		结　存		备　注
				合格品	废品	完工	未完工	

为核实在产品数量，保护在产品的安全、完整，企业应对在产品进行定期或不定期清查。实际工作中，一般在月末进行。清查盘点的结果，应及时登记在"盘存单"上（见表 4-2）。盘存单是记录实物盘点结果的书面文件，也是反映资产实有数的原始凭证。

表 4–2 盘存单

单位名称：　　　　编号：

盘点时间：　　　　财产类别：　　　　存放地点

财产编号	名称	计量单位	数量	单价（元）	金额（元）	备注

盘点人签章：　　　　实物保管人签章：

清查后，应根据盘点结果和账面资料编制"在产品盘点盈亏报告"，填明在产品的账面数量、实存数和盘存盈亏数等资料，并分析原因，提出处理意见，经有关领导批准后进行账务处理。"在产品盘点盈亏报告"是一个非常重要的原始凭证，在这张凭证上所确定的各种实物的实存同账存之间的差异，既是经批示调整账簿记录的依据，也是分析差异原因，查明责任的依据。

在产品发生盘盈时，应按盘盈在产品的成本（一般按定额成本计算）借记"生产成本——基本生产成本"账户，贷记"待处理财产损溢"账户；经批准核销时，应借记"待处理财产损溢"账户，贷记"管理费用"等账户。在产品发生盘亏和毁损时，应借记"待处理财产损溢"账户，贷记"生产成本——基本生产成本"账户；经批准核销时，应根据不同原因和责任，分别予以处理，从"待处理财产损溢"账户的贷方转入"管理费用"、"其他应收款"或"营业外支出"等有关账户的借方。如果在产品的盘亏是由于没有办理领料或交接手续，或者由于某种产品的零件为另一种产品挪用，则应补办手续，及时转账更正。

【例 4-1】 在产品的数量核算

1. 资料

某公司 2012 年 6 月，对基本生产车间的月末在产品进行盘点清查，结果见表 4-3。

2. 要求

根据盘点清单，编制在产品溢缺核算的会计分录。

表 4–3 在产品盈亏报告单

填报单位：××车间　　　　2012 年 6 月 30 日

产品名称	单位	账存数量	盘存数量	盈亏数量		单位定额成本（元）	溢缺金额（元）	
				盘盈	盘亏		盘盈	盘亏
甲产品	件	100	103	3		30	90	
乙产品	件	160	155		5	25		125
处理意见			审批意见			溢缺原因		

3. 解析

若乙产品定额成本中的材料成本为 12 元，原材料适用的增值税税率为 17%，企业应当根据盘点清单，编制如下会计分录。

① 盘盈的处理

借：生产成本——基本生产成本　　90

　　贷：待处理财产损溢　　90

② 盘亏的处理

借：待处理财产损溢　　135.20

　　贷：生产成本——基本生产成本　　125

　　　　应交税费——应交增值税（进项税额转出）　　10.20

若上述产品的短缺原因经查是被盗，公司要求乙产品的保管人员赔偿60元，企业应当根据公司的处理决定，编制如下会计分录。

① 盘盈的处理

借：待处理财产损溢　　90

　　贷：管理费用　　90

② 盘亏的处理

借：管理费用　　75.20

　　其他应收款　　60

　　贷：待处理财产损溢　　135.20

二、生产费用的分配方法

企业在进行在产品数量核算的基础上，如何既合理又简单地在完工产品和月末在产品之间分配费用，是产品成本计算的一个重要问题。本环节主要是按照企业月末在产品数量、各月相比在产品数量变化情况、各项费用在产品中所占的比重，以及定额管理基础的好坏等具体条件，学习定额成本计价法，定额比例计价法，约当产量计算法等生产费用的分配方法。

（一）不计在产品成本法

不计在产品成本法简称“不计成本法”，是一种不计算月末在产品成本的方法，当月发生的生产费用，全部由当月完工产品负担。对于在产品数量少，且各月变动不大的企业，在产品成本的计算与否，对完工产品成本影响不大，为了简化核算可以不计算在产品成本，但账面上有期末在产品成本。例如，自来水生产企业、发电企业、采矿企业等都可采用这种方法。采用这种方法确定的本期完工产品总成本就是本期该产品所归集的生产费用。其计算公式表示如下：本期完工产品成本=本期生产费用

（二）在产品成本按固定成本计价法

在产品成本按固定成本计价法简称“固定成本法”，是一种月末在产品固定按年初成本计价的方法。如果各月末在产品数量较少，或者各月在产品数量较多，但各月末在产品数量变化不大，这种情况下，月初、月末在产品成本的差额对完工产品成本影响不大。采用这种方法，每年到年终时，根据实际盘点的在产品数量，计算12月末在产品的实际成本，在次年的1～11月份，不论在产品数量是否发生变化，都固定地以上年12月末的在产品成本作为各月在产品成本。例如，冶炼

或化工等企业的产品，由于高炉和化学反应装置的容积固定，可以采用这种方法计算在产品成本。这种方法的计算公式如下。

1．在1～11月份按如下公式计算

本期完工产品成本=期初在产品成本（年初固定数额）+本期生产费用−期末在产品成本（年初固定数额）=本期生产费用

2．在12月份按如下公式计算

本期完工产品成本=期初在产品成本（年初固定数额）+本期生产费用−期末在产品成本（实际数）=本期生产费用

（三）在产品按定额成本计价法

在产品按定额成本计价法简称“定额计价法”，是一种根据月末在产品数量和单位定额成本计算月末在产品成本，倒挤确定本月完工产品成本的方法。应当注意的是，采用这种方法，会将每期生产费用脱离定额的节约差异或超支差异全部计入当期完工产品成本，在修订消耗定额或费用定额的月份，月末在产品按新定额计价发生的差额，也会包括在当月完工产品成本中，这给考核和分析完工产品成本带来一定的困难。因此，这种方法适用于定额管理工作较好，消耗定额相对比较稳定，各月末在产品结存数量变化不大的产品。这种方法确定完工产品成本的计算公式如下：

本期完工产品成本=期初在产品定额成本+本期生产费用−期末在产品定额成本

在产品定额成本=在产品数量×单位定额成本

上述计算公式中，月末在产品的单位定额成本通常是按产品成本项目确定的，因此，在具体计算月末在产品定额成本时，要按不同的定额标准分别计算月末在产品各个成本项目的定额成本，再加总确定月末在产品定额成本。计算公式如下：

在产品定额材料成本=在产品数量×在产品材料消耗定额×材料单价

在产品定额工资成本=在产品数量×在产品工时消耗定额×小时工资率

在产品定额费用成本=在产品数量×在产品工时消耗定额×小时费用率

将上述各项相加，即为在产品定额成本。

 **【例4-2】 生产费用的分配（在产品按定额成本计价法）**

1. 资料

某企业生产甲产品，2012年6月初在产品和本月生产费用合计为60 500元，其中材料费用45 000元，工资及福利费用5 500元，制造费用10 000元。该月完工甲产品1 000件，月末在产品盘存200件，甲产品所耗原材料在生产开始时一次性投入，月末在产品完成定额工时500小时。甲产品定额资料：单位产品材料费用定额为30元，每小时人工费用定额为2元，每小时制造费用定额为3.20元。

2. 要求

生产费用在完工产品与在产品之间进行分配。

3. 解析

甲产品本月完工产品与在产品成本分配计算见表4-4。

表 4-4　　产品成本计算单

产品名称：甲产品　　2012 年 6 月　　单位：元

项　目	直接材料	直接人工	制造费用	合　计
生产费用合计	45 000	5 500	10 000	60 500
月末在产品成本（定额成本）	5 000	900	1 500	7 400
完工产品成本	40 000	4 600	8 500	53 100
完工产品单位成本	40	4.60	8.5	53.1

（四）在产品按定额比例计价法

在产品按定额比例计价法简称“定额比例法”，是一种按完工产品与在产品的定额耗用量（定额成本）的比例分配生产费用的方法。其中，原材料费用按原材料的定额消耗量或定额费用比例分配；工资及福利费等加工费用按定额工时比例分配。采用这种方法，可以解决按定额成本计算在产品成本脱离定额差异的问题。因此，这种方法适用于定额管理基础较好，各项定额比较健全、稳定，各月末在产品数量变动较大的产品。

这种分配方法确定完工产品成本的计算公式如下：

完工产品某项目成本=该项目费用分配率×完工产品该项目定额耗用量或成本

将完工产品各项目成本相加，即完工产品成本。

费用分配率=（月初在产品费用+本月生产费用）/（完工产品定额耗用量或成本+月末在产品定额耗用量或成本）

【例 4-3】　生产费用的分配（在产品按定额比例计价法）

1. 资料

某企业生产 C 产品，原材料在生产开始时一次性投入，2012 年 6 月完工 600 件，月末结存在产品 100 件，加工程度达 80%。C 产品定额资料：单位产品直接材料定额为 200 元；单位产品工时消耗定额为 15 小时。本月初在产品实际成本和本月发生的生产费用见表 4-5。

2. 要求

生产费用在完工产品与在产品之间进行分配。

表 4-5　　月初在产品实际成本和本月生产费用资料　　金额单位：元

项　目	直接材料	直接人工	制造费用	合　计
月初在产品成本	36 160	4 100	6 480	46 740
本月生产费用	117 840	18 340	28 200	164 380
合计	154 000	22 440	34 680	211 120

3. 解析

根据上述资料，分配计算完工产品成本和在产品成本，编制产品成本计算单见表 4-6。

表 4-6　　产品成本计算单

产品名称：C 产品　　2012 年 6 月　　金额单位：元

项　目	直接材料	直接人工	制造费用	合　计
完工产品定额	600×200=120 000	600×15=9 000	600×15=9 000	
月末在产品定额	100×200=20 000	100×80%×15=1 200	100×80%×15=1 200	
小计	140 000	10 200	10 200	
分配率	154 000/140 000=1.10	22 440/10 200=2.20	34 680/10 200=3.40	
完工产品成本	120 000×1.10=132 000	9 000×2.20=19 800	9 000×3.40=30 600	182 400
完工产品单位成本	132 000/600=220	19 800/600=33	30 600/600=51	304
月末在产品成本	154 000−132 000=22 000	22 440−19 800=2 640	34 680−30 600=4 080	28 720

采用这种分配方法计算完工产品和月末在产品成本时，必须取得完工产品和月末在产品的定额资料。但是，当产品分类及生产工序较多时，核算的工作量很大。所以，有的企业月末在产品定额资料不根据月末在产品的数量具体计算，而是采用简化的倒挤方法计算。其计算公式如下（以定额消耗量为例）：

月末在产品定额消耗量=月初在产品定额消耗量+本月投入的定额消耗量−本月完工产品定额消耗量

用这一公式计算虽可以简化核算工作量，但是容易掩盖在产品盘盈、盘亏的情况，不能如实地反映产品成本的水平。为了保证在产品账实相符，提高成本计算的准确性，采用这一方法必须每隔一定时期（每季或每半年）对在产品进行一次盘点，根据在产品的实存数量计算一次定额消耗量。

（五）按约当产量计算在产品成本法

按约当产量计算在产品成本法简称“约当产量法”，是一种将月末在产品数量按其完工程度或投料程度折合成相当于完工产品的数量，然后将本期的生产费用按照月末完工产品数量和在产品约当产量比例进行分配，从而计算出完工产品成本和月末在产品成本的方法。例如，在产品 10 件，平均完工 40%，则大约相当于完工产品 4 件。这种方法适用范围较广，当月末在产品数量较大，而且变化也大，不宜采用其他分配方法时，采用此种方法较为合适。这种方法的计算公式如下：

在产品约当产量=在产品数量×完工程度（或投料比例）

约当总产量=在产品约当产量+完工产品数量

费用分配率=费用总额/约当总产量

完工产品成本=完工产品数量×费用分配率

采用这种方法，道理不难理解，问题在于在产品完工程度的确定比较复杂。一般是根据月末在产品数量，用技术测定或其他方法，计算在产品的完工程度。由于原材料的投料方式不一定与产品的完工程度同步，因而运用约当产量法计算在产品成本时，必须区别成本项目计算在产品的约当产量。

1．材料费用

月末在产品应负担的材料费用与投料方式有关。在生产过程中，材料投入方式通常有 4 种：一是在生产开始时一次投入全部所需材料；二是在每道工序开始时一次投入该工序所需的全部材料；三是在生产过程中陆续投入且投入量与加工进度一致；四是在生产过程中陆续投入且投入量与加工进度不一致。

（1）生产开始时一次投入全部所需材料。当直接材料在生产开始时一次性全部投入，则投料比例为 100%，月末在产品应负担的材料费用与完工产品所耗材料费用相同，因此，不论在产品完工程度如何，都可按在产品实际结存数量和完工产品产量的比例进行分配。

由于完工产品与不同完工程度的在产品发生的加工费用不相等，因而完工产品与月末在产品的各项加工费用不能按它们的数量比例分配，而应采用约当产量比例法分配。

【例 4-4】 生产费用的分配（约当产量法）

1. 资料

某产品 2012 年 6 月完工 300 件，月末在产品 100 件，原材料在生产开始时一次性投入。费用资料：月初和本月发生的原材料费用 8 000 元，工资及其他费用 7 600 元，在产品完工程度测定为 80%。

2. 要求

生产费用在完工产品与在产品之间进行分配。

3. 解析

根据上述资料，运用约当产量法计算在产品成本，分配费用如下。

分配材料费用的在产品约当产量=100×100%=100（件）

分配工资及其他费用的在产品约当产量=100×80%=80（件）

材料费用分配率=8 000/（300+100）=20

工资及其他费用分配率=7 600/（300+80）=20

在产品应分配的材料费用=100×20=2 000（元）

在产品应分配的工资及其他费用=80×20=1 600（元）

完工产品应分配的材料费用=300×20=6 000（元）

完工产品应分配的工资及其他费用=300×20=6 000（元）

（2）每道工序开始时一次投入该工序所需的全部材料。如果生产过程中，原材料不是在生产开始时一次性投入，而是分工序一次性投入，则每道工序的月末在产品应负担的材料费用为截至该工序的累计投料额，月末在产品可按投料比例折合为完工产品。确定月末在产品约当产量的公式如下：

某工序期末在产品约当产量=该工序在产品数量×截至该工序投料比例

某工序期末在产品投料比例=截至该工序累计投料定额/完工产品投料定额×100%

【例 4-5】 生产费用的分配（约当产量法）

1. 资料

生产某产品需要经过三道工序，2012 年 6 月完工 300 件。每道工序所需材料均在开始时一次性投入。各工序材料消耗定额为：第一工序 40 千克、第二工序 30 千克、第三工序 30 千克，共为 100 千克。各工序月末在产品数量分别是 100 件、110 件、120 件。月初和本月发生的原材料费用为 16 110 元。

2. 要求

材料费用在完工产品与在产品之间进行分配。

3. 解析

根据上述资料计算月末在产品约当产量，并分配原材料费用如下。

第一工序期末在产品投料比例=40/100×100%=40%

第二工序期末在产品投料比例=（40+30）/100×100%=70%

第三工序期末在产品投料比例 = （40+30+30）/100×100%=100%

第一工序期末在产品约当产量=100×40%=40（件）

第二工序期末在产品约当产量=110×70%=77（件）

第三工序期末在产品约当产量=120×100%=120（件）

材料费用分配率=16 110/（300+40+77+120）= 30

月末在产品应分配的材料费用=（40+77+120）×30=7 110（元）

完工产品应分配的材料费用=16 110−7 110=9 000（元）

（3）在生产过程中陆续投入且投入量与加工进度一致。当直接材料随生产过程陆续投入且投入量与加工进度一致时，在产品投料程度的计算与完工程度的计算相同。此时，分配直接材料费用的在产品约当产量按完工程度折算。

（4）在生产过程中陆续投入且投入量与加工进度不一致。当直接材料随生产过程陆续投入且投入量与加工进度不一致时，各工序在产品投料程度由前面各工序累计材料消耗比例加本道工序消耗比例的 50%构成，并据以计算各工序月末在产品的约当产量。每道工序的材料消耗比例按下列公式计算。

某工序期末在产品投料比例=（前面工序累计投料定额+本工序投料定额×50%）/完工产品投料定额×100%

【例 4-6】 生产费用的分配（约当产量法）

1. 资料

生产某产品需要经过三道工序，2012 年 6 月完工 200 件。假定每道工序所需材料陆续投入，且与加工进度不一致。各工序材料消耗定额为：第一工序 50 千克、第二工序 30 千克、第三工序 20 千克，共为 100 千克。各工序月末在产品数量分别是 100 件、80 件、120 件。月初和本月发生的原材料费用 13 020 元。

2. 要求

材料费用在完工产品与在产品之间进行分配。

3. 解析

月末在产品约当产量的计算如下：

第一工序期末在产品投料比例=（50×50%）/100×100%=25%

第二工序期末在产品投料比例=（50+30×50%）/100×100%=65%

第三工序期末在产品投料比例=（50+30+20×50%）/100×100%=90%

第一工序期末在产品约当产量=100×25%=25（件）

第二工序期末在产品约当产量=80×65%=52（件）

第三工序期末在产品约当产量=120×90%=108（件）

材料费用在完工产品与在产品的分配如下：

材料费用分配率=13 020/（200+25+52+108）=33.82

月末在产品应分配的材料费用=（25+52+108）×33.82=6 256.70（元）

完工产品应分配的材料费用=13 020−6 256.7=6 763.30（元）

2．其他费用

这里所说在产品其他费用主要指月末在产品应负担的人工费用、制造费用，以及动力费用等。月末在产品应负担的其他费用与产品的完工程度有关。产品完工程度是指某产品已消耗工时占生产该产品所需全部工时的比例。

在确定完工程度时一般区分两种情况。

第一种情况，如果企业生产进度比较均衡，月末在产品在各工序加工数量都相差不多，为简化核算，月末在产品的完工程度通常按50%计算。期末在产品约当产量的计算公式如下：

期末在产品约当产量=期末在产品数量×完工程度（通常为50%）

第二种情况，如果期末在产品各工序加工程度不均衡，则必须根据各工序在产品的累计工时定额占完工产品工时定额数和比率，分别计算各工序在产品的完工程度。期末在产品约当产量的计算公式如下：

期末某工序在产品约当产量=期末该工序在产品数量×期末该工序在产品完工程度

期末某工序在产品完工程度=（前面各道工序累计工时定额+本道工序工时定额×50%）/完工产品工时定额×100%

上述公式中“本道工序工时定额”均按50%计算，是因为该工序中各件在产品的加工程度虽然不同，但为简化起见，对本工序的加工程度一般不逐一测定，都按平均加工50%计算。对于从上一道工序转入本道工序的在产品，因上一道工序已加工完成，因此前面各道工序的工时定额都以100%计入。

确定在产品约当产量后，再以期末在产品约当产量和完工产量为分配依据，计算出分配率，分配其他生产费用。

【例4-7】 生产费用的分配（约当产量法）

1. 资料

某产品由两道工序制成，产品的工时定额为40小时，第一道工序的工时定额为30小时，第二道工序的工时定额为10小时。2012年6月初和本月发生的工资及其他费用为6 300元。完工产品300件，在产品数量：第一道工序100件，第二道工序80件。期末在产品各工序加工程度不均衡。

2. 要求

工资及其他费用在完工产品与在产品之间进行分配。

3. 解析

根据上述资料，计算工资及其他费用分配如下：

第一道工序在产品完工程度=（40×50%）/40×100%=50%

第二道工序在产品完工程度=（30+10×50%）/40×100%=87.5%

第一道工序在产品约当产量=100×50%=50（件）

第二道工序在产品约当产量=80×87.5%=70（件）

工资及其他费用分配率=6 300/（300+50+70）=15

月末在产品应分配的工资及其他费用=（50+70）×15=1 800（元）

完工产品应分配的工资及其他费用=300×15=4 500（元）

（六）在产品成本按其所耗用的原材料费用计算

在产品成本按所耗用的原材料费用计算简称“只计材料法”，是一种月末在产品成本只计算所耗用的原材料费用，而将其他费用全部由当期完工产品负担的方法。这种方法适用于原材料费用在产品成本中所占比重较大，期末在产品数量较多，各期在产品数量变化较大，特别是原材料在生产开始时一次就全部投入的情况下使用，如酿酒、造纸与纺织等工业企业的产品。由于不同企业在投料方式、投料时间上的不一致，因此计算期末在产品所消耗材料费用的方法也不同，可以比照约当产量法进行处理。这种方法完工产品成本的计算公式如下。

期末完工产品成本=期初在产品材料成本+本期生产费用−期末在产品材料成本

【例 4-8】　生产费用的分配（只计材料法）

1. 资料

某企业 2012 年 6 月初在产品原材料费用为 5 000 元，本月发生原材料费用 10 000 元，工资及福利费用 2 000 元，制造费用 900 元，本月完工产品 900 件，月末在产品 600 件，原材料在生产开始时一次性投入。该企业在产品成本按其所耗用的原材料费用计算。

2. 要求

生产费用在完工产品与在产品之间进行分配。

3. 解析

根据资料，计算分配结果如下：

原材料费用分配率=（5 000+10 000）/（900+600）=10

月末在产品原材料费用（即月末在产品成本）=600×10=6 000（元）

本月完工产品成本=5 000+10 000+2 000+900−6 000=11 900（元）

（七）按完工产品计算在产品成本法

按完工产品计算在产品成本法简称“完工产品法”，指月末在产品视同完工产品分配生产费用的方法。这种方法适用于月末在产品已基本完工，只是尚未包装入库的产品。月末可按完工产品与月末在产品数量比例直接分配生产费用。

三、完工产品的成本结转

制造企业发生的生产费用完成了在各产品之间以及在完工产品和月末在产品之间横向与纵向的分配和归集之后，完工产品的实际成本已计算出来，为完工产品成本结转的账务处理提供了可靠的依据。企业应借助相应会计科目对完工产品的成本进行结转。

制造企业的完工产品，包括产成品、自制材料、自制工具和模具等。企业应该在产品验收入库后，根据取得的产品入库单和产品成本计算单进行归集，编制“完工产品成本汇总表”。“完工产品成本汇总表”的格式见表 4-7。

为了反映完工产品的增减变动情况，需要设置“库存商品”、“自制半成品”、“原材料”、“周转材料”等账户进行核算。在制造企业中，“库存商品”账户的借方登记验收入库的外购商品或完工入库完工产品的实际成本；贷方登记结转的商品销售成本和其他原因减少商品的实际成本；期末余额在借方，表示企业在库商品的实际成本。企业应当按照商品的品名、规格分别设置“库存商品数量金额明细账”，对库存商品进行明细分类核算。

无论企业采用何种方法确定月末在产品成本、完工产品成本和单位成本，都要根据编制的产品生产费用分配表或产品成本计算单，结合入库单进行会计处理。根据产品成本计算单所提供的完工产品的实际成本，从“生产成本——基本生产成本”账户的贷方转入各有关账户的借方，期末“生产成本——基本生产成本”账户的余额，就是基本生产尚未加工完成的各项在产品的成本。

【例 4-9】 完工产品的成本结转

1. 资料

某企业 2012 年 8 月末，会计部门根据产品入库单汇总编制“完工产品成本汇总表”，见表 4-7。

2. 要求

编制结转完工产品成本的会计分录。

表 4-7 完工产品成本汇总表

2012 年 8 月 金额单位：元

成本项目	甲产品（600 件）		乙产品（500 件）		总成本合计
	总成本	单位成本	总成本	单位成本	
直接材料	159 000	318	56 400	141	215 400
直接人工	21 500	43	36 800	92	58 300
制造费用	16 000	32	14 800	37	30 800
合　　计	196 500	393	108 000	270	304 500

3. 解析

根据表 4-7 将完工产品成本从“生产成本——基本生产成本”总账及所属明细账的贷方转入“库存商品”总账及有关明细账的借方。其会计分录如下。

借：库存商品——甲产品　　196 500
　　　　　　——乙产品　　108 000
　贷：生产成本——基本生产成本——甲产品　　196 500
　　　　　　　　　　　　　　　——乙产品　　108 000

职业能力训练

一、职业能力选择

（一）职业能力单选

1. 采用约当产量法计算在产品成本时，影响在产品成本准确性的关键因素是（　　）。
   A. 在产品数量　B. 在产品完工程度　C. 完工产品的数量　D. 废品的数量

2. 某种产品定额管理工作较好，消耗定额相对比较稳定，各月末在产品结存数量比较稳定，为了简化成本计算工作，其生产费用在完工产品与在产品之间进行分配，应采用（　　）。

A. 定额计价法　B. 固定成本法　C. 定额比例法　D. 约当产量法

3. 在产品成本按年初固定数计价法，适用于下列产品（　　）。

A. 各月在产品数量很大

B. 各月末在产品数量较大，但各月之间变化不大

C. 各月末在产品数量变化较大

D. 各月成本水平相差不大

4. 某种产品月末在产品数量较大，各月末在产品数量变化也较大，产品成本中各成本项目占产品成本的比重相差不大，应选用的分配方法是（　　）。

A. 在产品成本按年初固定数计价法　B. 在产品成本按所耗直接材料费用计价法

C. 约当产量法　D. 定额比例法

5. 某种产品经两道工序加工而成。其原材料分两道工序在每道工序开始时一次投入；第一工序原材料消耗定额 30 千克，第二工序原材料消耗定额 20 千克。由此算出的第二工序在产品投料程度为（　　）。

A. 30%　B. 60%　C. 80%　D. 100%

（二）职业能力多选

1. 下列哪些划分完工产品成本与在产品成本的方法，能使某种产品本月发生的生产费用就是完工产品的成本（　　）。

A. 不计成本法　B. 固定成本法　C. 只计材料法

D. 约当产量法　E. 定额计价法

2. 广义的企业在产品包括（　　）。

A. 未验收入库的产成品　B. 等待返修及正在返修的可修复废品

C. 不可修复的废品　D. 仍须继续加工的半成品

E. 正在车间加工中的在产品

3. 分配计算完工产品和月末在产品的费用时，采用定额比例法所应具备的条件是（　　）。

A. 产品的各项消耗定额或费用定额比较准确

B. 产品的各项消耗定额或费用定额比较稳定

C. 各月末在产品数量变化较小

D. 各月末在产品数量变化较大

E. 各月末在产品数量比较稳定

4. 在产品成本按所耗直接材料费用计价法时，应具备以下条件（　　）。

A. 各月在产品数量比较稳定　B. 直接材料费用在产品成本中所占比重较大

C. 各月末在产品数量较多　D. 各月末在产品数量变化较大

E. 各成本项目占产品成本的比重相差不大

5. 采用约当产量法时，应具备以下条件（　　）。

A. 各月末在产品数量较多　B. 各月在产品数量比较稳定

C. 各月末在产品数量变化较大　D. 各成本项目占产品成本的比重相差不大

E. 各成本项目占产品成本的比重相差大

二、职业判断题

1. 采用在产品按年初固定数计价法时，除年末外，某种产品每月发生的生产费用就是该月完工产品的成本。（ ）

2. 狭义在产品包括车间或生产步骤已完工的半成品在内。（ ）

3. 采用在产品按所耗直接材料费用计价法时，月末在产品只计算所耗的直接材料费用，而不计算其所耗的直接人工和制造费用，直接人工和制造费用全部计入完工产品成本。（ ）

4. 因自然灾害造成的在产品毁损，扣除保险公司赔款和残料回收价值后的净损失计入营业外支出。（ ）

5. 经批准核销在产品盘盈时，应冲减制造费用。（ ）

三、任务实训

（一）在产品完工率的计算

【实训目的】 通过实训，使学生能正确完成在产品完工率的计算。

【实训资料】 长发企业 2012 年 9 月生产的甲产品经过三个生产工序，各工序单位产品工时定额及在产品数量见表 4-8，各工序在产品完工程度按平均 50%计算。

表 4-8 工时定额及在产品数量

工　序	工时定额（小时）	各工序在产品数量（件）
一	36	260
二	40	380
三	24	120
合计	100	760

【实训要求】 计算各工序的完工率和约当产量并编制表格（见表 4-9）

表 4-9 各工序的完工率和约当产量计算表

工　序	工时定额（小时）	完工率（%）	在产品数量（件）	约当产量（件）

（二）生产费用在完工产品和月末在产品之间的分配

【实训目的】 通过实训，使学生能合理开设基本生产成本明细账，合理归集各生产费用，掌握生产费用在完工产品和在产品之间的各种分配方法。

【实训资料】 长发企业 2012 年 9 月生产乙产品，有关月初在产品成本和本月生产费用见表 4-10。

表 4-10　　月初在产品成本和本月生产费用　　金额单位：元

项　目	直接材料	燃料动力	直接人工	制造费用	合　计
月初在产品成本	4 580	330	870	700	6 480
本月生产费用	44 460	3 070	5 780	2 400	55 710

其他资料如下：

（1）乙产品本月完工 80 件，月末在产品 20 件，原材料在生产开始时一次性投入，在产品完工程度 50%；

（2）乙产品月末在产品单件定额成本为：直接材料 470 元，燃料和动力 20 元，直接人工 42 元，制造费用 18 元；

（3）乙产品完工产成品单件定额成本为：直接材料 470 元，燃料和动力 36 元，直接人工 70 元，制造费用 31 元。

【实训要求】 根据上列资料，按照以下几种分配方法计算乙产品完工产品成本和月末在产品成本。

（1）按约当产量法分配计算，见表 4-11。

表 4-11　　乙产品成本计算单

（约当产量法）　　金额单位：元

摘　要	直接材料	燃料动力	直接人工	制造费用	合　计
月初在产品成本					
本月生产费用					
合计					
约当产量（件）					
分配率					
完工产品成本（件）					
月末在产品成本（件）					

（2）按在产品定额成本计价法分配计算，见表 4-12。

表 4-12　　乙产品成本计算单

（定额成本计价法）　　金额单位：元

摘　要	直接材料	燃料动力	直接人工	制造费用	合　计
月初在产品成本					
本月生产费用					
合计					
完工产品成本（件）					
月末在产品成本（件）					

（3）按完工产品和月末在产品的定额比例分配计算，见表 4-13。

表 4-13　　乙产品成本计算单

（定额比例法）　　金额单位：元

摘　要	直接材料	燃料动力	直接人工	制造费用	合　计
月初在产品成本					
本月生产费用					
合　计					
完工产品的定额成本					
期末在产品的定额成本					
合计					
分配率					
完工产品的实际成本（件）					
期末在产品实际成本（件）					

（4）按年初在产品成本数固定计算，见表 4-14。

表 4-14　　乙产品成本计算单

（按年初数固定计算法）　　金额单位：元

摘　要	直接材料	燃料动力	直接人工	制造费用	合　计
月初在产品成本					
本月生产费用					
合计					
完工产品成本（件）					
月末在产品成本（件）					

（5）在产品只负担原材料成本法（材料费用采用约当产量法分配）计算，见表 4-15。

表 4-15　　乙产品成本计算单

（在产品只负担原材料成本计算法）　　金额单位：元

摘　要	直接材料	燃料动力	直接人工	制造费用	合　计
月初在产品成本					
本月生产费用					
合计					
约当产量					
分配率					
完工产品成本（件）					
月末在产品成本（件）					

项目五 成本计算的基本方法

学习目标

1. 会根据企业生产特点和管理要求选择成本计算方法；
2. 了解不同成本计算方法的特点及适用企业范围；
3. 能分别使用成本计算的基本方法（品种法、分批法和分步法）进行产品成本的计算。

项目导航

不同的企业，生产过程有不同的特点，成本管理的要求也是不一样的。只有根据企业生产的特点和成本管理的不同要求，选择不同的成本计算方法，才能正确地计算产品成本。本项目首先对企业生产特点与生产类型进行讲述，分析生产特点和管理要求对产品成本计算的影响，然后分任务对成本计算的基本方法的特点、适用范围、核算流程进行描述，并对各案例进行分析。

相关知识

一、产品成本计算的影响因素

不同的产品生产有着不同的成本计算方法和成本核算的组织方式。为了正确计算产品成本，本环节将进一步说明如何根据工业企业生产类型、生产特点和成本管理要求，选择适当的产品成本计算方法。要求掌握成本计算的基本方法：品种法、分批法、分步法。在实际工作中，除熟练掌握应用这三种基本方法外，还应熟悉分类法和定额法两种辅助方法。

（一）企业生产特点与生产类型

产品成本核算是对企业生产经营过程中发生的直接材料、直接人工、制造费用按照一定的对象和标准，进行归集和分配，以计算出产品的总成本和单位成本。在项目二至项目五中已全面介绍了产品成本核算的一般程序与基本原理，由于企业的生产特点与成本管理要求千差万别，因而，不同的产品生产有着不同的成本计算方法和成本核算的组织方式。为了正确计算产品成本，本项目将进一步说明如何根据工业企业生产类型、生产特点和成本管理要求，选择适当的产品成本计算方法。

生产类型是指企业或车间按照生产特点进行划分的类别。工业企业的生产特点是指企业生产组织的特点和产品工艺技术过程的特点，据此，企业生产类型可从两个方面进行划分。

1．企业的生产工艺技术过程特点与生产类型

所谓工艺技术过程是指劳动者利用劳动资料直接改变劳动对象的形状、大小、位置、成分、性能、结构等，使之成为预期产品的过程，简称“工艺过程”。企业的生产按照生产工艺过程的特点可以分为单步骤生产和多步骤生产两种类型。

（1）单步骤生产。单步骤生产亦称简单生产，是指产品的生产过程在生产技术上不能间断，或由于工作地点的限制，不能分散到不同的地点进行的单阶段生产。它的生产周期较短，产品品种单一且稳定，往往是由一个企业单独完成生产，而不能由多个企业或车间同时进行协作生产，如采掘、发电、铸造等。

（2）多步骤生产。多步骤生产亦称复杂生产，是指产品的生产过程在生产技术上可以间断，整个生产过程可以分成若干步骤，或分在不同的地点由不同的企业或车间协作完成的生产。这类生产工艺技术较复杂，生产周期较长，产品品种较多且不稳定，一般由一个企业的若干步骤或车间协作进行生产。多步骤生产按其产品的具体加工方式不同，又可分为连续式多步骤生产和装配式多步骤生产两类。

① 连续式多步骤生产。连续式多步骤生产指以原材料投入生产后，要经过若干个连续的加工工序，前一个加工工序所完成的半成品是下一个加工工序的加工对象，如此加工到最后一个生产工序才能制造成产品。这类生产的各个生产步骤（或车间），具有先后顺序的依存关系，如纺织、冶金、水泥、造纸等企业。图 5-1 为这种生产方式的流程示意图。

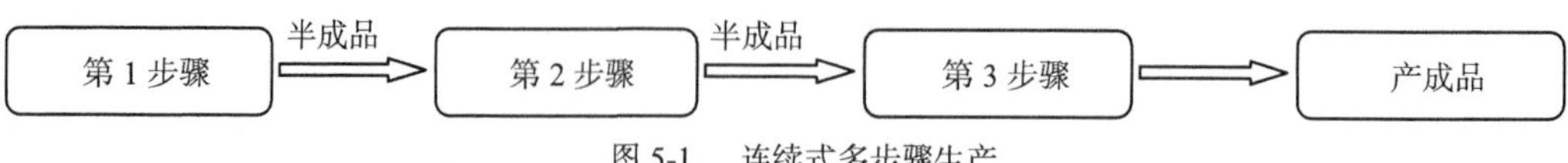

图 5-1　连续式多步骤生产

② 装配式多步骤生产。装配式多步骤生产亦称平行加工式生产，指各个生产步骤可以在不同地点和不同时间将各种原材料分别经过加工制成各种零件、部件、半成品，然后将零件、部件装配成产品。这类生产的各个生产步骤具有相对独立性，不存在前后顺序的依存关系，如仪表、造船、汽车、自行车、家用电器等企业。图 5-2 为这种生产方式的流程示意图。

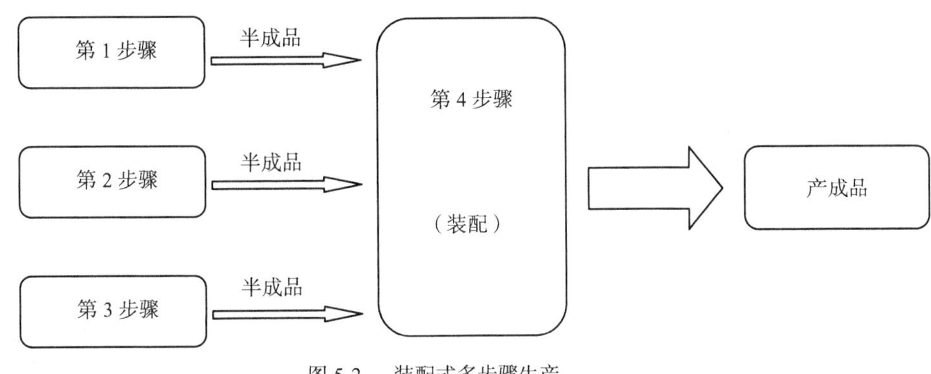

图 5-2　装配式多步骤生产

2．企业的生产组织特点与生产类型

所谓生产组织是指保证生产过程各个环节、各个因素相互协调的生产工作方式，它体现着企业生产专业化和生产过程重复程度的高低。按照生产组织的特点企业生产类型可分为大量生产、成批生产和单件生产三种类型。

（1）大量生产。大量生产是指连续不断地重复生产一种或几种产品的生产，这种生产的企业或车间，具有产品品种较少、产量大、生产比较稳定、不断重复生产、专业化程度高的特点，如采煤、冶金、面粉、化肥、食糖、发电、酿酒等行业的生产。

（2）成批生产。成批生产是指按照产品的批别和数量进行的生产。这种生产性质的企业或车间，具有产品品种较多、产量较大、有一定的重复性、专业化程度较高的特点，如机床、服装、鞋帽、机电等行业的生产。成批生产按生产批量大小又可分为大批生产和小批生产。在大批生产中，由于产品批量较大，往往须在几个月内不断地重复生产一种或几种产品，因而性质上接近于大量生产；在小批生产中，由于批量较少，其特点近似于单件生产。

（3）单件生产。单件生产是指按照客户订单要求的品种、规格和数量来组织生产个别的、性质特殊的产品生产，如船舶、重型机械、精密仪器、专用设备、新产品试制等行业的生产。这类生产具有产量少、品种多、结构复杂、成本高，一般不重复、专业化程度不高的特点。

在实际工作中，大量生产与大批生产，小批生产与单件生产，大批生产与小批生产难以绝对区分，因而常将大批生产与大量生产称为大量大批生产，小批生产与单件生产通称为小批单件生产。

产品生产工艺技术特点和产品的生产组织之间存在着一定的联系。一般而言，大量生产可能是单步骤生产，也可能是多步骤生产；成批生产一般都是多步骤生产；而单件生产大多是平行加工式生产。将生产工艺技术过程的特点和生产组织的特点相结合，可分为大量大批简单生产，大量大批连续式的多步骤生产，大量大批平行式的多步骤生产，单件小批平行式多步骤生产四种生产类型。对一个企业而言，上述各种生产特点和生产组织方式可能兼而有之，例如，企业的产品是装配式的大量生产，但零部件在车间内可以是连续式的成批生产，而企业的辅助生产车间也可能是连续式的成批生产或单件生产等。

（二）生产特点和管理要求对产品成本计算的影响

企业生产类型和成本管理要求不同，产品成本计算对象、成本计算期以及完工产品成本与月末在产品成本的划分也不一样，因此，企业的生产特点、管理要求对产品成本计算的影响也就反映在成本计算对象、成本计算期及生产费用在完工产品与月末在产品之间的分配等几个方面。

1．对成本计算对象的影响

从生产工艺技术过程特点和产品生产组织特点看，有以下几点内容。

（1）在单步骤连续式大量生产企业中，由于生产工艺过程不能间断，不能分散在不同地点进行生产，又由于大量重复无法分批，成本管理既不能分步计算成本，也不能分批计算成本。因此，必须以最终产品品种为成本计算对象分别计算产品成本，其成本计算对象为产品品种。

（2）对多步骤连续式大量生产企业，由于生产工艺过程由若干个分散在不同地点、不同时间的连续式加工过程组成，其品种相同，产品无法分批，但工艺过程可以划分为若干个生产步骤。为明确责任，便于成本计算，需要以每个步骤为成本计算对象，即管理上要求分步计算成本。

可见，在这类企业中，产品核算既要求计算产成品成本，又要求计算各步骤的半成品成本。如果在某个生产步骤的自制半成品经常作为商品出售，或者在下一步骤加工时可用于生产不同产品，在管理上又要求计算该步骤的半成品成本，则分别以产成品和半成品作为成本计算对象，采用分步法计算各步骤半成品成本和产成品成本。在小型企业，管理上不要求计算半成品成本，则以产成品作为成本计算对象，采用品种法计算成本。

（3）在多步骤装配式大量生产企业，由于产品品种少而且稳定，在较长时间内生产同种产品，其产品的零件、部件可以在不同地点同时进行加工，然后装配成为最终产品，而零件、部件半成品没有独立的经济意义，因此，不需要按步骤计算半成品成本，而以产品品种为成本计算对象。另外由于零、部件生产的批别与订货产品生产的批别不一定一致，因而不能按产品批别计算成本。

（4）对多步骤装配式小批、单件生产企业，由于生产的产品批量小，产品按照单件或批别组织，一批产品一般在较短时间内完工，因此，以单件或每批产品作为成本计算对象，采用分批法计算成本，其成本计算对象为批别或订单。

综上所述，成本计算对象一般有三种。

（1）以产品品种为成本计算对象；

（2）以产品批别（或订单）为成本计算对象；

（3）以产品生产步骤和品种为成本计算对象。

2．对成本计算期的影响

不同生产类型，产品成本计算期不同。成本计算期主要取决于生产组织的特点。

（1）大量大批生产方式下，由于生产不间断地进行，不可能在产品全部完工时计算产品成本，成本计算期的选择只能定期按月进行。这样，成本计算期与会计报告期一致，与产品生产周期不一致。

（2）单件小批生产则不同，由于生产是按件或按批组织进行，产品成本只能在某批、某件产品完工后计算，因而成本计算是不定期的，即成本计算期与生产周期一致，与会计报告期不一致。

可见，生产特点对成本计算期的影响是：

（1）成本计算期与会计报告期一致，与产品生产周期不一致；

（2）成本计算期与生产周期一致，而与会计报告期不一致。

3．对生产费用在完工产品和月末在产品之间分配的影响

生产类型和管理要求不同还影响每月月末要不要计算在产品成本，即存在是否将生产费用在完工产品与月末在产品之间分配的问题。

（1）在单步骤生产方式下，生产过程不间断，生产周期短，往往没有月末在产品，或在产品数量很少，因此一般不需要将生产费用在完工产品和月末在产品之间分配，即在产品成本为零，当期生产费用就是本期完工产品总成本。但需要说明的是，不计算在产品成本，并不意味着没有在产品数量的存在，仍需要加强在产品实物的管理。

（2）在单步骤大量大批生产的方式下，由于生产不间断地进行，经常有在产品，在产品数量不稳定，因而在计算成本时，就需要采用适当的方法，将生产费用（含月初在产品成本）在完工产品与月末在产品之间进行分配，以便确定完工产品成本和月末在产品成本。

（3）在多步骤单件小批生产方式下，由于成本计算期与生产周期一致，因此，在产品完工之前，归集在产品成本明细账中的生产费用均为在产品成本；完工后，归集的生产费用就是完工产品成本，不必将生产费用在完工产品与月末在产品之间进行分配，计算在产品成本。

产品成本在完工产品与月末在产品之间的划分，是将生产费用在完工产品与月末在产品之间通过分配进行的，即：

月初在产品成本+本月发生的生产费用＝本月完工产品成本+月末在产品成本

这种分配，实际上就是计算完工产品成本和月末在产品成本的问题。它与企业生产类型有着密切的关系。

综上所述，生产特点对月末在产品成本计算的影响是：

（1）不计算月末在产品成本，即不将生产费用在完工产品与月末在产品之间分配，亦即本月生产费用就是完工产品成本；

（2）计算月末在产品成本，即将生产费用按一定方法在完工产品与月末在产品之间进行分配。

企业生产的特点和成本管理要求对产品成本计算的影响的三个方面是相互联系的，其中对成本计算对象的影响是最主要的，它制约和影响成本计算期和在产品成本的计算，不同的成本计算对象决定了不同的成本计算期和生产费用在完工产品与月末在产品之间的分配。因此，成本计算对象的确定是正确计算产品成本的前提和决定成本计算方法的最主要的因素，也是区别不同成本计算方法的主要标志。

（三）产品成本计算方法

产品成本计算方法主要取决于企业的生产类型，不同的生产类型所采用的成本计算方法是不同的。前面已阐述了生产特点和管理要求对产品成本计算的影响体现在成本计算对象的确定、成本计算期的确定以及生产费用在完工产品与月末在产品之间的分配三个方面，其中，成本计算对象是成本计算方法的核心，是构成成本计算方法的主要标志，由此形成工业企业成本计算的各种方法。

1．产品成本计算的基本方法

选择适当的成本计算方法必须考虑生产工艺特点、生产组织特点和成本管理要求。产品成本计算对象、成本计算期和月末在产品成本的计算三者的结合就构成了不同的成本计算基本方法：品种法、分批法、分步法。

（1）品种法。品种法是以产品品种为成本计算对象，归集产品在生产过程中发生的生产费用，计算产品成本的方法。这种方法成本管理不要求分批，也不要求分步计算产品成本。一般适用于单步骤的大量大批生产，如发电、采掘、供水、铸造等企业；也可用于管理上不需要分步骤计算成本的多步骤的大量大批生产，如水泥生产企业等。企业内部的辅助生产车间也可用品种法计算提供劳务（或辅助产品）的成本。

（2）分批法。分批法是以产品的批别（分批，不分步）或订单为成本计算对象归集生产费用，计算产品成本的方法。一般以产品的生产周期为成本计算期。这种方法适用于成批或单件的平行加工式复杂生产，如船舶制造、重型机械、实验性生产、修理作业等企业。

在上述成批或单件的平行加工式复杂生产中，产品生产一般按事先规定的规格和数量，分批或根据购买单位的订单填发内部订单据以组织生产。在这种情况下，需要以产品生产的批别或订单作为成本计算对象，设置基本生产成本明细表，所以，这一方法亦称订单法。

（3）分步法。分步法是按照产品的成本计算步骤来设置成本计算单，归集生产费用，计算产品成本的一种方法。这种方法适用于大量大批且管理上要求分步骤计算产品成本的复杂生产企业，如冶金、纺织、机械制造、钢铁生产等企业。分步法按各步骤生产成本的结转方式不同可分为逐步结转分步法和平行结转分步法。

在逐步结转分步法下，成本计算对象是各成本计算步骤和各步骤产品（或半成品），生产中所发生的各项费用，凡是各步骤为生产产品而发生的直接费用，应直接计入该步骤的各种产品成本；凡是各步骤发生的间接费用，则应按步骤进行归集，然后分配计入该步骤的各种产品成本。月末，定期进行成本计算，确定各步骤本月完工半成品或产成品的实际成本和月末在产品成本。这种方法一般适用于连续加工式生产，既需要计算完工产品成本，又要计算各步骤半成品成本的企业。

平行结转分步法，只计算各步骤所发生的生产成本，并按最终完工产品的数量计算出应计入产成品成本的份额，平行地计入最终完工的产成品成本中。在这种方法下，虽然各步骤所生产的半成品实物按一定方式继续加工生产，但其半成品成本并不随成本计算步骤结转，各步骤可以同时平行地进行成本计算。

以上各种成本计算方法的基本特点见表 5-1。

表 5-1　产品成本计算的基本方法

产品成本计算方法	生产特点	生产工艺过程和成本管理要求	成本计算期	成本计算对象	适用企业
品种法	大量大批简单生产或大量大批装配式多步骤生产	管理上不要求分步（也不要求分批）计算产品成本	每月末定期计算成本	产品品种	发电、采掘、化肥、水泥、供水、面粉、砖瓦、食糖等
分批法	单件小批单步骤生产或单件小批多步骤生产	管理上不要求分步但要求分批计算产品成本	完工月份计算成本，不定期	产品批别或订单、件别	船舶、重型机械、专用设备、试制新产品、服装、家具、修理作业、塑料制品等
分步法	大量大批连续式多步骤生产	管理上要求分步计算产品成本	每月末定期计算成本	各步骤的半成品和产成品	冶金、纺织、汽车、自行车、造纸、化工、钢铁生产等

2．产品成本计算的辅助方法

在实际工作中，除上述三种基本方法外，还可以结合采用以下两种成本计算的辅助方法。

（1）分类法。产品成本计算的分类法就是在产品品种及规格繁多，但可以按照一定标准将产品分为若干类时，为简化成本计算工作而采用的一种成本计算方法。它适用于产品品种及规格繁多，且可以按照一定的标准将产品划分为若干类别的企业或车间，如电子元件、化工、针织、服装、制鞋、糖果、玻璃器皿以及原油加工等行业。这些企业的各种产品所用原材料及生产工艺相同，如果都按照每一品种、规格计算成本，则成本计算工作不胜其烦。为了简化核算工作，可将众多规格、品种归类后计算成本。

分类法成本计算的关键在于正确划分产品的类别和在类别内各种产品之间选择合理的分配标准。

（2）定额法。前面所讲述的各种方法（品种法、分批法、分步法、分类法）中，其生产费用的日常核算都是按照实际费用进行的，产品成本是实际成本。但是，对于定额管理工作有一定基础的企业，为了加强生产费用和产品成本的定额管理，控制和降低生产费用及其产品成本，在计算产品成本时还可采用定额法。产品成本计算的定额法是指以产品的定额成本为基础，通过调整脱离定额差异和定额变动差异来计算产品成本的一种成本计算辅助方法。

从理论上讲，无论何种类型的企业均可采用定额法计算产品成本，但由于定额法对成本核算的基础工作，如原始记录和定额成本的收集和制定等要求较高，因此，定额法一般适用于产品已经定型、产品品种比较稳定、各项定额比较完整准确、原始记录比较健全的大量大批生产企业。

分类法和定额法是辅助的成本计算方法，必须与品种法、分批法和分步法中的某种方法结合使用，从成本计算角度来看是必不可少的，因它们各有其优点，故也是重要的成本计算方法。

在工业企业中，根据生产特点和成本管理要求采用不同的成本计算办法，主要是为了正确提供成本核算资料以加强成本管理，但应说明，不论哪种生产类型、采用哪种成本计算方法，最终都必须按照产品品种计算出产成品成本。因此，按照产品品种计算成本是产品成本计算的最起码要求，其中，品种法是产品成本计算方法中最基本的成本计算方法。

二、成本计算的品种法

直接按产品品种为成本计算对象来归集和计算产品成本的品种法，是产品成本计算的最基本方法。本环节要求了解品种法的三个特点，知悉品种法的适用范围，理解品种法成本核算的流程，灵活运用品种法进行成本核算。

（一）品种法的特点与适用范围

产品成本计算的品种法，是以产品品种作为成本计算对象，归集各种生产费用，计算产品成本的一种方法。各种成本计算方法最终均要计算出每种具体产品的成本，因此，直接按产品品种为成本计算对象来归集和计算产品成本的品种法，是产品成本计算的最基本方法。

1．品种法的特点

品种法的特点主要表现在以下三方面。

（1）以产品品种作为成本计算对象。采用品种法计算产品成本的企业（或车间，下同），应以各种产品的品种作为成本计算对象，并按产品品种设置生产成本明细账（也称为成本计算单），账内按成本项目设置专栏。凡发生的直接费用，应直接计入各种产品生产成本明细账的相关成本项目中。凡发生的间接费用，则先在“制造费用”账户中归集，然后采用适当的分配方法在各种产品之间分配后，再计入各种产品生产成本明细账的相关成本项目中。如企业或车间只生产一种产品，发生的一切生产费用都是直接费用，均可直接计入生产成本明细账内有关成本项目中。

（2）成本计算期与会计报告期一致。采用品种法计算成本的企业，其生产一般是连续重复进行的，不可能在产品全部完工后才计算成本。因而其成本计算是定期按月进行的，与会计报告期一致，与产品生产周期不一致。

（3）期末一般有完工产品和在产品之间的成本分配。工业企业的成本计算一般应按月进行。在月末计算产品成本时，在没有在产品的情况下，按产品品种开设的生产成本明细账中归集的生产费用，就是该产品的实际总成本，用该产品的实际总成本除以产量即为实际单位成本。在月末有在产品的情况下，则需要将其生产费用在完工产品和在产品之间进行合理分配，以便计算出完工产品的实际总成本和单位成本。在采用品种法计算成本的企业，一般月末有在产品，因此有完工产品和在产品之间的成本分配。

2．品种法的适用范围

品种法主要适用于大量大批单步骤生产的企业。在这种类型的生产中，产品的生产工艺过程不能或不需要划分生产步骤，或不需要按生产步骤计算产品成本，如采掘、发电等。在大量大批多步骤生产下，如果企业的规模较小，管理上又不要求按照生产步骤计算产品成本的（如制砖、小型水泥生产等），也可以采用品种法计算产品成本。企业的辅助生产（如供水、供电、供气等）车间，也可以采用品种法计算其产品和劳务的成本。

（二）结合成本计算流程，设置各成本费用明细账

1．品种法的成本计算程序

采用品种法计算产品成本的企业，其成本计算程序可分为如下五个步骤。

（1）按产品品种设置生产成本明细账。根据企业所生产的产品品种分别开设各种产品的生产成本明细账（产品成本计算单），按成本项目设置专栏，并登记月初在产品的各项生产费用。

（2）归集和分配本月发生的各项要素费用。根据本月各项生产费用的原始凭证和其他有关资料，编制各种费用汇总表或分配表，归集和分配各种要素费用。属于产品生产所耗的直接费用，应直接计入各产品生产成本（基本生产或辅助生产）明细账相应的成本项目中，不能直接计入的直接费用，也应按一定的标准分配后计入各产品成本明细账；属于产品生产所耗的间接费用，则应先归集到“制造费用”等明细账的相应费用项目中；属于期间费用的，应直接计入当期损益，分别记入营业费用、管理费用、财务费用等明细账相应费用项目中。

（3）分配辅助生产费用。根据辅助生产成本明细账归集的辅助生产费用总额，按企业确定的辅助生产费用分配方法，分别编制各辅助生产的“辅助生产费用分配表”，分配辅助生产费用。根据分配结果，分别计入有关生产成本、制造费用和期间费用等明细账。辅助生产单位发生的制造费用，如果通过制造费用明细账单独归集的，应在分配辅助生产费用前分别转入各辅助生产成本明细账的相应成本项目中。

（4）分配基本生产单位的制造费用。根据各基本生产单位制造费用明细账归集的本月制造费用总额，按企业确定的制造费用分配方法，分别编制各生产单位的“制造费用分配表”，分配制造费用。根据分配结果，分别计入有关产品生产成本明细账的制造费用成本项目中。

（5）计算完工产品总成本和单位成本。根据各产品生产成本明细账（成本计算单）归集的生

产费用合计数（期初在产品成本加上本期生产费用），在完工产品和在产品之间进行分配，计算出本月完工产品的实际总成本和月末在产品成本。编制“完工产品成本计算表”，计算完工产品总成本和单位成本，并将完工产品成本从生产成本明细账转入库存商品明细账。

品种法核算程序图，见图 5-3。

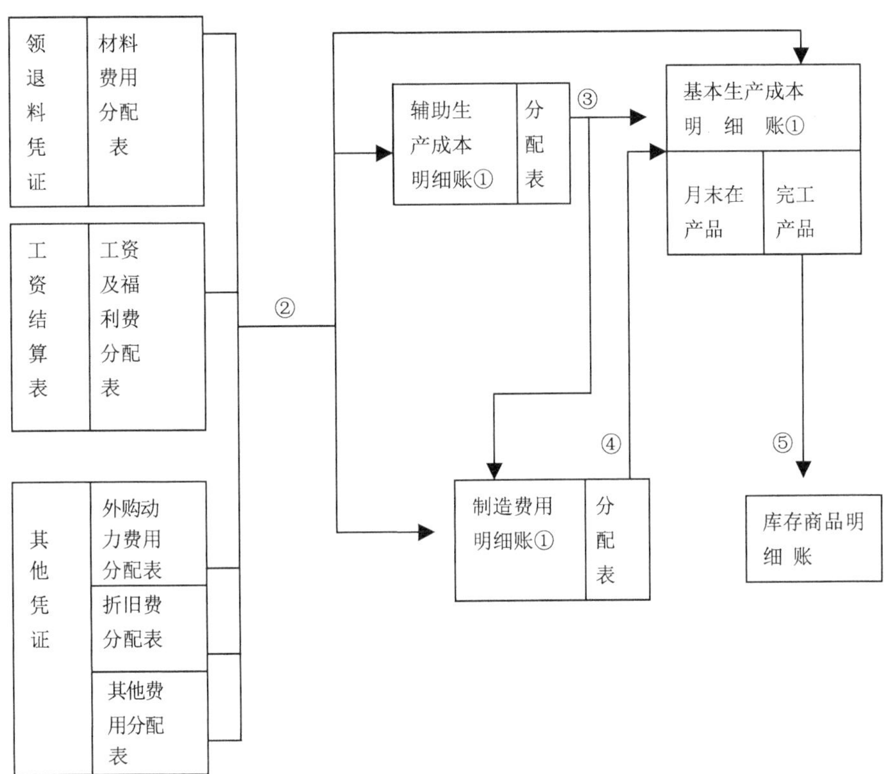

图 5-3　品种法核算程序图

品种法的成本核算过程，就是生产费用按产品品种进行归集和分配的过程。品种法的成本核算程序体现了产品成本核算的一般程序。

2．设置成本费用明细账

现以三创机械制造公司为例，说明如何在品种法下设置成本费用明细账，其基本资料如下。

三创机械制造公司以生产的甲、乙、丙三种主要产品作为成本计算对象，按甲产品、乙产品和丙产品分别开设“基本生产成本”明细账（产品成本计算单），并按直接材料、燃料和动力、直接人工、制造费用四个成本项目设专栏组织明细核算；按供气车间和修理车间开设“辅助生产成本”明细账，并按费用项目设专栏组织明细核算；按第一、第二两个基本生产车间分别开设“制造费用”明细账，并按费用项目设专栏组织明细核算。账户设置情况见表 5-2。

表 5-2　账户设置情况表

总　账	二级或明细账	成本费用项目
生产成本	基本生产成本——甲产品 ——乙产品 ——丙产品	直接材料、燃料和动力、直接人工、制造费用

续表

总　　账	二级或明细账	成本费用项目
生产成本	辅助生产成本——供气车间 ——修理车间	原材料、燃料和动力、职工薪酬费用、水电费、低值易耗品摊销、折旧费、办公费、修理费、其他费用
制造费用	第一车间 第二车间	职工薪酬费用、折旧费、水电费、低值易耗品摊销、机物料消耗、修理费、其他费用

【例 5-1】　品种法

1. 资料

企业名称：三创机械制造公司。

（1）部门设置：设有两个基本生产车间和两个辅助生产车间。第一基本生产车间生产甲、乙两种产品，第二基本生产车间生产丙产品；辅助生产分别为供气车间和修理车间，分别为生产车间和管理部门供气和提供修理劳务。

（2）生产组织形式：大量大批生产。

（3）工艺过程：单步骤生产类型。

（4）成本核算的管理要求：提供最终完工产品成本。

（5）成本计算方法：品种法。

（6）成本项目设置：直接材料、燃料及动力、直接人工、制造费用。

2. 要求

根据各费用资料，采用品种法对费用进行归集和分配，编制记账凭证并登记各成本费用明细账，计算并结转各种完工产品成本。

三创机械制造公司 2012 年 9 月甲、乙、丙三种主要产品月初在产品成本资料，见表 5-3。

表 5-3　　月初在产品成本资料　　金额单位：元

产品名称	直接材料	燃料和动力	直接人工	制造费用	合　计
甲	6 800	730	4 120	2 580	14 230
乙	1 650	500	3 570	2 090	7 810
丙	9 360	780	5 400	4 250	19 790

3. 解析

各成本费用明细账见表 5-4～表 5-10。

表 5-4　　基本生产成本明细账

车间：第一车间　　2012 年 9 月　　完工数量：　　件　　在产品数量：　　件

产品名称：甲产品　　金额单位：元　　在产品完工程度：　　投料方式：

2012 年		摘　要	直接材料	燃料和动力	直接人工	制造费用	合　计
月	日						
9	1	期初在产品成本	6 800	730	4 120	2 580	14 230

表 5-5　　基本生产成本明细账

车间：第一车间　　2012 年 9 月　　完工数量：　　件　　在产品数量：　　件
产品名称：乙产品　　金额单位：元　　在产品完工程度：　　投料方式：

2012 年		摘　要	直接材料	燃料和动力	直接人工	制造费用	合　计
月	日						
9	1	期初在产品成本	1 650	500	3 570	2 090	7 810

表 5-6　　基本生产成本明细账

车间：第二车间　　2012 年 9 月　　完工数量：　　件　　在产品数量：　　件
产品名称：丙产品　　金额单位：元　　在产品完工程度：　　投料方式：

2012 年		摘　要	直接材料	燃料和动力	直接人工	制造费用	合　计
月	日						
9	1	期初在产品成本	9 360	780	5 400	4 250	19 790

表 5-7　　辅助生产成本明细账

车间：供气车间　　2012 年 9 月　　金额单位：元

2012 年		摘　要	原材料	燃料和动力	工资及福利费	水电费	保险费	折旧费	修理费	其他	合计
月	日										

表 5-8　　辅助生产成本明细账

车间：修理车间　　2012 年 9 月　　金额单位：元

2012 年		摘　要	原材料	燃料和动力	工资及福利费	水电费	保险费	折旧费	修理费	其他	合计
月	日										

表 5-9　　　　制造费用明细账

户名：第一车间　　　　2012 年 9 月　　　　金额单位：元

2012 年		摘 要	工资及福利费	折旧费	水电费	低易品摊销	机物料消耗	修理费	其他	合 计
月	日									

表 5-10　　　　制造费用明细账

户名：第二车间　　　　2012 年 9 月　　　　金额单位：元

2012 年		摘 要	工资及福利费	折旧费	水电费	低易品摊销	机物料消耗	修理费	其他	合 计
月	日									

（三）分配各要素费用，并登记各成本费用明细账

根据【例 5-1】的资料，分配各要素费用，并登记各成本费用明细账。

1．材料费用

根据按材料领用部门和用途归类的领料凭证汇总表和有关分配标准，编制“材料费用分配表”，分配材料费用。

三创机械制造公司 2012 年 9 月材料费用资料见表 5-11。

表 5-11　　　　材料费用分配表

2012 年 9 月　　　　金额单位：元

应借账户			成本费用项目	直接领用材料	共同耗用材料					耗用材料费用合计
总账	明细账				产量（件）	单耗定额	定额费用	分配率	应分配费用	
生产成本	基本生产成本	甲产品	直接材料	25 000	500	30	15 000	1.2	18 000	43 000
		乙产品	直接材料	20 000	300	20	6 000	1.2	7 200	27 200
		小 计		45 000	800		21 000		25 200	70 200
		丙产品	直接材料	28 000						28 000
	辅助生产成本	供气车间	原材料	3 800						3 800
		修理车间	原材料	2 600						2 600
制造费用	一车间		机物料消耗	8 000						8 000
	二车间		机物料消耗	5 500						5 500
管理费用			修理费	3 000						3 000
合 计				95 900					25 200	121 100

根据表 5-11，编制分配和结转材料费用的记账凭证（以会计分录代替，下同）如下。

借：生产成本——基本生产成本——甲产品　43 000
　　　　　　　　　　　　——乙产品　27 200
　　　　——基本生产成本——丙产品　28 000
　　　　——辅助生产成本——供气车间　3 800
　　　　　　　　　　　　——修理车间　2 600
　　制造费用——第一车间　8 000
　　　　——第二车间　5 500
　　管理费用　3 000
　　贷：原材料　121 100

2．动力费用

根据产品生产、车间及厂部管理部门的用电量、生产工时和单位电价等资料，编制“外购动力费用分配表”，分配外购动力费用。

三创机械制造公司 2012 年 9 月外购动力费用资料见表 5-12。

表 5-12　外购动力分配表

2012 年 9 月　金额单位：元

应借账户			成本费用项目	动力费用分配（0.50 元/度）				
总账	明细账			生产工时	分配率（元/小时）	分配金额	用电量（度）	分配金额
生产成本	基本生产成本	甲产品	燃料和动力	4 500	0.83	3 735		
		乙产品	燃料和动力	3 000	0.83	2 515		
		小　计		7 500		6 250	12 500	6 250
		丙产品	燃料和动力				6 000	3 000
	辅助生产成本	供气车间	燃料和动力				1 000	500
		修理车间	燃料和动力				500	250
制造费用	第一车间		水电费				500	250
	第二车间		水电费				400	200
管理部门			水电费				600	300
合　计							21 500	10 750

根据表 5-12，编制分配和结转外购动力费用的会计分录如下。

借：生产成本——基本生产成本——甲产品　3 735
　　　　　　　　　　　　——乙产品　2 515
　　　　——基本生产成本——丙产品　3 000
　　　　——辅助生产成本——供气车间　500
　　　　　　　　　　　　——修理车间　250
　　制造费用——第一车间　250
　　　　——第二车间　200
　　管理费用　300
　　贷：应付账款　10 750

3．职工薪酬费用

根据各车间、各部门的工资结算凭证及福利费提取凭证，编制“职工薪酬费用分配表”，分配职工薪酬费用。

三创机械制造公司 2012 年 9 月有关职工薪酬费用资料见表 5-13。

表 5-13　　职工薪酬费用分配表

2012 年 9 月　　金额单位：元

应借账户			成本费用项目	工资			福利费	合计
总账	明细账			生产工时	分配率	分配金额		
生产成本	基本生产成本	甲产品	直接人工	4 500	5.12	23 040	3 225.60	26 265.60
		乙产品	直接人工	3 000	5.12	15 360	2 150.40	17 510.40
		小　计		7 500		38 400	5 376	43 776
		丙产品	直接人工			18 000	2 520	20 520
	辅助生产成本	供气车间	职工薪酬费用			8 600	1 204	9 804
		修理车间	职工薪酬费用			6 500	910	7 410
制造费用	第一车间		职工薪酬费用			3 000	420	3 420
	第二车间		职工薪酬费用			2 500	350	2 850
管理部门			职工薪酬费用			15 400	2 156	17 556
合　计						92 400	12 936	105 336

根据表 5-13，编制分配和结转职工薪酬费用的会计分录如下。

借：生产成本——基本生产成本——甲产品　　26 265.60
　　　　　　　　　　　　　——乙产品　　17 510.40
　　　　——基本生产成本——丙产品　　20 520
　　　　——辅助生产成本——供气车间　　9 804
　　　　　　　　　　　　　——修理车间　　7 410
　　制造费用——第一车间　　3 420
　　　　　　——第二车间　　2 850
　　管理费用　　17 556
　　贷：应付职工薪酬——工资　　92 400
　　　　　　　　　　——福利费　　12 936

4．折旧费用

根据各车间、各部门的月初各类固定资产的原值资料和折旧率，计算编制“折旧费用分配表”，分配折旧费用。

三创机械制造公司 2012 年 9 月固定资产折旧费用资料见表 5-14。

表 5-14　　折旧费用分配表

2012 年 9 月　　金额单位：元

项　目	第一车间	第二车间	供气车间	修理车间	管理部门	合　计
计提的折旧费用	5 000	3 000	1 600	500	3 800	13 900

根据表 5-14，编制分配和结转折旧费用的会计分录如下。

借：生产成本——辅助生产成本——供气车间　　1 600
　　　　　　　　　　　　　——修理车间　　500
　　制造费用——第一车间　　5 000
　　　　　　——第二车间　　3 000
　　管理费用　　3 800
　　贷：累计折旧　　13 900

5．其他日常费用

根据其他日常费用的资料，编制“其他日常费用分配表”，分配各项日常费用。

三创机械制造公司 2012 年 9 月其他日常费用资料见表 5-15。

表 5-15　　其他日常费用分配表

2012 年 9 月　　金额单位：元

应借账户		成本费用项目	应贷账户		金额	备注
总账	明细账		总账	明细账		
制造费用	第一车间	低易摊销	低值易耗品	低值易耗品摊销	800	摊销低值易耗品
	第二车间	低易摊销	低值易耗品	低值易耗品摊销	700	
	小计				1 500	
制造费用	第一车间	修理费	库存现金		500	支付修理费用
	第二车间	修理费	库存现金		480	
	小计				980	

根据表 5-15，编制分配和结转其他日常费用的会计分录如下。

（1）借：制造费用——第一车间　　800
　　　　　　　　——第二车间　　700
　　　贷：低值易耗品——低值易耗品摊销　　1 500

（2）借：制造费用——第一车间　　500
　　　　　　　　——第二车间　　480
　　　贷：库存现金　　980

（四）辅助生产成本的归集和分配

根据上列各种费用分配表和其他有关资料，归集和分配辅助生产费用。

1. 根据有关分录登记辅助生产成本明细账，归集辅助生产费用，见表 5-7（续）、表 5-8（续）。

表 5-6（续）　　辅助生产成本明细账

车间：供气车间　　2012 年 9 月　　金额单位：元

2012 年		摘要	原材料	燃料和动力	工资及福利费	水电费	保险费	折旧费	修理费	其他	合计
月	日										
9	30	材料费（表 5-11）	3 800								3 800
9	30	外购动力费（表 5-12）		500							500

续表

2012年		摘　要	原材料	燃料和动力	工资及福利费	水电费	保险费	折旧费	修理费	其他	合 计
月	日										
9	30	工资及福利费（表5-13）			9 804						9 804
9	30	折旧费（表5-14）						1 600			1 600
9	30	待分配费用合计	3 800	500	9 804			1 600			15 704
9	30	分配转出	3 800	500	9 804			1 600			15 704

表5-8（续）　　辅助生产成本明细账

车间：修理车间　　2012年9月　　金额单位：元

2012年		摘　要	原材料	燃料和动力	工资及福利费	水电费	保险费	折旧费	修理费	其他	合计
月	日										
9	30	材料费（表5-11）	2 600								2 600
9	30	外购动力费（表5-12）		250							250
9	30	工资及福利费（表5-13）			7 410						7 410
9	30	折旧费(表5-14）						500			500
9	30	待分配费用合计	2 600	250	7 410			500			10 760
9	30	分配转出	2 600	250	7 410			500			10 760

2. 根据辅助生产成本明细账中归集的待分配费用数额和供气量、修理劳务量，编制“辅助生产费用分配表”，分配辅助生产费用，见表5-16。

表5-16中，第一车间气能费用（8 800元）由甲、乙两种产品共同消耗，无法分设气表计量，还应另编“第一车间气能费用分配表”，在两种产品之间按生产工时比例进行分配，见表5-17。

表5-16　　辅助生产费用分配表（按直接分配法分配）

2012年9月　　金额单位：元

辅助生产车间			供 气 车 间	修 理 车 间
气能（立方米）、修理（工时）			17 840	3 560
应分配费用			15 704	10 760
分配率			0.88	3.02
第一车间	产品用	耗用量	10 000	
		金额	8 800	
	车间用	耗用量	620	2 100
		金额	545.60	6 342
第二车间	产品用	耗用量	6 000	
		金额	5 280	
	车间用	耗用量	270	1 350
		金额	237.60	4 077

续表

辅助生产车间		供气车间	修理车间
管理部门	耗用量	950	110
	金额	840.80	341
合　计		15 704	10 760

表 5-17　　第一车间气能费用分配表

2012 年 9 月　　金额单位：元

分配对象	生产工时（小时）	分配率	分配费用金额
甲产品	4 500	1.17	5 265
乙产品	3 000	1.17	3 535
合计	7 500		8 800

根据表 5-16、表 5-17，编制分配和结转辅助生产成本的会计分录如下。

（1）借：生产成本——基本生产成本——甲产品　　5 265
　　　　　　　　　　　　　　　　——乙产品　　3 535
　　　　　　　　　　　　　　　　——丙产品　　5 280
　　　制造费用——第一车间　　545.60
　　　　　　　——第二车间　　237.60
　　　管理费用　　840.80
　　　贷：生产成本——辅助生产成本——供气车间　　15 704

（2）借：制造费用——第一车间　　6 342
　　　　　　　　——第二车间　　4 077
　　　管理费用　　341
　　　贷：生产成本——辅助生产成本——修理车间　　10 760

（五）制造费用的归集和分配

根据上述各种费用分配表和其他有关资料，归集和分配制造费用。

1. 根据有关会计分录，登记制造费用明细账，归集制造费用，见表 5-9（续）、表 5-10（续）。

表 5-9（续）　　制造费用明细账

户名：第一车间　　2012 年 9 月　　金额单位：元

2012 年		摘要	职工薪酬费用	折旧费	水电费	低易品摊销	机物料消耗	修理费	其他	合计
月	日									
9	30	材料费（表 5-11）					8 000			8 000
9	30	外购动力费（表 5-12）			250					250
9	30	职工薪酬费用（表 5-13）	3 420							3 420

续表

2012年 月	2012年 日	摘要	职工薪酬费用	折旧费	水电费	低易品摊销	机物料消耗	修理费	其他	合计
9	30	折旧费（表5-14）		5 000						5 000
9	30	低易品摊销（表5-15）				800				800
9	30	修理费用（表5-15）						500		500
9	30	气能费用（表5-16）			545.60					545.60
9	30	修理劳务（表5-16）						6 342		6 342
9	30	本月合计	3 420	5 000	795.60	800	8 000	6 842		24 857.60

表5-10（续）　　制造费用明细账

户名：第二车间　　2012年9月　　金额单位：元

2012年 月	2012年 日	摘要	职工薪酬费用	折旧费	水电费	低易品摊销	机物料消耗	修理费	其他	合计
9	30	材料费（表5-11）					5 500			5 500
9	30	外购动力费（表5-12）			200					200
9	30	职工薪酬费用（表5-13）	2 850							2 850
9	30	折旧费（表5-14）		3 000						3 000
9	30	低易品摊销（表5-15）				700				700
9	30	修理费用（表5-15）						480		480
9	30	气能费用（表5-16）			237.60					237.60
9	30	修理劳务（表5-16）						4 077		4 077
9	30	本月合计	2 850	3 000	437.60	700	5 500	4 557		17 044.60

2. 根据制造费用明细账归集的制造费用数额和各产品生产工时，编制“制造费用分配表”，分配制造费用，见表5-18。

表 5-18　制造费用分配表

2012 年 9 月　　　　金额单位：元

产品名称	第一车间			第二车间应分配费用
	生产工时（小时）	分配率（元/时）	应分配费用	
甲产品	4 500	3.31	14 895	
乙产品	3 000	3.31	9 962.60	
小 计	7 500		24 857.60	
丙产品				17 044.60

根据表 5-18，编制分配和结转制造费用的会计分录如下。

借：生产成本——基本生产成本——甲产品　　14 895
　　　　　　　　　　　　　——乙产品　　9 962.60
　　　　　　　　　　　　　——丙产品　　17 044.60
　贷：制造费用——第一车间　　24 857.60
　　　　　　——第二车间　　17 044.60

（六）生产费用在完工产品和在产品之间的分配

根据上述各种费用分配表，分别归集甲、乙、丙 3 种产品的生产成本，并采用适当的方法，分配各产品的完工产品成本和月末在产品成本，见表 5-4（续）、表 5-5（续）、表 5-6（续）。

表 5-4（续）　基本生产成本明细账

车间：第一车间　2012 年 9 月　完工数量：560 件　在产品数量：150 件
产品名称：甲产品　金额单位：元　在产品完工程度：50%　投料方式：一次投料

2012 年 月	日	摘 要	直接材料	燃料和动力	直接人工	制造费用	合 计
9	1	期初在产品成本	6 800	730	4 120	2 580	14 230
9	30	材料费（表 5-11）	43 000				43 000
9	30	外购动力（表 5-12）		3 735			3 735
9	30	职工薪酬（表 5-13）			26 265.60		26 265.60
9	30	气能（表 5-16、表 5-17）		5 265			5 265
9	30	制造费用（表 5-18）				14 895	14 895
9	30	本月费用小计	43 000	9 000	26 265.60	14 895	93 160.60
9	30	生产费用合计	49 800	9 730	30 385.60	17 475	107 390.60
		本月约当产量合计	710	635	635	635	
		分 配 率	70.14	15.32	47.85	27.52	160.83
		本月完成产品成本	39 278.40	8 579.20	26 796	15 411.20	90 064.80
9	30	期末在产品成本	10 521.60	1 150.80	3 589.60	2 063.80	17 325.80

表 5-5（续） 基本生产成本明细账

车间：第一车间 2012 年 9 月 完工数量：330 件 在产品数量：120 件
产品名称：乙产品 金额单位：元 在产品完工程度：50% 投料方式：一次投料

2012 年		摘 要	直接材料	燃料和动力	直接人工	制造费用	合 计
月	日						
9	1	期初在产品成本	1 650	500	3 570	2 090	7 810
9	30	材料费（表 5-11）	27 200				27 200
9	30	外购动力（表 5-12）		2 515			2 515
9	30	职工薪酬（表 5-13）			17 510.40		17 510.40
9	30	气能（表 5-16、表 5-17）		3 535			3 535
9	30	制造费用（表 5-18）				9 962.60	9 962.60
9	30	本月费用小计	27 200	6 050	17 510.40	9 962.60	60 723
9	30	生产费用合计	28 850	6 550	21 080.40	12 052.60	68 533
		本月约当产量合计	450	390	390	390	
		分 配 率	64.11	16.79	54.05	30.90	165.85
		本月完成产品成本	21 156.30	5 540.70	17 836.50	10 197	54 730.50
9	30	期末在产品成本	7 693.70	1 009.30	3 243.90	1 855.60	13 802.50

表 5-6（续） 基本生产成本明细账

车间：第二车间 2012 年 9 月 完工数量：500 件 在产品数量：260 件
产品名称：丙产品 金额单位：元 在产品完工程度：50% 投料方式：一次投料

2012 年		摘 要	直接材料	燃料和动力	直接人工	制造费用	合 计
月	日						
9	1	期初在产品成本	9 360	780	5 400	4 250	19 790
9	30	材料费（表 5-11）	28 000				28 000
9	30	外购动力（表 5-12）		3 000			3 000
9	30	职工薪酬（表 5-13）			20 520		20 520
9	30	气能（表 5-16、表 5-17）		5 280			5 280
9	30	制造费用（表 5-18）				17 044.60	17 044.60
9	30	本月费用小计	28 000	8 280	20 520	17 044.60	73 844.60
9	30	生产费用合计	37 360	9 060	25 920	21 294.60	93 634.60
		本月约当产量合计	760	630	630	630	
		分 配 率	49.16	14.38	41.14	33.80	138.48
		本月完成产品成本	24 580	7 190	20 570	16 900	69 240
9	30	期末在产品成本	12 780	1 870	5 350	4 394.60	24 394.60

（七）完工产品成本的汇总与结转

根据以上甲、乙、丙 3 种产品“基本生产成本明细账”中的完工产品成本资料，编制“产成品成本汇总表”，结转产成品成本，见表 5-19。

表 5-19　　　　产成品成本汇总表

2012 年 9 月　　　　金额单位：元

应借账户	产品名称	成　本	直接材料	燃料和动力	直接人工	制造费用	合　计
库存商品	甲产品	总成本（560 件）	39 278.40	8 579.20	26 796	15 411.20	90 064.80
		单位成本	70.14	15.32	47.85	27.52	160.83
	乙产品	总成本（330 件）	21 156.30	5 540.70	17 836.50	10 197	54 730.50
		单位成本	64.11	16.79	54.05	30.90	165.85
	丙产品	总成本（500 件）	24 580	7 190	20 570	16 900	69 240
		单位成本	49.16	14.38	41.14	33.80	138.48
总成本合计			85 014.70	21 225.90	65 202.50	42 508.20	213 951.30

根据表 5-19，编制结转完工产品成本的会计分录如下。

借：库存商品——甲产品　　90 064.80
　　　　　——乙产品　　54 730.50
　　　　　——丙产品　　69 240
　贷：生产成本——基本生产成本——甲产品　　90 064.80
　　　　　　　　　　　　　——乙产品　　54 730.50
　　　　　　　　　　　　　——丙产品　　69 240

三、成本计算的分批法

产品成本计算的分批法是按照产品批别或订单作为成本计算对象来归集生产费用，计算产品成本的一种方法。分批法是产品成本计算的基本方法之一。本环节要求了解分批法的三个特点，知悉分批法的适用范围，理解分批法成本核算的流程，灵活运用分批法进行成本核算。

（一）分批法的特点与适用范围

1．分批法的特点

分批法的主要特点表现在以下三方面。

（1）以产品的批别或订单为成本计算对象。分批法的成本计算对象是批别或订单，这就要求生产成本明细账要按产品批别或客户订单来开设，并按规定的成本项目归集生产费用，计算产品成本。按照产品批别组织生产时，企业生产计划部门应根据订单或批别所要求的产品品种、数量、投产日期、完工日期签发生产通知单，财会部门应根据生产计划部门确定的产品批别或生产令号为成本计算对象开设产品成本计算单，按规定的成本项目归集生产费用。对于直接费用，须在费用原始凭单上注明订单号码或产品批别，既可防止串工串料，也便于将直接费用计入相关产品的成本项目；对于不能直接明确费用受益对象的间接费用，应先按发生地点归集在“制造费用”或“辅助生产成本”账户，然后月末采用适当的标准分配计入各批产品的“基本生产成本”明细账中。

（2）成本计算期与产品生产周期基本一致，与会计报告期不一致。在分批法下，产品的组织生产与成本计算单的开设都是按产品批别或订单进行的，各批产品是在产品全部完工的情况下才进行成本的计算，有的产品生产工期较短，当月投产，当月完工，一般情况下没有在产品；有的产品生产工期较长，生产需要几个月，甚至几年才能完工，在产品完工前的月份均表现为在产品。产品成本计算是不定期的，随各批次的生产周期而异，因而成本计算期与产品生产周期基本一致，而与会计核算的报告期不一致。

（3）生产费用不需要在完工产品与月末在产品之间进行分配。在单件、小批生产下，由于成本计算期与产品生产周期一致，所以在月末时，如果产品未完工，产品成本计算单所归集的生产费用，都是在产品成本；如果产品全部完工，产品成本计算单所归集的生产费用，就是完工产成品成本。因而，在月末计算各批产品成本时，一般不需要把生产费用在完工产品与月末在产品之间进行分配。

但在实际工作中，在小批生产有跨月完工交货情况时，完工交货并实现销售的产成品，为了遵循收入与成本、费用的配比原则，就需要按照一定的方法将生产费用在完工产品和在产品之间进行分配，计算完工产品成本和月末在产品成本。对跨月完工产品成本的计算可以按照两种方式处理：其一，如果跨月完工产品在批内比重较小时，为简化核算工作，可按定额单位成本、计划单位成本或最近一期相同产品的实际单位成本来计算完工产品成本，从基本生产成本明细账中转出，剩余的各项目费用之和即为该批产品的月末在产品成本，实际成本与计划成本或定额成本的差异则由当月在产品成本负担，待该批产品全部完工时，再计算其产品的实际总成本和单位成本，但对以前月份已经结转的完工产品成本，则不作账面调整；其二，如果跨月完工产品在批内比重较大时，为了正确计算完工产品成本，原则上需要采用适当的方法（如约当产量法、定额成本法等）计算完工产品成本和月末在产品成本。

为了使同一批产品尽量同时完工，避免跨月完工，从而减少生产费用在跨月完工产品与在产品之间的分配工作，在合理组织生产的前提下，为简化核算工作，可以适当缩小产品批量。

2．分批法的适用范围

分批法适用于单件小批且管理上不要求分步计算成本的复杂生产企业或车间，如船舶、重型机器、专用工具、模具和专用设备、精密仪器、服装、印刷、家具制造以及新产品试制等。在某些单步骤简单生产的情况下，如果企业的生产是按单件小批组织，管理上又要求分批计算产品成本，也可以采用分批法计算各批产品成本，如某些特殊或精密铸件的熔铸等。

由于产品生产周期长短不同，其间接费用的分配可以采用当月分配法和累计间接计入费用分配率法两种，由此产生了一般分批法（典型分批法）和简化分批法两种完全不同的分批成本计算法。

（二）一般分批法

1．一般分批法的计算程序

采用一般分批法计算产品成本时，其成本计算程序如下所述。

（1）按照产品的批别、件别或订单，设置“基本生产成本明细账”或产品成本计算单，并按规定的成本项目设专栏，以便归集生产费用。

采用分批法计算产品成本的企业，基本生产成本明细账的设立和结转，应与生产计划部门签发的生产通知单编号（即产品批号或生产令号）的签发时间和完工时间一致，以保证各批产品成本计算的准确无误。

（2）归集与分配生产费用。根据各项费用发生的原始凭证，汇总编制各种费用分配表，并将各批产品直接发生的直接材料和直接人工费用，按批号或工作令号直接汇总计入各批产品的基本生产成本明细账中，防止“串批”；将发生的间接费用（如燃料和动力，制造费用等）按其用途和发生地点归集于辅助生产成本和制造费用明细账中，月末按照特定的方法在各批产品之间进行分配，再计入各批产品基本生产成本明细账中。

（3）计算各批完工产品成本。月末，对已经完工的各批产品，将基本生产成本明细账中所归集的成本项目费用相加，就是完工产品的实际总成本，除以完工产品数量，就是完工产品的单位成本；月末未完工的各批产品其基本生产成本明细账中所归集的生产费用，就是月末在产品成本；月末如果有跨月完工产品，并须交货销售的，则可以按定额成本法或约当产量法等计算完工产品成本和月末在产品成本，待该批产品全部完工时，再计算其实际总成本和单位成本。

2．一般分批法的运用

【例 5-2】 一般分批法

1. 资料

企业名称：永盛机械制造厂。

（1）部门设置：设有一个基本生产车间，生产甲、乙、丙、丁四种产品。

（2）生产组织：根据客户订货单，小批生产。

（3）工艺过程：单步骤生产类型。

（4）成本核算的管理要求：提供最终完工产品成本。

（5）成本计算方法：一般分批法。

（6）成本项目设置：直接材料、直接人工、制造费用。

永盛机械制造厂以客户订货生产的甲、乙、丙、丁四种产品的批别作为成本计算对象，分别开设“基本生产成本”明细账（产品成本计算单），并按直接材料、直接人工、制造费用三个成本项目设专栏组织明细核算。

2012 年 10 月份有关产量记录、月初在产品成本和本月发生的生产费用资料，见表 5-20、表 5-21、表 5-22。

表 5-20 产品产量记录表

2012 年 10 月

产品名称	产品批号	投产量（件）	投产日期	完工日期及产量
甲产品	9083	120	9 月 8 日	10 月 23 日完工 80 件
乙产品	10068	80	10 月 3 日	
丙产品	10109	100	10 月 9 日	10 月 25 日完工 40 件
丁产品	10116	60	10 月 12 日	10 月 27 日全部完工
说明	（1）甲产品，批号 9083 号，原材料系开工时一次投入，生产费用采用约当产量法在完工产品和月末在产品之间进行分配，月末在产品完工程度为 50%； （2）乙产品，批号 10068 号，本月没有完工产品； （3）丙产品，批号 10109 号，完工产品成本按定额成本法计算并结转（单位产品定额成本为：直接材料 290 元，直接人工 130 元，制造费用 66 元，合计 486 元）； （4）丁产品，批号 10116 号，当月全部完工。			

表 5-21　　月初在产品成本表

2012 年 10 月　　金额单位：元

产品名称	产品批号	直接材料	直接人工	制造费用	合　计
甲产品	9083	246 000	32 000	28 000	306 000

表 5-22　　本月发生生产费用表

2012 年 10 月　　金额单位：元

产品名称	产品批号	直接材料	直接人工	制造费用	合　计
甲产品	9083	——	41 000	32 000	73 000
乙产品	10068	42 800	7 200	2 400	52 400
丙产品	10109	30 000	14 000	7 000	51 000
丁产品	10116	24 000	8 640	2 280	34 920

2. 要求

根据有关产量记录、月初在产品成本和本月发生的生产费用资料，采用一般分批法对费用进行一系列的归集和分配，编制记账凭证并登记各成本费用明细账，计算并结转各种完工产品成本。

3. 解析

根据以上各项资料，采用一般分批法，计算并登记各批产品基本生产成本明细账，并计算完工产品成本和月末在产品成本，见表 5-23、表 5-24、表 5-25、表 5-26。

表 5-23　　基本生产成本明细账

产品批号：9083　　投产日期：9 月 8 日　　完工日期：10 月 23 日　　订货单位：××公司

产品名称：甲产品　　产品批量：120 件　　完工产量：80 件　　金额单位：元

2012 年		摘　要	直 接 材 料	直 接 人 工	制 造 费 用	合　计
月	日					
10	1	月初在产品成本	246 000	32 000	28 000	306 000
10	31	本月生产费用	——	41 000	32 000	73 000
10	31	生产费用合计	246 000	73 000	60 000	379 000
		完工产品产量	80	80	80	
		在产品约当产量	40	20	20	
		产量合计（件）	120	100	100	
10	31	费用分配率	2 050	730	600	
10	31	转出完工产品成本	164 000	58 400	48 000	270 400
10	31	单位成本	2 050	730	600	3 380
10	31	月末在产品成本	82 000	14 600	12 000	108 600

表 5-24　　基本生产成本明细账

产品批号：10068　　投产日期：10 月 3 日　　完工日期：　　订货单位：××公司
产品名称：乙产品　　产品批量：80 件　　完工产量：　　金额单位：元

2012 年		摘　要	直接材料	直接人工	制造费用	合　计
月	日					
10	31	本月发生费用	42 800	7 200	2 400	52 400
10	31	月末在产品成本	42 800	7 200	2 400	52 400

表 5-25　　基本生产成本明细账

产品批号：10109　　投产日期：10 月 9 日　　完工日期：10 月 25 日　　订货单位：××公司
产品名称：丙产品　　产品批量：100 件　　完工产量：　40 件　　金额单位：元

2012 年		摘　要	直接材料	直接人工	制造费用	合　计
月	日					
10	31	本月发生费用	30 000	14 000	7 000	51 000
10	31	本月生产费用合计	30 000	14 000	7 000	51 000
10	31	单件产品定额成本	290	130	66	486
10	31	转出完工产品成本	11 600	5 200	2 640	19 440
10	31	月末在产品成本	18 400	8 800	4 360	31 560

表 5-26　　基本生产成本明细账

产品批号：10116　　投产日期：10 月 12 日　　完工日期：10 月 27 日　　订货单位：××公司
产品名称：丁产品　　产品批量：60 件　　完工产量：60 件　　金额单位：元

2012 年		摘　要	直接材料	直接人工	制造费用	合　计
月	日					
10	31	本月发生费用	24 000	8 640	2 280	34 920
10	31	本月生产费用合计	24 000	8 640	2 280	34 920
10	31	转出完工产品成本	24 000	8 640	2 280	34 920
10	31	单位成本	400	144	38	582

（三）简化分批法

在小批单件生产的企业或车间中，同一月份内投产的产品批数往往很多，有的多至几十批，甚至几百批，并且月末未完工的产品批数也很多，在这种情况下，各种间接计入费用在各批产品之间按月进行分配的核算工作就变得极为繁重。因此，为了简化核算工作，在投产批数繁多而且月末未完工批数也较多的企业（如机械修配厂），还可以采用一种简化的分批法计算产品成本，也就是不分批计算月末在产品成本的分批法。

1．简化分批法特点

简化分批法的主要特点如下所述。

（1）必须设置基本生产成本二级账。基本生产成本二级账除按规定的成本项目设专栏外，还须增设生产工时专栏，其二级账的作用在于：按月登记所有批别产品的累计生产费用（包括直接费用和间接费用）和累计生产工时。为此，二级账中不仅要按成本项目登记所有批别产品的月初在产品费用、本月生产费用和累计生产费用，而且还要登记所有批别产品的月初在产品生产工时、本月生产工时和累计生产工时。

（2）简化了间接费用的分配。每月发生的间接计入费用，先在基本生产成本二级账中累计起来，在有完工产品的月份，月末才按各批完工产品的累计生产工时和累计间接计入费用分配率计算完工产品应分摊的间接费用，进而计算完工产品成本和应保留在二级账中的月末在产品成本。没有完工产品的月份，则不分配间接计入费用。计算公式为：

$$全部产品某项累计间接计入费用分配率=\frac{全部产品该项累计间接计入费用}{全部产品累计生产工时}$$

$$某批完工产品应分摊的某项间接计入费用=该批完工产品累计生产工时\times 全部产品该项累计间接计入费用分配率$$

（3）各批别产品基本生产成本明细账中除完工产品成本外，均不反映间接费用的项目成本，月末在产品只反映直接费用（直接材料）和生产工时。

2．简化分批法的优缺点及应用条件

采用简化分批法，由于间接费用只在月末完工产品之间进行分配，因而可以大大简化间接费用分配和登记基本生产成本明细账的工作，月末未完工产品批别越多，核算工作就越简化。但也存在不足之处：其一，须单独设置基本生产成本二级账，加大了登记二级账的工作；其二，各批产品基本生产成本明细账中，不能反映月末在产品的真实成本，不利于在产品成本的管理；其三，由于对直接费用的分配是采用当月累计间接计入费用分配率方法进行的，在各月间接费用水平相差较大时，就会影响成本计算的真实性。

因此，在实际应用简化分批法时，应注意必须具备的两个条件：①各个月份间接计入费用水平比较一致；②同一月份投产批量多，且月末未完工产品也较多。

3．简化分批法的计算程序

采用简化分批法计算产品成本，其成本计算程序如下所述。

（1）按产品批别或订单设置基本生产成本明细账（或产品成本计算单），并登记月初在产品的直接费用和生产工时。

（2）设置基本生产成本二级账，并登记月初在产品的累计项目费用和累计生产工时。

（3）归集当月发生的生产费用和生产工时。在基本生产成本明细账中，只登记直接费用和生产工时，不登记间接费用；在二级账中既要登记各批别产品的累计直接费用和累计生产工时，同时也要登记各批产品共同发生的累计间接费用。

（4）月终，根据全部产品各项目累计间接费用和全部产品累计生产工时，计算全部产品各项累计间接计入费用分配率。

（5）根据各批完工产品的累计生产工时，计算并分摊各批完工产品应负担的各项间接费用，并计算完工产品总成本和单位成本，未完工产品不分摊间接费用。

（6）将各批完工产品成本在基本生产成本二级账和基本生产成本明细账中进行平行登记，将各批别当月完工产品汇总编制产品成本汇总表，据以作为编制完工入库产品记账凭证的原始依据。

【例 5-3】 简化分批法

1. 资料

企业名称：胜利五金加工厂。

（1）部门设置：设有一个基本生产车间，小批生产多种产品。

（2）生产组织：小批生产。

（3）工艺过程：单步骤生产类型。

（4）成本核算的管理要求：提供最终完工产品成本。

（5）成本计算方法：简化分批法。

（6）成本项目设置： 直接材料、直接人工、制造费用。

胜利五金加工厂小批生产多种产品，由于产品批数多，月末有大量未完工产品，采用简化分批法计算产品成本。分别开设“基本生产成本”二级账和“基本生产成本”明细账（产品成本计算单），设直接材料、直接人工、制造费用 3 个成本项目和生产工时专栏。假设各批产品原材料均系开工时一次投入。2012 年 10 月有关成本核算资料如下。

各批别产品产量，投产日期及完成情况见表 5-27。

表 5-27　　各批产品产量、投产日期及完成情况表

产品名称	产品批号	产量（件）	投产日期	完工月份
A 产品	9018	40	9 月 21 日	10 月 28 日
B 产品	9026	140	9 月 18 日	11 月份（本月完工 20 件）
C 产品	10083	30	10 月 3 日	12 月份（本月完工 10 件）
D 产品	10084	80	10 月 10 日	12 月份

基本生产成本二级账资料见表 5-28。

表 5-28　　基本生产成本二级账

（各批全部产品总成本）

2012 年		摘　要	直接材料（元）	生产工时（小时）	直接人工（元）	制造费用（元）	合计（元）
月	日						
9	30	9 月份发生费用	119 300	6 860	35 140	31 040	185 480
10	31	本月发生费用和生产工时	192 220	9 200	25 888	10 716	228 824
10	31	累计生产费用和生产工时	311 520	16 060	61 028	41 756	414 304
10	31	累计间接计入费用分配率			3.8	2.6	
10	31	本月完工产品转出成本	152 760	10 060	38 228	26 156	217 144
10	31	月末在产品成本	158 760	6 000	22 800	15 600	197 160

2. 要求

基本生产成本明细账登记月初在产品的直接费用和生产工时；基本生产成本二级账登记月初在产品的累计项目费用和累计生产工时；按要求归集当月发生的生产费用和生产工时；月终计算出各批完工产品应负担的各项间接费用，并计算完工产品总成本和单位成本。

3. 解析

在基本生产成本二级账中，本月月初在产品成本（即上月末在产品成本）的各项生产费用和

生产工时系上月所发生的生产费用和生产工时分别计算登记；本月发生的材料费用和生产工时应根据本月各批产品原材料费用分配表、生产工时记录与各批产品基本生产成本明细账平行登记；本月发生的各项间接计入费用，应根据各项费用分配表或汇总表登记。全部产品各项累计间接计入费用分配率计算如下：

$$累计直接人工费用分配率=\frac{累计直接人工费用}{全部产品累计生产工时}=\frac{61\ 028}{16\ 060}=3.8$$

$$累计制造费用分配率=\frac{累计制造费用}{全部产品累计生产工时}=\frac{41\ 756}{16\ 060}=2.6$$

基本生产成本二级账中完工产品的直接材料费用和生产工时应根据各批产品基本生产成本明细账中完工产品的直接材料费用和生产工时汇总登记；完工产品的各项间接计入费用（即直接人工和制造费用），可以根据二级账中完工产品生产工时分别乘以各该项累计间接计入费用分配率计算登记，也可以根据各批产品基本生产成本明细账中完工产品的各该项费用分别汇总登记。

基本生产成本二级账中，月末在产品的直接材料费用和生产工时，可根据二级账中累计的直接材料费用和生产工时分别减去本月转出的完工产品直接材料费用和生产工时计算登记，也可以根据各批别产品基本生产成本明细账中月末在产品的直接材料费用和生产工时分别汇总登记，两种计算结果应相等。基本生产成本二级账中月末在产品各项间接计入费用，可以根据月末在产品的累计生产工时分别乘以各该项累计间接计入费用分配率计算登记，也可以根据二级账中各该项间接费用的累计数减去转出的完工产品各该项间接费用计算登记。

该企业各批产品基本生产成本明细账见表 5-29、表 5-30、表 5-31、表 5-32。

表 5-29　　基本生产成本明细账

产品批号：9018　投产日期：9 月 21 日　完工时期：10 月 28 日　订货单位：××公司

产品名称：A 产品　产品批量：40 件　本月完工：40 件

2012 年		摘　要	直接材料（元）	生产工时（小时）	直接人工（元）	制造费用（元）	合计（元）
月	日						
9	30	9 月份发生费用	82 300	5 260			
10	31	本月发生费用和生产工时	32 600	2 800			
10	31	累计生产费用和生产工时	114 900	8 060			
10	31	累计间接计入费用分配率			3.8	2.6	
10	31	转出完工产品成本	114 900	8 060	30 628	20 956	166 484
10	31	完工产品单位成本	2 872.5	201.5	765.7	523.9	4 162.1

表 5-30　　基本生产成本明细账

产品批号：9026　投产日期：9 月 18 日　完工时期：　订货单位：××公司

产品名称：B 产品　产品批量：140 件　本月完工：20 件

2012 年		摘　要	直接材料（元）	生产工时（小时）	直接人工（元）	制造费用（元）	合计（元）
月	日						
9	30	9 月份发生费用	37 000	1 600			
10	31	本月发生费用和生产工时	26 420	2 400			

续表

2012年		摘要	直接材料（元）	生产工时（小时）	直接人工（元）	制造费用（元）	合计（元）
月	日						
10	31	累计生产费用和生产工时	63 420	4 000			
10	31	累计间接计入费用分配率			3.8	2.6	
10	31	转出完工产品成本	9 060	700	2 660	1 820	13 540
10	31	完工产品单位成本	453	35	133	91	677
10	31	月末在产品成本	54 360	3 300			

表 5-31　　基本生产成本明细账

产品批号：10083　　投产日期：10月3日　　完工时期：　　订货单位：××公司
产品名称：C产品　　产品批量：30件　　本月完工：10件

2012年		摘要	直接材料（元）	生产工时（小时）	直接人工（元）	制造费用（元）	合计（元）
月	日						
10	31	本月发生费用和生产工时	86 400	2 600			
10	31	累计间接计入费用分配率			3.8	2.6	
10	31	转出完工产品成本	28 800	1 300	4 940	3 380	37 120
10	31	完工产品单位成本	2 880	130	494	338	3 712
10	31	月末在产品成本	57 600	1 300			

表 5-32　　基本生产成本明细账

产品批号：10084　　投产日期：10月10日　　完工时期：　　订货单位：××公司
产品名称：D产品　　产品批量：　80件　　本月完工：

2012年		摘要	直接材料（元）	生产工时（小时）	直接人工（元）	制造费用（元）	合计（元）
月	日						
10	31	本月发生费用和生产工时	46 800	1 400			
10	31	月末在产品成本	46 800	1 400			

四、成本计算的分步法

产品成本计算的分步法是以产品的生产步骤作为成本计算对象，归集各种生产费用，计算产品成本的一种方法。本环节要求了解分步法的三个特点，知悉分步法的适用范围，理解分步法成本核算的流程，灵活运用分步法进行成本核算。

（一）分步法概述

1．分步法的特点

分步法的特点主要表现在以下四方面。

（1）以产品的生产步骤为成本计算对象。成本计算对象是各种产品的生产步骤，即按每种产品的各生产步骤设置产品成本明细账进行成本计算。实际工作中，成本计算的分步是按照成本管理的要求划分的，与实际生产步骤的划分可能一致，也可能不一致。大量大批多步骤生产的企业中，生产单位一般是按照生产步骤设立的。为了加强成本管理，也要求按照生产单位归集费用，计算产品成本。因此，分步计算成本一般就是分生产单位计算成本。但是，当一个生产单位的规模较大，生产单位内可以分几个生产步骤，而管理上也要求生产单位内分步计算成本时，成本计算的分步不应当是生产单位，而应当是生产单位内各具体生产步骤。此外，为了简化成本计算，根据成本管理的要求，也可以将几个生产步骤合并为一个成本计算的步骤归集费用，计算产品成本。总之，企业应当根据生产特点和成本管理的要求，确定成本计算对象的产品品种及生产步骤。

（2）成本计算期与会计报告期一致。在多步骤生产中，由于生产过程较长且可以间断，产品往往都是跨月陆续完工，因此，成本计算一般按月进行，成本计算期与会计报告期一致，与生产周期不一致。

（3）生产费用应在完工产品及在产品之间进行分配。在月末计算完工产品成本时，各步骤一般都存在未完工的在产品，产品各加工步骤所归集的生产费用要采用适当的分配方法，在完工产品和在产品之间进行分配。

（4）各生产步骤间须进行半成品成本的结转。由于产品生产是分步骤进行的，上一步骤生产的半成品是下一步骤的加工对象。因此各生产步骤间须进行半成品成本的结转，以计算出各步骤半成品或产成品的成本。

2．分步法的适用范围

产品成本计算的分步法主要适用于大量大批多步骤生产，包括连续式多步骤生产和装配式多步骤生产。例如，钢铁、纺织、造纸以及大批量生产的机械制造等企业，在这些企业中，产品生产可以分为若干个生产步骤进行。为了加强各生产步骤的成本管理，往往不仅要求按照品种计算成本，还要求按照生产步骤计算成本，以便为考核和分析各种产品及各生产步骤成本计划执行情况提供资料。

3．分步法的计算程序

分步法的计算程序是：产品成本明细账按产品的每一生产步骤设立，以归集产品各步骤所发生的费用；计算各步骤完工半成品（最后步骤为产成品）和月末在产品成本，然后将本步骤计算的完工半成品（或产成品）成本转入下一步骤或直接转入产品成本。

4．分步法的种类

在产品按步骤组织生产的情况下，由于各企业对于生产步骤成本管理的要求不同，以及出于简化成本计算工作的考虑，各生产步骤的成本计算和结转，有逐步结转和平行结转两种方法。相应地，分步法按其是否计算半成品成本，可分为逐步结转分步法和平行结转分步法两种。

（二）逐步结转分步法

企业之所以要逐步计算各步骤半成品成本，一是成本计算的需要，因为半成品成本在各加工步骤之间须随半成品实物转移而顺序结转，不计算前一步骤半成品成本，则无法计算后一步骤的生产成本。二是有些半成品为企业几种产品所耗用，为了正确计算各种产成品成本，就必须计算出各种半成品成本。三是有些企业的半成品既为企业最终产品所耗用，也作为商品对外出售，为了确定半成品的售价及销售损益，必须要计算半成品成本。四是进行成本评比或考核的需要，有些半成品虽不对外出售，但为了与同行业成本进行评比，也要计算半成品成本。五是实行厂内责任考核的需要，在实行责任会计或厂内经济核算的企业中，为了全面考核和分析各生产步骤等内部单位的生产耗费和资金占用水平，实行合理的奖惩，也要求计算并在各生产步骤之间结转半成品成本。

逐步结转分步法的适用范围。逐步结转分步法的显著特点是能够提供各生产步骤完整的半成品成本资料，因此，亦称为计算半成品成本法。它适用于半成品具有独立的经济意义、半成品外销式、管理上要求提供半成品成本资料的大量大批连续式多步骤生产的企业。

逐步结转分步法的程序。为适应逐步结转分步法的需要，应按产品品种和各生产步骤设置基本生产成本明细账，将各步骤的生产费用计入各步骤基本生产成本明细账中。逐步结转分步法的程序是先计算第一生产步骤所产半成品成本，并将其转入第二生产步骤；然后将转入的第一生产步骤半成品成本，加上第二生产步骤发生的各种生产费用，计算出第二生产步骤所产半成品成本，并将其转入第三生产步骤。这样，按照生产步骤逐步计算和结转半成品成本，直到最后生产步骤计算出产成品成本。从以上分析可知，逐步结转分步法实际上是几个品种法的连续运用。

如自制半成品通过仓库收发，其成本计算程序中还要增加半成品实物收发的结转，须设立“自制半成品明细账”核算各步骤半成品的收发存情况。领用半成品的核算方法与领用原材料相同，借记“基本生产成本”，贷记“自制半成品”，其程序见图 5-4。

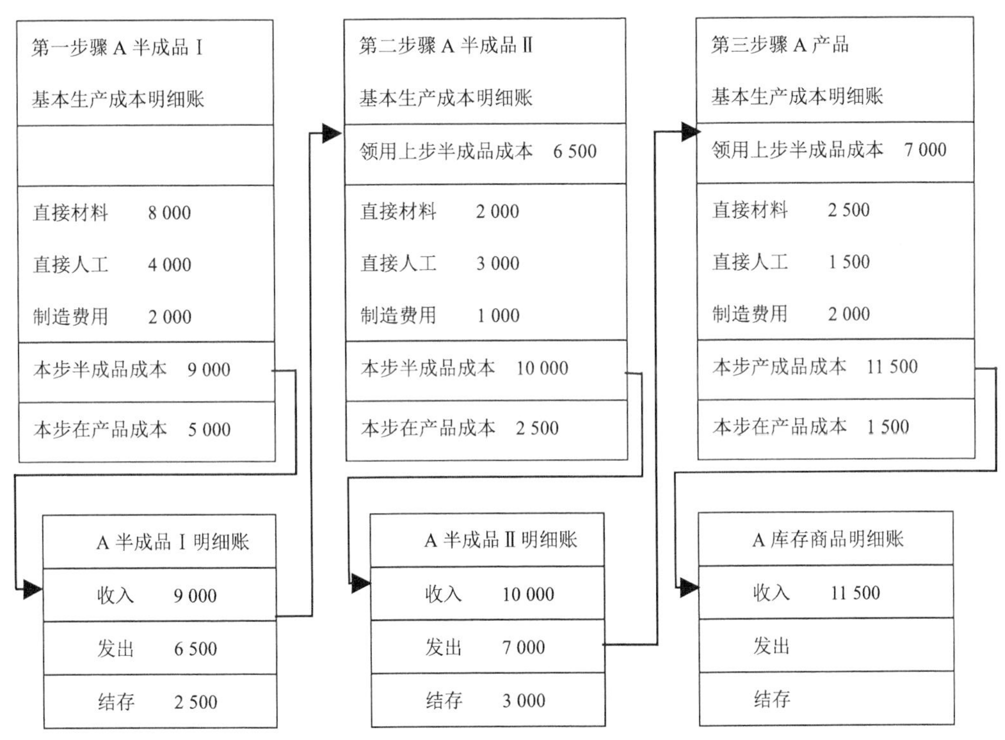

图 5-4　逐步结转法成本计算程序图

逐步结转分步法的种类。逐步结转分步法按半成品成本在下一步骤生产成本明细账中反映方式不同，可以分为综合结转方式和分项结转方式。

综合结转方式是将上一生产步骤转入下一生产步骤的半成品成本，全部记入下一生产步骤成本计算单中的“直接材料”项目或专设的“半成品”项目，综合反映该生产步骤所耗上一生产步骤所产半成品的成本。

分项结转方式是将上一生产步骤转入下一生产步骤的半成品成本，按照原始成本项目分项转入下一生产步骤成本计算单的相应原始成本项目中。

1．综合结转方式

在综合结转方式下，各生产步骤所耗半成品成本都是以“直接材料”或“半成品”项目综合反映的。半成品成本可以按照实际成本结转，也可以按照计划成本结转。

为了计算各生产步骤完工半成品（或产成品）成本及月末在产品成本，还需要采用定额成本法、定额比例法、约当产量法等适当的分配方法，将归集在各步骤成本计算单中的生产费用，在完工产品及在产品之间进行分配。

（1）半成品按照实际成本综合结转。采用实际成本结转方法，各生产步骤所耗上一生产步骤半成品成本，应该根据所耗半成品的实际数量乘以半成品的实际单位成本计算。由于各月所产半成品的实际单位成本不同，因而所耗半成品实际单位成本的计算，可以根据企业的实际情况，选择使用先进先出法、加权平均法等方法确定。

【例 5-4】 分步法——逐步结转之综合结转方式（半成品按照实际成本综合结转）

1．资料

企业名称：通达公司。

（1）部门设置：基本生产车间甲产品生产分三个生产步骤。第一步骤生产甲半成品Ⅰ，完工后交半成品仓库验收；第二步骤从仓库领用甲半成品Ⅰ加工成甲半成品Ⅱ，完工后交半成品仓库验收；第三步骤从仓库领用甲半成品Ⅱ继续加工，直至加工完成甲产品。领用甲半成品成本按照全月加权单位成本计算。三个步骤的月末在产品均按照定额成本计价。

（2）生产组织：大量大批生产。

（3）工艺过程：多生产步骤。

（4）成本核算的管理要求：提供各步骤半成品成本和最终完工产品成本。

（5）成本计算方法：分步法——逐步结转之综合结转方式（半成品按照实际成本综合结转）。

（6）成本项目设置：直接材料、直接人工、制造费用。

2012 年 10 月有关成本资料如下。

各步骤月初在产品定额成本、本月生产费用及数量资料见表 5-33。

表 5-33　　各步骤月初在产品定额成本、本月生产费用及数量资料表

步骤	项　目	数量（件）	直接材料/半成品（元）	直接人工（元）	制造费用（元）	合计（元）
第一步骤	月初在产品数量及定额成本	25	5 500	3 500	4 000	13 000
	本月投产数量及生产费用	195	46 500	36 300	33 600	116 400
	月末在产品数量及单位定额成本	20	220	140	160	520
第二步骤	月初在产品数量及定额成本	18	10 800	1 800	2 160	14 760
	本月投产数量及生产费用	150	89 532	17 400	20 350	127 282
	月末在产品数量及单位定额成本	23	600	100	120	820
第三步骤	月初在产品数量及定额成本	20	17 000	1 600	2 000	20 600
	本月投产数量及生产费用	160	135 966.40	15 000	18 000	168 966.40
	月末在产品数量及单位定额成本	30	850	80	100	1 030

各步骤自制半成品月初数量和成本资料见表5-34。

表5-34　各步骤自制半成品月初数量和成本资料表

半成品	项目	数量（件）	单价（元）	金额（元）
甲半成品Ⅰ	月初	120	600	72 000
甲半成品Ⅱ	月初	180	850	153 000

2. 要求

根据资料，采用逐步结转分步法之综合结转方式进行费用的归集和分配，编制记账凭证并登记各基本生产成本明细账和自制半成品明细账，计算并结转各步骤半成品成本和完工产品成本。

3. 解析

（1）第一步骤甲半成品Ⅰ的基本生产成本明细账见表5-35。

表5-35　基本生产成本明细账　金额单位：元

步骤：第一步骤　产品名称：甲半成品Ⅰ

2012年		摘要	数量（件）	直接材料	直接人工	制造费用	合计
月	日						
10	1	月初在产品定额成本	25	5 500	3 500	4 000	13 000
10	31	本月生产费用	195	46 500	36 300	33 600	116 400
10	31	生产费用合计	220	52 000	39 800	37 600	129 400
10	31	完工半成品成本转出	200	−47 600	−37 000	−34 400	−119 000
		半成品单位成本		238	185	172	595
		在产品单位定额成本		220	140	160	520
10	31	在产品定额成本	20	4 400	2 800	3 200	10 400

根据第一步骤甲半成品Ⅰ交库单，编制分录如下。

借：自制半成品——甲半成品Ⅰ　119 000

　　贷：基本生产成本——第一步骤（甲半成品Ⅰ）　119 000

（2）自制半成品Ⅰ明细账见表5-36。

表5-36　自制半成品明细账　数量单位：件

半成品名称：甲半成品Ⅰ　金额单位：元

2012年		摘要	收入			发出			结存		
月	日		数量	单价	金额	数量	单价	金额	数量	单价	金额
10	1	月初							120	600	72 000
10	31	入库	200	595	119 000				320	596.88	191 000
10	31	领用				150	596.88	89 532	170	596.87	101 468

根据第二步骤甲半成品Ⅰ领用单，编制分录如下。

借：基本生产成本——第二步骤（甲半成品Ⅱ）　89 532

　　贷：自制半成品——甲半成品Ⅰ　89 532

（3）第二步骤甲半成品Ⅱ基本生产成本明细账见表5-37。

表5-37　基本生产成本明细账　金额单位：元

步骤：第二步骤　产品名称：甲半成品Ⅱ

2012年		摘　要	数量（件）	半成品	直接人工	制造费用	合　计
月	日						
10	1	月初在产品定额成本	18	10 800	1 800	2 160	14 760
10	31	本月生产费用	150	89 532	17 400	20 350	127 282
10	31	生产费用合计	168	100 332	19 200	22 510	142 042
10	31	完工半成品成本转出	145	−86 532	−16 900	−19 750	−123 182
		半成品单位成本		596.77	116.55	136.21	849.53
		在产品单位定额成本		600	100	120	820
10	31	在产品定额成本	23	13 800	2 300	2 760	18 860

根据第二步骤甲半成品Ⅱ交库单，编制分录如下。

借：自制半成品——甲半成品Ⅱ　123 182

　　贷：基本生产成本——第二步骤（甲半成品Ⅱ）　123 182

（4）自制半成品Ⅱ明细账见表5-38。

表5-38　自制半成品明细账　数量单位：件

半成品名称：甲半成品Ⅱ　金额单位：元

2012年		摘要	收　入			发　出			结　存		
月	日		数量	单价	金额	数量	单价	金额	数量	单价	金额
10	1	月初							180	850	153 000
10	31	入库	145	849.53	123182				325	849.79	276 182
10	31	领用				160	849.79	135 966.40	165	849.79	140 215.60

根据第三步骤甲半成品Ⅱ领用单，编制分录如下。

借：基本生产成本——第三步骤（甲产品）　135 966.40

　　贷：自制半成品——甲半成品Ⅱ　135 966.40

（5）第三步骤甲产品基本生产成本明细账见表5-39。

表5-39　基本生产成本明细账　金额单位：元

步骤：第三步骤　产品名称：甲产品

2012年		摘　要	数量（件）	半成品	直接人工	制造费用	合　计
月	日						
10	1	月初在产品定额成本	20	17 000	1 600	2 000	20 600
10	31	本月生产费用	160	135 966.40	15 000	18 000	168 966.40
10	31	生产费用合计	180	152 966.40	16 600	20 000	189 566.40
10	31	完工产成品成本转出	150	−127 466.40	−14 200	−17 000	−158 666.40
		产成品单位成本		849.78	94.67	113.33	1 057.78
		在产品单位定额成本		850	80	100	1 030
10	31	在产品定额成本	30	25 500	2 400	3 000	30 900

根据甲产品入库单和第三步骤基本生产成本明细账，结转完工产品成本，编制分录如下。

借：库存商品——甲产品　　158 666.40

　　贷：基本生产成本——第三步骤（甲产品）　　158 666.40

（2）半成品按照计划成本综合结转。采用计划成本结转方法，自制半成品明细账不仅要反映半成品收入、发出、结存的数量和实际成本，而且还要反映其计划成本、成本差异、差异率。基本生产成本明细账中“直接材料”或“半成品”成本项目也要分设计划成本、成本差异、实际成本栏目。具体核算原理与材料按实际成本核算的原理基本相同。现仍以上述通达公司为例，说明半成品按计划成本综合结转的方法。

【例 5-5】 分步法——逐步结转之综合结转方式（半成品按照计划成本综合结转）

1. 资料

企业名称：通达公司

（1）资料同上。

（2）成本计算方法：分步法——逐步结转之综合结转方式（半成品按照计划成本综合结转）。

2012 年 10 月有关成本资料同上。假定甲半成品Ⅰ计划单位成本为 600 元，甲半成品Ⅱ计划单位成本为 850 元。半成品按计划成本综合结转。（有关会计分录不再列示。）

2. 要求

根据资料，采用逐步结转之综合结转方式，半成品按照计划成本综合结转，计算产品成本。

3. 解析

基本生产成本明细账、自制半成品明细账核算。

（1）第一步骤甲半成品Ⅰ的基本生产成本明细账见表 5-40。

表 5-40　　基本生产成本明细账　　金额单位：元

步骤：第一步骤　　产品名称：甲半成品Ⅰ

2012 年		摘　要	数量（件）	直接材料	直接人工	制造费用	合 计
月	日						
10	1	月初在产品定额成本	25	5 500	3 500	4 000	13 000
10	31	本月生产费用	195	46 500	36 300	33 600	116 400
10	31	生产费用合计	220	52 000	39 800	37 600	129 400
10	31	完工半成品成本转出	200	−47 600	−37 000	−34 400	−119 000
		半成品单位成本		238	185	172	595
		在产品单位定额成本		220	140	160	520
10	31	在产品定额成本	20	4 400	2 800	3 200	10 400

（2）自制甲半成品Ⅰ明细账见表 5-41。

表 5-41 自制半成品明细账 数量单位：件

产品名称：甲半成品 I 计划单价：600 元 金额单位：元

2012年		摘要	增加			减少			结存				
月	日		数量	计划成本	实际成本	数量	计划成本	实际成本	数量	计划成本	实际成本	成本差异	成本差异率(%)
10	1	月初							120	72 000	72 000	–	–
10	31	入库	200	120 000	119 000				320	192 000	191 000	−1 000	−0.52
10	31	领用				150	90 000	89 532	170	102 000	101 468	−532	−0.52

（3）第二步骤甲半成品II基本生产成本明细账见表 5-42。

表 5-42 基本生产成本明细账 金额单位：元

步骤：第二步骤 产品名称：甲半成品 II

2012年		摘要	产量	半成品			直接人工	制造费用	合计
月	日			计划成本	成本差异	实际成本			
10	1	月初在产品定额成本	18	10 800	–	10 800	1 800	2 160	14 760
10	31	本月生产费用	150	90 000	−468	89 532	17 400	20 350	127 282
10	31	生产费用合计	168	100 800	−468	100 332	19 200	22 510	142 042
10	31	完工半成品成本转出	145	−87 000	−468	−86 532	−16 900	−19 750	−123 182
		半成品单位成本		600	−3.23	596.77	116.55	136.21	849.53
		在产品单位定额成本				600	100	120	820
10	31	在产品定额成本	23	13 800		13 800	2 300	2 760	18 860

（4）自制甲半成品II明细账见表 5-43。

表 5-43 自制半成品明细账 数量单位：件

产品名称：甲半成品 II 计划单价：850 元 金额单位：元

2012年		摘要	增加			减少			结存				
月	日		数量	计划成本	实际成本	数量	计划成本	实际成本	数量	计划成本	实际成本	成本差异	成本差异率(%
10	1	月初							180	153 000	153 000	–	–
10	31	入库	145	123 250	123 182				325	276 250	276 182	−68	−0.025
10	31	领用				160	136 000	135 966.40	165	140 250	140 215.60	−34.40	−0.025

（5）第三步骤甲产品基本生产成本明细账见表 5-44。

表 5-44　　基本生产成本明细账

步骤：第三步骤　　产品名称：甲产品　　金额单位：元

2012 年		摘　要	产量	半　成　品			直接人工	制造费用	合　计
月	日			计划成本	成本差异	实际成本			
10	1	月初在产品定额成本	20	17 000	–	17 000	1 600	2 000	20 600
10	31	本月生产费用	160	136 000	−33.60	135 966.40	15 000	18 000	168 966.40
10	31	生产费用合计		153 000	−33.60	152 966.40	16 600	20 000	189 566.40
10	31	完工产成品成本转出	150	−127 500	−33.60	−127 466.40	−14 200	−17 000	−158 666.40
		产成品单位成本		850	−0.22	849.78	94.67	113.33	1 057.78
		在产品单位定额成本				850	80	100	1 030
10	31	在产品定额成本	30	25 500		25 500	2 400	3 000	30 900

按计划成本综合结转半成品成本具有以下优点。

① 可以简化半成品收发的计价和记账工作。特别是半成品种类较多的企业，按类计算半成品成本差异率，更可以省略调整半成品差异的大量工作。

② 可以加速成本计算工作。如果本月所耗半成品大部分是以前月份生产的，可用上月的成本差异率来计算本月所耗半成品的实际成本，这样各步骤成本计算可以同时进行，有利于加速成本计算工作。

③ 有利于进行成本考核与分析。可以在各步骤基本生产成本明细账中反映所耗半成品的计划成本、实际成本及成本差异，便于考核、分析各步骤的成本水平。因此，按计划成本综合结转半成品成本，适宜在半成品的计划成本比较准确，且半成品的种类较多的企业使用。

（3）综合结转方式下的成本还原。按照上述综合结转方式计算出的产成品成本，不能提供按照原始成本项目结构反映的成本资料。在生产步骤较多的情况下，逐步综合结转半成品成本后，表现在产成品成本中的绝大部分费用是最后一个生产步骤所耗半成品成本，其他费用只是最后一个生产步骤的费用，在产成品成本中所占比重很小。这显然不符合产品成本的实际结构，因而不能据以从整个企业的角度来考核和分析产品成本的原始构成和水平。因此，当企业成本管理上要求企业按照实际成本项目考核和分析产品成本计划的完成情况时，就需要将半成品综合成本项目还原为其原始成本项目。

具体成本还原方法是：从最后一个生产步骤开始，将产成品所耗上一生产步骤半成品综合成本，按照上一生产步骤所产该半成品的成本构成，分解还原成上一步骤成本项目的成本，再将其中的半成品综合成本分解还原成再上一步骤的成本项目的成本，直到第一生产步骤。然后，将各生产步骤相同成本项目（除半成品项目外）的成本数额加以汇总，就可以求得成本还原后的产成品成本，即按照原始成本项目反映的产成品成本。成本还原计算公式如下：

某成本项目还原成本额 =（上步骤所产半成品成本项目数额/上步骤所产该种半成品总成本）× 产成品所耗上步骤半成品综合成本

（即）= 半成品成本项目结构比例 × 产成品所耗上步骤半成品综合成本

（或）= 上步骤所产半成品成本项目数额 × 还原分配率

半成品某成本项目结构比例 = 上步骤所产半成品成本项目数额/上步骤所产该种半成品总成本

还原分配率=产成品所耗上步骤半成品综合成本/上步骤所产该种半成品总成本

成本还原可按半成品成本项目结构比例还原，也可按成本还原率还原。成本还原工作一般通过编制成本还原计算表进行。产成品的生产有两个步骤的，须还原一次；有三个步骤的，须还原两次；依此类推。

【例 5-6】 成本还原——编制成本还原表

1. 资料

现仍以前述通达公司甲产品成本为资料（见表 5-39）。

2. 要求

编制成本还原表。

3. 解析

成本还原表见表 5-45、表 5-46。

表 5-45　　成本还原表（按半成品成本项目结构比例还原）

产品名称：甲产品　　2012 年 10 月　　金额单位：元

行次	项　目	产量	半成品	直接材料	直接人工	制造费用	成本合计
1	还原前产成品总成本	150	127 466.40		14 200	17 000	158 666.40
2	第二步骤半成品成本		86 532		16 900	19 750	123 182
3	第二步骤半成品成本结构		70.25%		13.72%	16.03%	100%
4	第三步骤半成品项目还原成本		89 545.15		17 488.39	20 432.86	（127 466.40）
5	第一步骤半成品成本			47 600	37 000	34 400	119 000
6	第一步骤半成品成本结构			40%	31.09%	28.91%	100%
7	第二步骤半成品项目还原成本			35 818.06	27 839.59	25 887.50	（89 545.15）
8	还原后产成品总成本	150		35 818.06	59 527.98	63 320.36	158 666.40
9	还原后产成品单位成本			238.79	396.85	422.14	1 057.78

表 5-46　　成本还原表（按成本还原率还原）

产品名称：甲产品　　2012 年 10 月　　金额单位：元

行次	项　目	产量	还原率	半成品	直接材料	直接人工	制造费用	成本合计
1	还原前产成品总成本	150		127 466.40		14 200	17 000	158 666.40
2	第二步骤半成品成本			86 532		16 900	19 750	123 182
3	第三步骤半成品项目还原成本		1.034 8	89 543.31		17 488.12	20 434.97	(127 466.40)
4	第一步骤半成品成本				47 600	37 000	34 400	119 000
5	第二步骤半成品项目还原成本		0.752 5		35 819	27 842.50	25 881.81	(89 543.31)
6	还原后产成品总成本	150			35 819	59 530.62	63 316.78	158 666.40
7	还原后产成品单位成本				238.79	396.87	422.12	1 057.78

第三步骤：成本还原率 = 127 466.40/123 182 = 1.034 8

第二步骤：成本还原率 = 89 543.31/1190 00 = 0.752 5

还原后产成品成本：直接材料 = 35 819（元）

直接人工 = 14 200 + 17 488.12 + 27 842.50 = 59 530.62（元）

制造费用 = 17 000 + 20 434.97 + 25 881.81 = 63 316.78（元）

产成品总成本 = 35 819 + 59 530.62 + 63 316.78 = 158 666.40（元）

可见，还原后产成品总成本与还原前产成品总成本数额相等，经过还原计算，其成本结构发生了改变，已还原为原始成本构成。

如果企业半成品的定额资料或计划成本比较准确，为了提高成本还原结构的正确性，可按半成品的定额成本或计划成本构成进行还原。.

综上所述，综合结转法的优点是：成本结转工作比较简单；便于反映各步骤的费用水平；半成品如按照计划成本结转，便于进行成本考核和分析。其缺点是：成本还原的计算工作较繁重。因此，这种结转方式适用于在管理上要求计算各步骤所耗半成品费用，而不要求分析成本原始构成的情况下采用。

2. 分项结转方式

在分项结转方式下，各生产步骤所耗半成品成本是按照原始成本项目分项反映的。半成品成本的分项结转可以按半成品的实际成本结转，也可以按其计划成本结转。由于后者做法核算工作量较大，因而一般多采用按实际成本分项结转。其各生产步骤完工半成品（或产成品）成本及月末在产品成本的分配方法与综合结转方式相同。

如果半成品通过半成品仓库收发，自制半成品明细账中，须按成本项目分别登记。

【例 5-7】 分步法——逐步结转之分项结转方式

1. 资料

企业名称：通达公司。

（1）资料同上。

（2）成本计算方法：分步法——逐步结转之分项结转方式。

通达公司 2012 年 10 月各步骤有关成本资料同上。半成品成本采用逐步结转分步法之分项结转方式。（有关会计分录不再列示。）

2. 要求

根据费用资料，采用逐步结转分步法之分项结转方式进行费用的归集和分配，编制记账凭证并登记各基本生产成本明细账和自制半成品明细账，计算并结转各步骤半成品成本和完工产品成本。

3. 解析

基本生产成本明细账、自制半成品明细账核算如下。

（1）第一步骤甲半成品Ⅰ基本生产成本明细账见表 5-47。

表 5-47　　基本生产成本明细账　　金额单位：元

步骤：第一步骤　　产品名称：甲半成品Ⅰ

2012 年		摘　要	数量（件）	直接材料	直接人工	制造费用	合 计
月	日						
10	1	月初在产品定额成本	25	5 500	3 500	4 000	13 000
10	31	本月生产费用	195	46 500	36 300	33 600	116 400
10	31	生产费用合计	220	52 000	39 800	37 600	129 400
10	31	完工半成品成本转出	200	−47 600	−37 000	−3 4400	−119 000

续表

2012年		摘　　要	数量（件）	直接材料	直接人工	制造费用	合　计
月	日						
		半成品单位成本		238	185	172	595
		在产品单位定额成本		220	140	160	520
10	31	在产品定额成本	20	4 400	2 800	3 200	10 400

（2）根据第一步骤甲半成品Ⅰ交库单和第二步骤半成品Ⅰ领用单，登记自制半成品明细账，见表5-48。

表5-48　　自制半成品明细账

半成品名称：甲半成品Ⅰ　　金额单位：元

2012年		摘　　要	数量（件	成 本 项 目			
月	日			直 接 材 料	直 接 人 工	制 造 费 用	成 本 合 计
10	1	月初结存	120	28 800	20 160	23 040	72 000
10	31	完工入库	200	47 600	37 000	34 400	119 000
10	31	合　　计	320	76 400	57 160	57 440	191 000
		单位成本		238.75	178.63	179.50	596.88
10	31	本月发出	150	−35 812.50	−26 794.50	−26 925	−89 532
10	31	月末结余	170	40 587.50	30 365.50	30 515	101 468

（3）根据要素费用分配表、第二步骤领用甲半成品Ⅰ领用单，登记第二步骤甲半成品Ⅱ基本生产成本明细账，见表5-49。

表5-49　　基本生产成本明细账　　金额单位：元

步骤：第二步骤　　产品名称：甲半成品Ⅱ

2012年		摘　　要	数量（件）	直接材料	直接人工	制造费用	合　计
月	日						
10	1	月初在产品定额成本	18	4 320	5 130	5 310	14 760
10	31	领用甲半成品Ⅰ	150	35 812.50	26 794.50	26 925	89 532
10	31	其他生产费用			17 400	20 350	37 750
10	31	生产费用合计	168	40 132.50	49 324.50	52 585	142 042
10	31	完工半成品成本转出	145	−34 612.50	−42 769.50	−45 800	−123 182
		半成品单位成本		238.71	294.96	315.86	849.53
		在产品单位定额成本		240	285	295	820
10	31	在产品定额成本	23	5 520	6 555	6 785	18 860

（4）根据第二步骤甲半成品Ⅱ交库单和第三步骤半成品Ⅱ领用单，登记自制半成品明细账，见表5-50。

表 5-50　　自制半成品明细账

半成品名称：甲半成品Ⅱ　　金额单位：元

2012 年		摘　　要	数量（件	成 本 项 目			
月	日			直接材料	直接人工	制造费用	成本合计
10	1	月初结存	180	36 720	55 890	60 390	153 000
10	31	完工入库	145	34 612.50	42 769.50	45 800	123 182
10	31	合　　计	325	71 332.50	98 659.50	106 190	276 182
		单位成本		219.48	303.57	326.74	849.79
10	31	本月发出	160	−35 116.80	−48 571.20	−52 278.40	−135 966.40
10	31	月末结余	165	36 215.70	50 088.30	53 911.60	140 215.60

（5）根据要素费用分配表、第三步骤领用甲半成品Ⅱ领用单，登记第三步骤甲产品基本生产成本明细账，见表 5-51。

表 5-51　　基本生产成本明细账　　金额单位：元

步骤：第三步骤　　产品名称：甲产品

2012 年		摘　　要	数量（件）	直接材料	直接人工	制造费用	合　计
月	日						
10	1	月初在产品定额成本	20	11 900	4 000	4 700	20 600
10	31	领用甲半成品Ⅱ	160	35 116.80	48 571.20	52 278.40	135 966.40
10	31	其他生产费用			15 000	18 000	33 000
10	31	生产费用合计	180	47 016.80	67 571.20	74 978.40	189 566.40
10	31	完工产品成本转出	150	−29 166.80	−61 571.20	−67 928.40	−158 666.40
		产成品单位成本		194.45	410.47	452.86	1 057.78
		在产品单位定额成本		595	200	235	1 030
10	31	在产品定额成本	30	17 850	6 000	7 050	30 900

综上所述，分项结转法的优点是：可以直接提供按原始成本项目反映的成本资料，便于从整个企业的角度考核与分析产品成本计划的执行情况。缺点是：半成品成本结转和登记工作量较大；各步骤完工产品成本中，不能反映所耗上一步骤半成品成本和本步骤的加工费用，不利于各步骤的成本分析。分项结转法一般适用于管理上不要求计算各步骤完工产品所耗上一步骤半成品费用和本步骤的加工费用，而要求按原始成本项目计算产品成本的企业。

逐步结转分步法的优缺点和应用条件。逐步结转分步法的优点是：能够提供各生产步骤的半成品成本资料；有利于在产品的实物管理和资金管理；有利于成本分析与考核，加强成本管理。逐步结转分步法的缺点是：成本核算的工作比较复杂，工作量较大；成本核算工作的及时性差。因此，逐步结转分步法一般适宜于半成品的种类不多，逐步结转半成品成本工作量不是很大的情况下，或者半成品种类虽较多，但管理上要求提供各步骤半成品成本数据的情况下使用。

（三）平行结转分步法

平行结转分步法是将各生产步骤应计入同一产成品成本的份额平行汇总，以求得产成品成本的方法。平行结转分步法由于只归集本生产步骤发生的各项费用，将各生产步骤应计入产成品成本的份额平行汇总，因此，亦称为“不计算半成品成本法”。

（1）平行结转分步法的适用范围。它一般适用于大量大批装配式多步骤生产的企业；某些大量大批连续式多步骤生产，但各生产步骤所产半成品仅供下一生产步骤继续加工的企业。

（2）平行结转分步法的程序。平行结转分步法的程序是，先由各生产步骤计算出本生产步骤所产半成品发生的各种费用；然后将本生产步骤所产该半成品发生的各种费用在最终产成品及月末广义在产品之间进行分配，计算应计入产成品成本的份额；最后将各生产步骤应计入相同产品的成本份额平行汇总，即可计算出产成品成本。

广义在产品是指就整个企业的角度而言的尚未生产成最终产成品的全部在产品和半成品，包括：尚在本步骤加工中的在产品，本步骤已完工转入半成品库的结存半成品，从半成品库转到以后各步骤进一步加工而尚未生产成最终产成品的在产品。

平行结转分步法的程序见图 5-5。

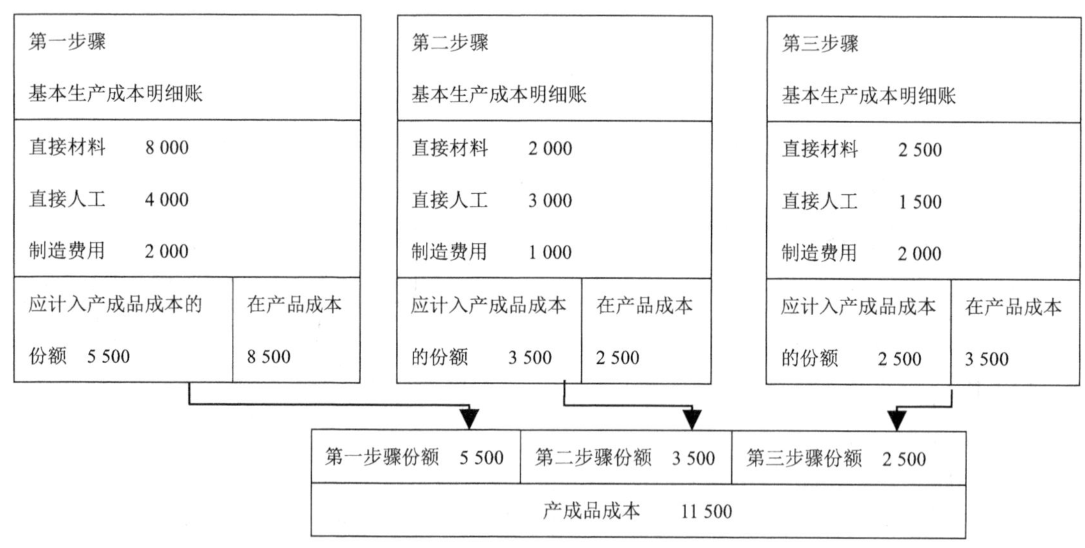

图 5-5　平行结转法成本计算程序图

（3）平行结转分步法的特点。从上述平行结转分步法的程序可以看出，平行结转分步法有如下特点。

① 各生产步骤可以同期进行成本计算。各生产步骤不计算半成品成本，只计算和归集本生产步骤发生的费用，各步骤之间是相对独立的。

② 各生产步骤之间不结转半成品成本。不论半成品实物在各生产步骤之间是否转移，都不结转半成品成本。

③ 各生产步骤发生的费用在最终产成品及月末在产品之间进行分配。只要最终步骤末完工，均作为在产品。

④ 将各生产步骤发生的费用中应计入产成品成本的份额，平行汇总计算出产成品成本。

【例 5-8】　分步法——平行结转分步法

1. 资料

企业名称：奋进五金机械公司。

（1）部门设置：基本生产车间丁产品生产分三个生产步骤。第一步骤加工成丁半成品Ⅰ，直接移交给第二步骤后加工成丁半成品Ⅱ，再直接交给第三步骤最终加工成丁产品。原材料于第一步骤开始生产时一次性投入，各步骤在产品完工程度均为50%。采用平行结转分步法核算各步骤移交的半成品成本，月末生产费用分配采用约当产量法。

（2）生产组织：大量大批生产。

（3）工艺过程：多步骤生产。

（4）成本核算的管理要求：各步骤不计算半成品成本，只计算归集本步骤发生的费用；各步骤间不结转半成品成本；平行汇总计算最终步骤完工产品成本。

（5）成本计算方法：平行结转分步法。

（6）成本项目设置：直接材料、直接人工、制造费用。

2012年11月份有关生产情况和生产费用资料见表5-52、表5-53。

表5-52　丁产品生产情况表　数量

项　目	第一步骤	第二步骤	第三步骤
期初在产品数量	20	40	60
本月投入或上步骤移交数量	150	120	130
本月完工或转交下步骤数量	120	130	100
期末在产品数量	50	30	90
在产品完工程度	50%	50%	50%

表5-53　各步骤生产费用表　金额单位：元

项　目		直接材料	直接人工	制造费用	合　计
第一步骤	月初在产品成本	6 080	3 450	2 200	11 730
	本月生产费用	45 800	8 670	6 150	60 620
第二步骤	月初在产品成本		4 280	3 650	7 930
	本月生产费用		7 660	6 390	14 050
第三步骤	月初在产品成本		3 020	1 880	4 900
	本月生产费用		5 960	3 400	9 360

2. 要求

根据费用资料，采用平行结转分步法进行费用的归集和分配，编制记账凭证并登记各基本生产成本明细账，计算归集本步骤发生的费用，各步骤发生的费用在最终产成品及月末在产品之间进行分配，平行汇总计算最终步骤完工产品成本。

3. 解析

（1）第一步骤基本生产成本明细账见表5-54。

表5-54　基本生产成本明细账　金额单位：元

步骤：第一步骤　产品名称：丁半成品Ⅰ

2012年		摘　要	直接材料	直接人工	制造费用	合　计
月	日					
11	1	期初在产品成本	6 080	3 450	2 200	11 730
11	30	本月生产费用	45 800	8 670	6 150	60 620

续表

2012年		摘　要	直接材料	直接人工	制造费用	合　计
月	日					
11	30	生产费用合计	51 880	12 120	8 350	72 350
		最终完工产品产量	100	100	100	
		本步骤在产品约当产量	50	25	25	
		以后各步骤在产品数量	120	120	120	
		广义在产品约当产量	170	145	145	
		约当总产量	270	245	245	
		分　配　率	192.15	49.47	34.08	
11	30	计入产成品的份额转出	−19 215	−4 947	−3 408	−27 570
11	30	月末在产品成本	32 665	7 173	4 942	44 780

（2）第二步骤基本生产成本明细账见表5-55。

表5-55　　基本生产成本明细账　　金额单位：元

步骤：第二步骤　　产品名称：丁半成品Ⅱ

2012年		摘　要	直接材料	直接人工	制造费用	合　计
月	日					
11	1	期初在产品成本		4 280	3 650	7 930
11	30	本月生产费用		7 660	6 390	14 050
11	30	生产费用合计		11 940	10 040	21 980
		最终完工产品产量		100	100	
		本步骤在产品约当产量		15	15	
		以后各步骤在产品数量		90	90	
		广义在产品约当产量		105	105	
		约当总产量		205	205	
		分　配　率		58.24	48.98	
11	30	计入产成品的份额转出		−5 824	−4 898	−10 722
11	30	月末在产品成本		6 116	5 142	11 258

（3）第三步骤基本生产成本明细账见表5-56。

表5-56　　基本生产成本明细账　　金额单位：元

步骤：第三步骤　　产品名称：丁产品

2012年		摘　要	直接材料	直接人工	制造费用	合　计
月	日					
11	1	期初在产品成本		3 020	1 880	4 900
11	30	本月生产费用		5 960	3 400	9 360
11	30	生产费用合计		8 980	5 280	14 260
		最终完工产品产量		100	100	

续表

2012年		摘　　要	直接材料	直接人工	制造费用	合　计
月	日					
		本步骤在产品约当产量		45	45	
		以后各步骤在产品数量		–	–	
		广义在产品约当产量		45	45	
		约当总产量		145	145	
		分　配　率		61.93	36.41	
11	30	计入产成品的份额转出		−6 193	−3 641	−9 834
11	30	月末在产品成本		2 787	1 639	4 426

（4）平行结转各步骤应计入产成品成本的份额，并编制丁产品成本汇总计算表，见表5-57。

表5-57　　产品成本汇总计算表

产品名称：丁产品　　2012年11月　　金额单位：元

项　目	直接材料	直接人工	制造费用	合　计
第一步骤	19 215	4 947	3 408	27 570
第二步骤		5 824	4 898	10 722
第三步骤		6 193	3 641	9 834
总成本（100件）	19 215	16 964	11 947	48 126
单位成本	192.15	169.64	119.47	481.26

根据丁产品成本汇总计算表，结转完工入库产品成本，编制分录如下。

借：库存商品——乙产品　　48 126

　　贷：基本生产成本——第一步骤（丁半成品Ⅰ）　　27 570

　　　　　　　　　　——第二步骤（丁半成品Ⅱ）　　10 722

　　　　　　　　　　——第三步骤（丁产品）　　9 834

（4）平行结转分步法的优缺点和应用条件。

① 平行结转分步法的优缺点。平行结转分步法的优点是：各生产步骤可以同时计算应计入产成品成本的份额，通过平行结转汇总计算产成品成本，不必逐步结转半成品成本，可简化和加速成本计算工作；能够直接提供按照原始成本项目反映的产品成本资料，不必进行成本还原，简化了成本计算工作。

平行结转存在的缺点是：不能提供各生产步骤的半成品成本资料；不能为各生产步骤在产品的实物管理和资金管理提供资料；不能全面地反映各生产步骤产品的生产耗费水平（除第一步骤外），不利于各步骤的成本管理。

② 平行结转分步法的应用条件。平行结转分步法一般只适宜在半成品种类较多，管理上不要求提供各步骤半成品成本资料的情况下使用。在使用平行结转分步法时，应加强各步骤在产品收发存的数量核算，以便为在产品的实物管理及资金管理提供资料。

（四）平行结转分步法与逐步结转分步法的比较

平行结转分步法和逐步结转分步法相比，主要有以下几个方面的区别。

（1）适用范围不完全相同。平行结转分步法和逐步结转分步法都适用于管理上要求分生产步骤控制费用、计算成本的大量大批多步骤生产。但是，平行结转分步法各生产步骤只归集本生产步骤发生的费用，不要求计算半成品成本，适用于管理上要求分生产步骤控制费用，不要求计算半成品成本的企业。而逐步结转分步法适用于管理上要求分生产步骤控制费用，又要求计算半成品成本的企业。一般地，当企业半成品种类较多，且不对外销售，管理上又不要求计算半成品成本时，采用平行结转分步法；当企业自制半成品要对外销售时，为了正确计算半成品成本，就应当采用逐步结转分步法。

（2）产成品成本的计算方式不同。平行结转分步法是各生产步骤不计算所耗上一生产步骤半成品成本，只归集本生产步骤发生的各项费用，将应计入产成品成本的份额平行汇总，计算出产成品成本。这种方法不必逐步结转半成品成本，能够直接提供按照原始成本项目反映的产成品成本资料，不必进行成本还原。而且各生产步骤的成本计算工作可以同时进行，因而能够简化和加速成本计算工作。

逐步结转分步法是先计算第一步骤所产半成品成本，并将其转入第二步骤；再计算出第二步骤所产半成品成本，并将其转入第三步骤；这样，按步骤逐步计算和结转半成品成本，直到最后步骤计算出产成品成本。如采用综合结转半成品成本，不能提供按照原始成本项目反映的成本资料。因此，当成本管理要求企业按照规定成本项目考核和分析产品成本计划的完成情况时，还要进行成本还原。

（3）在产品的含义不同。采用平行结转分步法，不论半成品实物是否在各步骤之间转移，均不结转半成品成本。也就是说，半成品成本不随半成品实物转移而结转。各步骤中应计入产成品的份额是指最终产成品所耗用本生产步骤的半成品。各生产步骤的月末在产品包括本步骤的狭义在产品和产品整个生产过程的广义在产品。

采用逐步结转分步法，不论半成品实物是在各生产步骤之间直接转移，还是通过半成品仓库收发，各步骤之间要结转半成品成本。也就是说，半成品成本随半成品实物转移而结转。各生产步骤的完工产品是指本生产步骤已经完工的半成品。各生产步骤的月末在产品指尚在本步骤加工中的在产品，即狭义在产品。

职业能力训练

一、职业能力选择

（一）职业能力单选

1. 品种法是产品成本计算的（　　）。
   A. 主要方法　B. 重要方法　C. 最基本的方法　D. 最简单的方法
2. 品种法适用的生产组织是（　　）。
   A. 大量大批生产　B. 大量成批生产　C. 大量小批生产　D. 单件小批生产
3. 下列不属于成本计算基本方法的是（　　）。
   A. 品种法　B. 分批法　C. 分类法　D. 分步法
4. 工业企业产品成本的计算最终是通过下列（　　）账户进行的。
   A. “制造成本”　B. “基本生产成本”　C. “制造费用”　D. “辅助生产成本”
5. 区别各种成本计算基本方法的主要标志是（　　）。
   A. 成本计算日期　B. 成本计算对象

C. 间接费用的分配方法　D. 完工产品与在产品之间分配费用的方法

6. 采用累计间接费用分配率法计算成本时，在各批产品完工之前，产品成本明细账上（　　）。

A. 只登记间接费用　B. 只登记直接材料费用

C. 不登记任何费用　D. 只登记直接材料费用和生产工时

7. 在简化分批法下，（　　）。

A. 要计算月末在产品成本　B. 不计算月末在产品的直接材料成本

C. 月末在产品不分配结转间接计入费用　D. 月末在产品要分配结转间接计入费用

8. 简化分批法不宜在下列情况下采用（　　）。

A. 月末未完工产品批数较多　B. 投产批量繁多

C. 各月间接费用水平相差较大　D. 各月间接费用水平相差不大

9. 如果同一时期内，不同客户的订单有相同产品的，交货期也相近，则计算产品成本时可以（　　）。

A. 按品种分别组织生产　B. 按订单分别组织生产

C. 按产品的组成部分分批组织生产　D. 将相同产品合为一批组织生产

10. 简化分批法，又称为（　　）。

A. 累计间接费用分配法　B. 订单法

C. 一般分批法　D. 定额法

（二）职业能力多选

1. 成本计算的基本方法有（　　）。

A. 品种法　B. 分批法　C. 分步法　D. 分类法

2. 品种法适用于（　　）。

A. 大量大批单步骤生产企业

B. 大量大批多步骤生产但管理上不要求分步计算成本的企业

C. 大量大批多步骤生产而且在管理上要求分步计算成本的企业

D. 小批单件生产企业

3. 品种法是产品成本计算最基本的方法，这是因为（　　）。

A. 品种法计算成本最简单

B. 任何成本计算方法最终都要计算出各品种的成本

C. 品种法的成本计算程序最有代表性

D. 品种法需要按月计算产品成本

4. 下列企业中，适合品种法计算产品成本的有（　　）。

A. 发电企业　B. 汽车制造企业　C. 采掘企业　D. 船舶制造企业

5. 下列有关品种法的计算程序叙述中正确的有（　　）。

A. 如果只生产一种产品，只须为这种产品开设产品成本明细账

B. 如果生产多种产品，要按照产品的品种分别开设产品成本明细账

C. 发生的各项直接费用直接计入各产品成本明细账

D. 发生的间接费用采用适当的分配方法在各种产品之间进行分配

二、职业能力判断

1. 品种法是各种产品成本计算方法的基础。（ ）

2. 品种法在大量大批多步骤的生产企业，无论其管理要求如何，均不适用。（ ）

3. 生产组织不同对产品成本计算方法的影响是：品种法适用于小批单件生产；分批法适用于大批大量生产。（ ）

4. 品种法主要适用于简单生产，因此称为简单法。（ ）

5. 品种法应按生产单位开设产品成本计算单。（ ）

6. 从成本计算对象和成本计算程序来看，品种法是产品成本计算最基本的方法。（ ）

7. 品种法的成本计算期与会计报告期一致，与生产周期不一致。（ ）

8. 采用品种法计算产品成本的企业，应以各种产品的品种作为成本计算对象，并按产品品种设置生产成本明细账。（ ）

9. 如果各月份的间接费用水平相差悬殊，采用“累计间接费用分配法”会影响到各月成本计算的准确性。（ ）

10. 采用简化分批法，其基本生产成本二级账的余额应与各批别产品成本明细账的余额之和核对相符。（ ）

三、任务实训

1. 某工厂设有两个基本生产车间和两个辅助生产车间。第一基本生产车间生产甲、乙两种产品，第二基本生产车间生产丙、丁两种产品；辅助生产分别为供水车间和修理车间。该厂采用品种法计算产品成本。该厂 2012 年 6 月份成本资料如下所示。

（1）月初在产品成本资料见表 5-58。

表 5-58　　月初在产品成本资料表　　金额单位：元

在产品名称	计量单位	数量	完工程度	投料程度	直接材料	直接人工	制造费用	合　计
甲	件	150	60%	100%	4 530	3 100	4 650	12 280
乙	只	80	50%	80%	1 620	1 150	1 580	4 350
丙	件	110	40%	60%	3 300	2 080	2 970	8 350
合计					9 450	6 330	9 200	24 980

（2）本月投产及完工情况见表 5-59。

表 5-59　　本月投产及完工情况表

产品名称	计量单位	本月投产	本月完工	生产工时（小时）	月末在产品		
					数量	完工程度	投料程度
甲	件	450	420	3 000	180	60%	100%
乙	只	260	280	2 000	60	80%	90%
丙	件	380	360	2 500	130	60%	80%
丁	件	120		1 000	120	50%	100%

（3）6月份发生费用资料。

① 材料费用。本月各部门发生材料费用见表5-60。

表5-60 发料凭证汇总表

2012年06月 金额单位：元

用途	领用部门	直接领用材料	共同耗用材料				材料费用合计
			共同领用	生产工时（小时）	分配率	分配金额	
基本生产用	甲产品	12 080	2 600	3 000	0.52	1 560	13 640
	乙产品	5 900		2 000	0.52	1 040	6 940
	丙产品	17 600					17 600
	丁产品	3 850					3 850
辅助生产用	供水车间	2 400					2 400
	修理车间	4 640					4 640
车间一般用	一车间	820					820
	二车间	690					690
厂部一般用	管理部门	470					470
合计		48 450	2 600			2 600	51 050

② 工资及福利费用。本月各部门工资及福利费计提情况见表5-61。

表5-61 工资及福利费分配表

2012年06月 金额单位：元

人员性质	部门	工资	福利费	合计
基本生产工人	甲产品	15 600	2 184	17 784
	乙产品	7 450	1 043	8 493
	丙产品	18 200	2 548	20 748
	丁产品	7 800	1 092	8 892
辅助生产人员	供水车间	3 400	476	3 876
	修理车间	4 200	588	4 788
车间管理人员	第一车间	4 650	651	5 301
	第二车间	4 850	679	5 529
厂部管理人员	管理部门	7 600	1 064	8 664
合计		73 750	10 325	84 075

③ 折旧费用。本月各部门固定资产折旧计提情况见表5-62。

表5-62 折旧费用分配表

2012年06月 金额单位：元

项目	第一车间	第二车间	供水车间	修理车间	管理部门	合计
计提的折旧费用	2 120	1 300	2 070	850	3 600	9 940

④ 其他费用。本月各部门发生的其他各项费用见表 5-63。

表 5-63 日常费用分配表

2012 年 06 月 金额单位：元

部门	办公费	修理费	低易摊销	水电费	其他费	合计
第一车间	460	820	2 900	1 680	3 520	9 380
第二车间	340	2 500	1 070	2 160	2 870	8 940
供水车间	300	280	530	640	840	2 590
修理车间	570	260	450	270	730	2 280
管理部门	1 650	1 750	2 460	1 680	3 840	11 380
合计	3 320	5 610	7 410	6 430	11 800	34 570

（4）练习要求

① 根据资料，开设各基本生产成本（产品成本计算单）、辅助生产成本、制造费用明细账。

② 根据 6 月份发生费用资料，编制结转相关费用的会计分录，并登记有关生产成本、制造费用明细账。

③ 根据辅助生产成本资料，编制“辅助生产费用分配表”（按直接分配法分配），分配供水、修理费用，编制结转分录，并登记有关明细账。有关供水、修理劳务的供应量和各部门耗用量见表 5-64。

表 5-64 辅助生产劳务供应情况表

2012 年 06 月

辅助生产车间		供水车间	修理车间
供水（吨）、修理（工时）		10 000	1 200
第一车间	甲产品用	4 600	
	乙产品用	2 770	
	车间一般用	120	660
第二车间	丁产品用	2 200	
	车间一般用	80	450
管理部门一般用		230	90
合计		10 000	1 200

④ 根据制造费用明细账归集的制造费用资料，编制“制造费用分配表”，编制结转会计分录，并登记有关明细账。

⑤ 根据基本生产成本和月末在产品资料，计算完工产品和在产品成本。

⑥ 根据完工产品成本资料，编制“产成品成本汇总表”，结转产成品成本。

2. 红江机械厂根据客户的要求，小批生产 A、B、C、D 四种产品，采用分批法计算其成本。各批产品的原材料均系生产开工时一次性投入。

（1）2012 年 5 月份有关资料如下所示。

① 3 月份投产 A 产品 20 件，批号为 3012，本月全部完工；

4 月份投产 B 产品 120 件，批号为 4008，本月完工 80 件；

5 月份投产 C 产品 60 件，批号为 5018，本月完工 20 件；

5 月份投产 D 产品 30 件；批号为 5019，本月没有完工产品。

② 各批产品月初在产品成本和本月发生费用见表 5-65～表 5-68。

表 5-65　　　　基本生产成本明细账

产品批号：3012　　投产日期：3 月 18 日　　批量：20 件　　订货单位：

产品名称：A 产品　　完工产量：20 件　　完工日期：5 月 26 日　　金额单位：元

2012 年		摘　要	直接材料	直接人工	制造费用	合　计
月	日					
3	31	本月发生费用	687 000	12 125	28 775	727 900
4	30	本月发生费用	—	34 875	53 225	88 100
5	31	本月发生费用	—	25 000	18 000	43 000
5	31	累计生产费用				
5	31	转出完工产品成本				
5	31	单位成本				
5	31	月末在产品成本				

表 5-66　　　　基本生产成本明细账

产品批号：4008　　投产日期：4 月 10 日　　批　量：120 件　　订货单位：

产品名称：B 产品　　本月完工：80 件　　在产品：40 件　　金额单位：元

2012 年		摘　要	直接材料	直接人工	制造费用	合　计
月	日					
4	30	本月发生费用	276 000	12 380	16 840	305 220
5	31	本月发生费用	—	36 420	28 160	64 580
5	31	累计生产费用				
5	31	约当总量				
5	31	单位成本				
5	31	转出完工产品成本				
5	31	月末在产品成本				

表 5-67　　　　基本生产成本明细账

产品批号：5018　　投产日期：5 月 12 日　　批　量：60 件　　订货单位：

产品名称：C 产品　　本月完工：20 件　　在产品：40 件　　金额单位：元

2012 年		摘　要	直接材料	直接人工	制造费用	合　计
月	日					
5	31	本月发生费用	144 000	18 385	26 589	188 974
5	31	转出完工产品成本				
5	31	单位成本				
5	31	月末在产品成本				

表 5-68　　基本生产成本明细账

产品批号：5019　　投产日期：5 月 26 日　　批　量：30 件　　订货单位：

产品名称：D 产品　　本月完工：　　在产品：30 件　　金额单位：元

2012 年		摘　　要	直接材料	直接人工	制造费用	合　计
月	日					
5	31	本月发生费用	365 488	1 356	2 436	369 280

③ B 产品费用按约当产量法在完工产品和月末在产品之间分配月末在产品数量及完工程度见表 5-69。

表 5-69　　第 4008 批次 B 产品月末在产品数量及完工程度

工　序	完工程度（%）	在产品数量（件）	在产品约当产量（件）
1	25	8	
2	50	12	
3	60	20	
合计		40	

④ C 产品完工数量较少，本月完工产品按计划成本结转，每件产品计划单位成本为：直接材料 2 500 元，直接人工 300 元，制造费用 440 元。

（2）要求：运用一般分批法原理计算各批完工产品成本和月末在产品成本，并登记基本生产成本明细账。

3. 练习产品成本计算的简化分批法。

（1）资料：永红机械厂生产组织属于小批生产，由于产品批数繁多，而且月末有许多批号未完工，为了简化成本计算工作，采用简化的分批法计算产品成本。各批产品的原材料均系生产开工时一次性投入。该企业 2012 年 8 月份（本月）各批次产品生产情况、基本生产成本二级账和各产品基本生产成本明细账相关资料见表 5-70～表 5-75。

表 5-70　　2012 年 8 月份各批次生产量资料表

订单号	产品名称	投产量（件）	投产日期	本月完工（件）	月末在产品（件）
808	甲产品	400	6 月 22 日	380	20
809	乙产品	160	7 月 6 日	100	60
810	丙产品	220	7 月 16 日	180	40
811	丁产品	80	8 月 18 日		80

表 5-71　　基本生产成本二级账（各批全部产品总成本）

2012 年		摘　　要	直接材料（元）	生产工时（小时）	直接人工（元）	制造费用（元）	成本合计（元）
月	日						
6	30	本月发生	23 600	1 200	8 654	1 896	34 150
7	31	本月发生	35 460	4 310	14 018	13 728	63 206

续表

2012年		摘 要	直接材料（元）	生产工时（小时）	直接人工（元）	制造费用（元）	成本合计（元）
月	日						
8	31	本月发生	52 320	5 690	6 448	4 536	63 344
8	31	累计发生费用和生产工时					
8	31	累计间接计入费用分配率					
8	31	本月完工产品转出成本		6 520			
8	31	月末在产品成本					

表 5-72　基本生产成本明细账

产品批号：808　投产日期：6月22日　完工时期：　月　日　订货单位：××公司
产品名称：甲产品　产品批量：400件　本月完工：380件　金额单位：元

2012年		摘 要	直接材料	生产工时（小时）	直接人工	制造费用	合 计
月	日						
6	30	本月发生	23 600	1 200			
7	31	本月发生	8 660	820			
8	31	本月发生	7 340	690			
8	31	累计发生费用和生产工时					
8	31	累计间接计入费用分配率					
8	31	本月完工产品转出成本		2 280			
8	31	月末在产品成本					

表 5-73　基本生产成本明细账

产品批号：809　投产日期：7月6日　完工时期：　月　日　订货单位：××公司
产品名称：乙产品　产品批量：160件　本月完工：　100件　金额单位：元

2012年		摘 要	直接材料	生产工时（小时）	直接人工	制造费用	合 计
月	日						
7	31	本月发生	12 200	1 630			
8	31	本月发生	8 600	1 240			
8	31	累计发生费用和生产工时					
8	31	累计间接计入费用分配率					
8	31	本月完工产品转出成本		2 410			
8	31	月末在产品成本					

表 5-74　基本生产成本明细账

产品批号：810　投产日期：7月16日　完工时期：　月　日　订货单位：××公司
产品名称：丙产品　产品批量：220件　本月完工：180件　金额单位：元

2012年		摘 要	直接材料	生产工时（小时）	直接人工	制造费用	合 计
月	日						
7	31	本月发生	14 600	1 860			
8	31	本月发生	9 820	1 080			

续表

2012年		摘　　要	直接材料	生产工时（小时）	直接人工	制造费用	合　计
月	日						
8	31	累计发生费用和生产工时					
8	31	累计间接计入费用分配率					
8	31	本月完工产品转出成本		1 830			
8	31	月末在产品成本					

表 5-75　　基本生产成本明细账

产品批号：811　　投产日期：8 月 18 日　　完工时期：　月　　日　　订货单位：××公司

产品名称：丁产品　　产品批量：80 件　　本月完工：　　金额单位：元

2012年		摘　　要	直接材料	生产工时（小时）	直接人工	制造费用	合　计
月	日						
8	31	本月发生	26 560	2 680			

（2）要求：根据资料，运用简化分批法原理计算 8 月份已完工产品成本，并将计算结果登记各产品基本生产成本明细账。

项目六 成本计算的辅助方法

学习目标

1. 了解不同成本计算方法的特点及适用企业范围；
2. 会根据企业生产特点和管理要求选择成本计算方法；
3. 能分别使用成本计算的辅助方法（分类法、定额法及联副产品的成本计算法）进行产品成本的计算；
4. 分别掌握分类法、定额法及联副产品的成本计算法计算产品成本。

项目导航

成本计算的辅助方法是指不能单独进行产品成本计算而须与品种法或分批法或分步法结合使用的成本计算方法，如分类法、定额法等。成本计算辅助方法作为基本方法的补充，可以有效解决一些企业因产品种类繁多、生产工艺特殊而带来成本计算工作过于繁重的麻烦，简化成本核算工作。本项目要求理解产品成本计算分类法和定额法的含义、特点及适用范围；掌握分类法的产品成本计算程序和实际应用；了解定额法成本计算的基本原理及联产品和副产品的成本计算。

相关知识

一、成本计算的分类法

分类法不是一种独立的成本计算方法，它可以和品种法、分批法、分步法等结合起来应用。如多步骤大量生产的钢铁厂可采用分步法计算各类钢铁产品的成本，然后采用分类法分别计算各类中各种产品的成本。单步骤大量大批的无线电元件厂可采用品种法计算出某一类元件的成本，然后采用分类法分配计算该类不同规格的各种元件的成本。也就是说，先按照各种主要的成本计算方法算出类别产品总成本后，再采用一定的分配方法，把类别总成本在同类中各种产品之间进行分配。

（一）分类法的特点与适用范围

1．分类法的特点

（1）分类法成本计算对象。分类法是以每一类产品作为成本计算对象，按照产品的类别设立产品成本明细账（成本计算单）按成本项目归集生产费用并结合企业的生产工艺过程和生产组织方式的特点，选择一定的方法计算出每类完工产品的总成本。在计算各类产品的总成本后，再按照一定的方法在每类产品的各种产品之间分配费用，从而计算出类内各种产品的成本。

（2）分类法成本计算期。先按照成本计算的这些基本方法算出类别产品总成本后，再算类内产品成本。因此，当分类法与品种法和分步法结合应用时，产品成本计算期与生产周期不一致，与会计核算的报告期一致；当分类法与分批法结合应用时，产品成本计算期与产品生产周期一致，与会计核算的报告期不一致。

（3）分类法期末完工产品和在产品成本的计算。按照品种法等基本方法算出类别产品总成本后，再根据这里所讲的分类法，把类别总成本在同类中各产品之间进行分配。比如，当其与品种法结合时，即把某类产品视为某一品种产品；当其与分批法结合时，即把某类产品视为某一批产品；当其与分步法结合时，即把某类产品视为某一生产步骤的产品等。因此各类产品的在产品与完工产品成本划分方法，要视采用的基本方法而定。分类法并不是一种独立的基本成本计算方法，它要根据各类产品的生产工艺特点和管理的要求，与品种法、分批法、分步法结合使用。

在分类法下，类别产品总成本在同类中各种产品之间分配费用时，各成本项目可以采用一个分配标准进行分配，也可以分成本项目按不同的分配标准进行分配。分配标准的选择要遵循简便、合理的原则，分配标准可采用产品的定额成本、计划成本、售价等经济价值指标，也可采用产品的重量、体积、长度等技术性指标，或者采用产品生产的各种定额消耗指标或系数作为分配标准。划分类内各完工产品成本的方法一般有系数法和定额比例法。

2．分类法的适用范围

分类法一般适用于使用同样的原材料，通过基本相同的加工工艺过程，所生产产品品种、规格型号繁多，可以按一定标准予以分类的生产企业。具体适用范围如下所述。

（1）可适用于联产品生产，即用同一种原材料进行加工而同时生产出几种主要产品的生产。

例如，以原油为原材料可生产出机油、汽油、柴油、石蜡、沥青等。

（2）可适用于用同样原材料，通过同样工艺过程，生产出来不同规格的产品。例如，食品厂生产的各种饼干、面包等。

（3）可适用于在生产主要产品生产过程中附带生产一些非主要产品的企业，这样可将主、副产品归为一类计算成本，然后将副产品按一定方法计价从总成本中扣除，求得主产品成本。

（4）还适用于除主要产品以外一些零星产品生产，虽然其所耗原材料和使用工艺过程不同，但是为了简化计算工作，也可归纳为几类以计算成本。

（二）产品的分类

凡是产品的品种、规格繁多，又可以按照一定的要求和标准分为若干类别的企业或车间，一般均可以采用分类法计算成本。分类法与生产类型没有直接关系，因而可以在各种类型的企业中应用。如用同样原材料，经同样生产工艺加工出不同规格产品的钢铁企业生产的各种牌号和规格的生铁、钢锭和钢材，无线电元件厂生产的各种无线电元件，灯泡企业生产的各种不同类别和瓦数的灯泡，针织企业生产的各种不同种类和规格的针织品，以及食品企业生产的各种饼干和面包等。但是，采用这种方法时，产品分类是否恰当，类内产品的类距是否合适、分配标准的选择是否客观、科学都将直接影响成本计算结果的正确性。为了使成本计算既简化又相对正确，必须恰当划分产品类别。产品分类的原则一般是将产品的性质、结构、用途、耗用原材料、工艺过程相同或相近的产品归为一类。对于类内不同品种或规格产品进一步归类时，类距不能过大否则成本计算就不细，从而造成品种规格相差很大的产品、成本却相近；但类距也不能过小，否则就会加大成本计算工作量，失去分类法简化成本计算工作的优越性。分配标准的选择是分类法正确计算各品种、规格产品成本的关键，选择的分配标准必须与成本水平的高低具有密切联系，不同的成本项目可考虑选用不同的分配标准，以使其分配结果尽可能接近实际。但无论分配标准选择的如何恰当，分配的结果都会在不同程度上具有一定假定性。

在分类法下，产品的分类和分配标准（或系数）的选定是否适当，是一个关键性的问题。在产品的分类上，应以所耗原材料和工艺技术过程是否相近为标准。在对产品分类时，类距既不能定得过小，使成本计算工作复杂化；也不能定得过大，影响成本计算的正确性。不同的成本项目可以选择不同的分配标准，以保证成本计算的结果尽可能接近实际。

（三）类内成本分配方法

类内各完工产品成本的分配方法一般有系数法和定额比例法。

1．系数法

在分类法下，按系数将类别产品总成本在各种产品之间进行分配的方法，简称系数法。在确定系数时，一般先在同类产品中选择一种产销量大、生产正常、售价稳定的产品，作为标准产品，并将其系数定为“1”，其他各种产品的分配标准与标准产品的分配标准相比，其比率即为其他各种产品的系数；再根据各种产品的实际产量，按系数折算为标准产品产量（即总系数），在产品可按约当产量先折算成该完工产品的产量，再按系数折算为标准产品产量；然后按标准产品产量的比例计算出各种产品的产成品成本和在产品成本。这种分配方法的计算公式为：

类内某种产品系数= 该种产品的分配标准数量 ÷ 标准产品的分配标准数量

类内某种完工产品标准产量=该种完工产品实际产量×该产品系数

类内在产品标准产量=在产品数量×完工程度×该产品系数

类内标准产品总产量=Σ各种产品标准产量+类内在产品标准产量

$$某项费用分配率=\frac{该项费用总额}{类内标准产品总产量}$$

类内某种完工产品负担的费用=该种完工产品标准产量×费用分配率

在产品负担的费用=在产品标准产量×费用分配率

采用系数法分配，对不同的成本项目分配标准，可有不同的分配系数。

【例 6-1】 分类法——系数法

1. 资料

企业名称：新丰农具厂

（1）部门设置：设有一个基本生产车间，生产甲、乙、丙 3 种产品。因该 3 种产品所用原材料和工艺过程相近，合为 A 类产品，采用分类法计算产品成本。

（2）生产组织：大量大批生产。

（3）工艺过程：单步骤生产类型。

（4）成本核算的管理要求：提供最终完工产品成本。

（5）成本计算方法：分类法。

（6）成本项目设置：直接材料、直接人工、制造费用。

2 012 年 10 月生产甲产成品 2 000 件、乙产成品 1 000 件、丙产成品 1 200 件；甲在产品 100 件，乙在产品 160 件。A 类产品生产费用的归集采用品种法（略）。本月份 A 类产品的成本资料见表 6-1。

表 6-1　　产品成本计算单

类别：A 类　　2012 年 10 月　　金额单位：元

2012 年		摘　要	直接材料	直接人工	制造费用	合　计
月	日					
10	1	月初在产品成本	2 103.60	1 008.20	957.50	4 069.30
10	31	本月发生费用	6 100.20	3 130	2 309.50	11 539.70
		合　计	8 203.80	4 138.20	3 267	15 609

2. 要求

采用系数法计算类内各完工产品成本。

3. 解析

假定该厂以甲产品为标准产品，系数计算见表 6-2。

表 6-2　　分配系数计算表

类别：A 类　　2012 年 10 月　　金额单位：元

产品名称	原材料消耗定额（千克）	系数	工时消耗定额（小时）	系数
甲	2.0	1	1	1
乙	2.4	1.2	1.5	1.5
丙	1	0.5	0.5	0.5

A 类产品 10 月份各产品产量和在产品分别折合计算标准产量见表 6-3。

表 6-3　　标准产量计算表

类别：A 类　　2012 年 10 月　　金额单位：元

产品名称	产成品产量（件）	直接材料				其他费用				标准产品合计	
		系数	产成品折合标准产量（件）	在产品产量（件）	在产品折合标准产量（件）	系数	产成品折合标准产量（件）	在产品折合约当产量（件）	在产品折合标准产量（件）	材料费	其他费
	1	2	3=1×2	4	5=4×2	6	7=1×6	8=4×50%	9=8×6	10=3+5	11=7+9
甲	2 000	1	2 000	100	100	1	2 000	50	50	2 100	2 050
乙	1 000	1.2	1 200	160	192	1.5	1 500	80	120	1 392	1 620
丙	1 200	0.5	600			0.5	600			600	600
合计			3 800	260	292		4 100	130	170	4 092	4 270

根据表 6-2、表 6-3，可以计算 A 类完工产品成本，见表 6-4。

表 6-4　　产品成本计算表

类别：A 类　　2012 年 10 月　　金额单位：元

摘要	直接材料	直接人工	制造费用	合计
月初在产品成本	2 103.6	1 008.2	957.5	4 069.3
本月生产费用	6 100.2	3 130	2 309.5	11 539.7
合计	8 203.8	4 138.2	3 267	15 609
标准产品总量	4 092	4 270	4 270	
分配率	2	0.97	0.77	
完工产品成本	7 600	3 977	3 157	14 734
月末在产品成本	603.8	161.2	110	875

A 类各完工产品成本分配计算，见表 6-5。

表 6-5　　产品成本分配表

类别：A 类　　2012 年 10 月　　金额单位：元

摘要	产品产量	标准产量		直接材料	直接人工	制造费用	合计
		直接材料	其他费用	（2）	（0.97）	（0.77）	
甲产品成本	2 000	2 000	2 000	4 000	1 940	1 540	7 480
乙产品成本	1 000	1 200	1 500	2 400	1 455	1 155	5 010
丙产品成本	1 200	600	600	1 200	582	462	2 244
合计	4 200	3 800	4 100	7 600	3 977	3 157	14 734

2．定额比例法

在分类法下，某类产品的总成本也可按该类内各种产品的定额比例进行分配，这种按定额比例进行分配的方法，通常称为定额比例法。

运用定额比例法划分类内完工产品和在产品成本，以及各种产成品成本的计算程序如下所述。

（1）分成本项目算出各类产品的本月定额成本或定额耗用量总数。在实际工作中，为简化核算，通常只计算原材料定额成本（定额耗用量）和工时定额耗用量，各成本项目则根据原材料定额成本（定额耗用量）或工时定额耗用量比例进行分配。

（2）分成本项目求得各类产品本月实际总成本，并计算出各项费用分配率。其计算公式如下：

$$原材料成本分配率=\frac{某类产品原材料实际总成本}{某类产品的原材料定额成本（定额耗用量）总数}$$

$$工资、费用分配率=\frac{某类产品的工次或费用实际总成本}{某类产品的定额工时总数}$$

（3）将一类产品中各种产品分成本项目计算的定额成本或定额耗用量乘以相关的分配率，即可求得各种产品的实际成本。其计算公式如下：

同类产品中某种产品原材料成本=该种产品的材料定额成本（或定额耗用量）×原材料成本分配率

同类产品中某种产品工资、费用成本＝该种产品定额工时×工资、费用分配率

在产品的原材料成本＝在产品的材料定额成本（或定额耗用量）×原材料成本分配率

在产品的工资、费用成本＝在产品定额工时×工资、费用分配率

【例 6-2】 分类法——定额比例法

1. 资料

企业名称：建民五金加工厂。

（1）部门设置：设有一个基本生产车间，生产甲、乙两大类产品，每类产品又有各种不同规格的产品。根据生产特点，采用分类法归集生产费用，结合定额比例法计算成本。

（2）生产组织：多规格批量生产。

（3）工艺过程：单步骤生产类型。

（4）成本核算的管理要求：提供最终完工产品成本。

（5）成本计算方法：分类法。

（6）成本项目设置：直接材料、直接人工、制造费用。

同类产品生产费用的归集采用品种法（略）。该厂 2012 年 10 月份甲类别产品的成本资料见表 6-6。

表 6-6　　产品成本计算单

类别：甲　　2012 年 10 月　　金额单位：元

2012 年		凭证号数	摘　要	成本项目			合　计
月	日			直接材料	直接人工	制造费用	
10	1		月初在产品成本	160 000	35 000	44 000	239 000
	31		本月发生费用	480 000	85 000	100 000	665 000
	31		合　计	640 000	120 000	144 000	904 000

2. 要求

采用定额比例法计算类内各完工产品成本。

该企业 10 月份甲类别产品的产量、定额资料见表 6-7。

表 6-7 产品产量及定额计算表

2012 年 10 月

产品类别	产品名称	数量（只）	材料定额成本（元）		定额工时（小时）	
			单位	合计	单位	合计
甲	A	3 000	70	210 000	15	45 000
	B	4 500	60	270 000	20	90 000
	C	1 500	100	150 000	20	30 000
小　计				630 000		165 000
期末在产品		（略）		170 000		75 000
合　计				800 000		240 000

3．解析

根据表 6-6、表 6-7 资料，计算甲类各种产品成本，见表 6-8。

表 6-8 产品成本计算单

类别：甲　　2012 年 10 月　　金额单位：元

2012 年		摘 要	成品数量（只）	直接材料		定额工时	直接工人	制造费用	合计
月	日			定额成本	实际成本				
10	1	月初在产品成本			160 000		35 000	44 000	239 000
		本月发生费用			480 000		85 000	100 000	665 000
		合　计		800 000	640 000	240 000	120 000	144 000	904 000
		分配率①			0.8		0.5	0.6	
		月末在产品成本		170 000	136 000	75 000	37 500	45 000	218 500
		产成品成本②		630 000	504 000	165 000	82 500	99 000	685 500
		其中：							
		A 产品总成本③		210 000	168 000	45 000	22 500	27 000	217 500
		单位成本③			56		7.5	9	72.5
		B 产品总成本		270 000	216 000	90 000	45 000	54 000	315 000
		单位成本			48		10	12	70
		C 产品总成本		150 000	120 000	30 000	15 000	18 000	153 000
		单位成本			80		10	12	102

注：

① 分配率

原材料分配率= 640 000/ 800 000=0.80

工资分配率= 120 000 /240 000=0.5

制造费用分配率= 144 000/240 000= 0.6

② 产成品成本

直接材料：630 000×0.80=504 000（元）

直接人工：165 000×0.5=82 500（元）

制造费用：165 000×0.6=99 000（元）

③ A 产品总成本为单位成本

直接材料总成本： 210 000×0.80=168 000（元）

直接材料单位成本：168 000 ÷ 3 000=56（元）

直接人工总成本：45 000×0.5=22 500（元）

直接人工单位成本：22 500 ÷ 3 000=7.50（元）

制造费用总成本：45 000×0.6=27 000（元）

制造费用单位成本：27 000 ÷ 3 000=9（元）

B 产品和 C 产品的计算同样类推。

定额比例法适用于分类法下一类产品中各种产品成本的分配。但是，有些企业片面追求简化成本计算工作，把它作为一种独立的成本计算方法，任意扩大类距，甚至将所有产品合并为一个产品成本计算对象来归集生产费用，用定额比例法来分配计算产品成本。其结果是使企业生产的各种产品成本平均化，无法考核各种产品成本的节约和浪费，不利于寻找降低成本的途径，也就失去了成本计算的意义。

为了简化计算，采用分类法计算产品成本时，完工产品和在产品成本的分配在各大类产品中进行。类内各种产品成本的分配只计算完工产品成本，而不须分配类内各种产品的在产品成本。在产品成本体现在各大类上，不再分配到各种产品中。

二、联产品、副产品、等级品的成本计算

本环节要求区分联产品与同类产品的差异，掌握联产品之间联合成本的常用分配方法：系数分配法、实物量分配法和销价分配法等。

（一）联产品的成本计算

1. 联产品的含义

联产品是指使用同种材料在同一个生产过程中，同时生产出几种使用价值不同的并具有同等地位的企业主要产品。如炼油厂从原油中可以同时提炼出汽油、机油、煤油、柴油等几种主要产品。这些产品都是炼油厂的联产品。

2. 联产品与同类产品的差异

同类产品是指在产品品种、规格繁多的企业或车间，按一定的标准归类的产品，其目的是便于采用分类法简化产品成本的计算工作。

联产品的生产是联合生产，其特征为：投入相同的原材料，经过同一生产过程，在某一个“点”上分离出两种或两种以上的主要产品，其中个别产品的产出，必然伴随联产品同时产出。在联合生产过程中，个别产品的生产与否，生产数量的多少无法与所耗资源分别确认。

“分离点”是联产品的联合生产程序结束，各种产品可以辨认的生产交界点。

分离后的联产品有的可以直接销售，有的可以经过进一步加工后再出售。在分离点前发生的成本称为联合成本或者共同成本，在分离点后再发生的加工成本称为可归属成本或可分成本。

3. 联产品的成本计算

联产品的成本计算，明确分离点是关键。

分离点前计算联产品联合成本，分离点后计算产品可归属成本，都应根据生产类型和管理要求，选用适当的成本计算基本方法（见前述相关内容）。

联产品之间联合成本的常用分配方法有：系数分配法、实物量分配法和销价分配法等。现举例来说明三种方法的应用。

【例 6-3】 联产品的成本计算

1. 资料

企业名称：建民五金加工厂。

（1）部门设置：设有一个基本生产车间，在同一生产过程生产出联产品甲、乙、丙三种产品。

（2）生产组织：联产品生产。

（3）工艺过程：多种生产类型。

（4）成本核算的管理要求：提供完工各联产品成本。

（5）成本计算方法：联产品的成本计算。

2012年8月联产品甲、乙、丙三种产品的联合成本为1 000 000元。甲产品和乙产品可直接销售，丙产品要追加200 000元继续加工后才能销售。

2. 要求

分别按实物量分配法、系数分配法和销价分配法分配联产品联合成本。

3. 解析

（1）实物量分配法。实物量分配法就是按分离点上各种联产品的重量、容积或其他实物量比例分配联合成本。

如2012年8月联产品甲、乙、丙三种产品的实际产量分别为30吨、60吨和80吨，则其联合成本按实物量分配法的分配过程见表6-9。

表6-9 联合成本分配表

产　品	实际产量（吨）	分　配　率	联合成本分配（元）	单位成本（元）
甲	30		187 500	6 250
乙	50		312 500	6 250
丙	80		500 000	6 250
合　计	160	6 250	1 000 000	

按实物量分配联合成本，优点是简便易行，因为物质产品都可以用实物量表示，资料较容易取得，为成本分摊带来方便；某些分离后须继续加工的中间产品，在无法确定销售价格时，也可以采用此法。但是，采用实物量分配法也有一定的问题：该方法假定各种联产品的单位成本相同，联合成本只与实物量相关，这在许多情况下与实际不符。一般来说，各联产品的单位销售价格是不同的，相同的单位成本可能造成售价低的联产品亏损。

（2）系数分配法。系数分配法是以产量为基础，各种联产品都以标准产品为准折算一个系数，按标准产量分配联合成本。

假定甲产品为标准产品，系数确定为1，乙产品、丙产品的系数分别为0.5和1.5，则联合成本按系数分配法的分配过程见表6-10。

表6-10 联合成本分配表

产品	实际产量（吨）	系数	标准产量（吨）	分配率	联合成本分配（元）	单位成本（元）
甲	30	1	30		171 428.7	571 429
乙	50	0.5	25		142 857.25	2 857.15
丙	80	1.5	120		685 714.05	8 571.43
合计	160		175	5 714.29	1 000 000	

（3）销价分配法。销价分配法是按照各种联产品的近似相对销售收入分配联合成本，近似值指各联产品的最终销售收入减去分离后成本的金额。这种分配方法强调经济比值，不同的联产品，销售价格不同，因此，其负担的成本应按销售收入的比例进行分配。

假定甲、乙、丙产品的每吨的销售价格分别为20 000元、7 000元和30 000元，则联合成本按销价分配法的分配过程见表6-11。

表6-11　联合成本分配表

产品	实际产量（吨）	销价（元/吨）	销售收入	继续加工成本	净收入	分配率	联合成本分配	单位成本（元）
甲	30	20 000	600 000		600 000		190 800	6 360
乙	50	7 000	350 000		350 000		111 300	2 226
丙	80	30 000	2 400 000	200 000	2 200 000		697 900	8 723.75
合计	160				3 150 000	0.318	1 000 000	

（二）副产品的成本计算

1. 副产品的含义

副产品是指在生产主要产品的过程中，附带生产出一些非主要产品，它不是企业的主要产品，但这些副产品尚有一定的用途，能满足某些方面的需要，如在制皂生产中产生的甘油等。有些企业在生产过程中所产生的一些废气、废水、废渣，对于“三废”的综合利用、回收或提炼出来的产品，也可以称为副产品。

2. 副产品与联产品的比较

（1）相同之处：主要在于生产过程。两者都是联合生产过程的产出物（即同源产品），都不可能按每种产品归集生产费用；联产出来的各种联、副产品性质和用途都不相同；联产过程结束，有的产品可以直接出售，有的须进一步加工后才可出售。

（2）区别之处：主要在于价值大小。副产品销售收入在企业全部产品的销售总额中所占比重很小，对企业效益影响不大。联产品销售收入较大，其生产的好坏直接影响企业的经济效益。联产品都是主要产品，是企业生产活动的主要目的；副产品是次要产品，随主要产品附带生产出来，依附于主要产品，不是企业生产活动的主要目的。

主、副产品不是固定不变的，随着各种条件的变化，副产品也能转为主要产品。原来的副产品，由于新的用途而提高售价，就可能从副产品上升为主产品。例如，焦炭与煤气就取决于企业的生产目标，以生产煤气为主的企业，煤气为主产品，焦炭为副产品；以生产焦炭为主的企业，则反之。

3. 副产品的主要特点

（1）副产品是企业的次要产品，不是企业生产活动的主要目标。

（2）副产品销售价格较低，销售收入大大低于主要产品，在企业销售总收入中的比重很小。

4. 副产品成本计算方法

副产品成本计算的关键是副产品按什么标准作价，即副产品的成本计价问题。由于副产品在分离后，可以作为产成品直接对外销售，也可以进一步加工后再出售。所以其成本计价也可分别采用以下两种方法。

（1）直接对外销售副产品的成本计算。

① 副产品不负担联合成本。如果副产品的价值较低，副产品可以不负担分离前的联合成本，联合成本全部由主产品负担，副产品的销售收入直接作为其他业务利润处理。采用这种方法，计算简便，但由于副产品不负担分离前的联合成本，一定程度上会影响主产品成本的正确性。

② 副产品作价扣除。如果副产品的价值较高，可采用与分类法相似的方法计算成本，即将副产品与主要产品合为一类，开设成本计算单归集费用，然后按销售价格扣除税金、销售费用和合理利润后的余额作为副产品应负担的成本从联合成本中扣除。副产品的成本既可以从直接材料成本项目中一笔扣除，也可以按比例从联合成本各成本项目中减除。

（2）须进一步加工的副产品的成本计算。如果副产品与主产品分离以后并不直接出售，还要进一步加工，然后再出售，对于这一类副产品，应根据其加工生产的特点和管理要求，采用适当的方法单独计算副产品的成本。

① 副产品只负担可分成本。采用这种方法时，副产品不负担分离前的联合成本，联合成本全部由主产品负担，副产品只负担分离后进一步加工的成本。显而易见，这种方法简便、易行，但是它少计了副产品的成本，多计了主产品的成本。

② 副产品成本按计划单位成本计算。如果副产品进一步加工所需时间不长，费用不大，为简化成本计算工作，可以只设主产品成本计算单，不设副产品成本计算单。副产品按计划单位成本计价，并将其计划成本从主产品成本计算单中转出，余额即为主产品的成本。

【例 6-4】 副产品的成本计算（按计划单位成本）

1. 资料

企业名称：丰乐日用品制造厂。

（1）部门设置：同一基本生产车间，生产甲产品（主产品）的过程中，同时生产出乙产品（副产品）的原料，全部在当月进一步加工制成乙产品。在全部成本中，原材料费用所占比重较大，两种产品的月末在产品都按原材料的定额费用计价。

（2）生产组织：大量生产。

（3）工艺过程：单步骤生产类型。

（4）成本核算的管理要求：提供主、副产品成本。

（5）成本计算方法：副产品的成本计算。

（6）2012 年 10 月份生产费用、产量及计划单位成本资料如下。

① 费用资料。月初在产品定额成本（直接材料）221 000 元；本月发生直接材料 1 824 200 元，直接人工 16 800 元，制造费用 30 800 元；月末在产品定额成本（直接材料）242 000 元。

② 产量资料。甲产品 100 000 千克，乙产品 5 000 千克（甲产品生产过程中产出乙产品的原料 4 500 千克）。

③ 计划成本。乙产品（副产品）的计划单位成本为：直接材料 5.60 元，直接人工 0.36 元，

制造费用 0.64 元，合计 6.60 元。

2. 要求

按计划单位成本计算副产品成本。

3. 解析

主、副产品应负担的成本见表 6-12。

表 6-12　　　　产品成本计算单

产品名称：甲　　　　2012 年 10 月　　　　金额单位：元

项　目	直接材料	直接人工	制造费用	合　计
月初在产品成本（定额成本）	221 000			221 000
本月生产费用	1 824 200	16 800	30 800	1 871 800
减：乙（副）产品成本（5 000 千克）	28 000	1 800	3 200	33 000
合计	2 017 200	15 000	27 600	2 059 800
产成品成本（100 000 千克）	1 775 200	15 000	27 600	1 817 800
产成品单位成本	17.752	0.150	0.276	18.178
月末在产品成本（定额成本）	242 000			242 000

（3）副产品成本按实际成本计算。采用这种方法，须分别为主、副产品开设产品成本计算单，副产品成本计算单用来归集从主产品成本计算单中转来的费用和进一步加工所发生的费用，并计算产品的实际成本。

【例 6-5】　副产品的成本计算（按实际成本）

1. 资料

企业名称：丰乐日用品制造厂。

（1）基本情况：同上。

（2）成本计算要求：用于制造乙产品的原料，按固定单价从甲产品成本计算单转入乙产品成本计算单，计算乙产品成本。

（3）2012 年 10 月份生产费用、产量及计划单位成本资料如下。

① 费用资料。本月发生直接材料 1 824 200 元，直接人工 16 800 元，制造费用 30 800 元；甲产品月初在产品定额成本（直接材料）221 000 元，月末在产品定额成本（直接材料）242 000 元；乙产品月初在产品定额成本（直接材料）2 000 元，月末在产品定额成本（直接材料）1 500 元。（制造乙产品的原料，按固定单价每千克 0.50 元计价）。

② 产量资料。甲产品 100 000 千克，乙产品 5 000 千克（甲产品生产过程中产出乙产品的原料 4 500 千克）。

③ 生产工时。甲产品（主产品）25 000 工时，乙产品（副产品）3 000 工时。

2. 要求

按实际成本计算副产品成本。

3. 解析

主、副产品成本计算结果见表 6-13、表 6-14、表 6-15。

表 6-13　　工费分配表

2012 年 10 月　　金额单位：元

项　目	生产工时（小时）	直接人工	制造费用
分配率		0.6	1.1
甲产品（主产品）	25 000	15 000	27 500
乙产品（副产品）	3 000	1 800	3 300
本月发生额	28 000	16 800	30 800

表 6-14　　产品成本计算单

产品名称：甲（主产品）　　2012 年 10 月　　金额单位：元

项　目	直接材料	直接人工	制造费用	合　计
月初在产品成本（定额成本）	221 000			221 000
本月生产费用	1 824 200	15 000	27 500	1 866 700
减：副产品原料（4 500 千克）	22 500			22 500
合计	2 022 700	15 000	27 500	2 065 200
产成品成本（100 000 千克）	1 823 200	15 000	27 500	1 865 700
产成品单位成本	18.232	0.15	0.275	18.657
月末在产品成本（定额成本）	242 000			242 000

表 6-15　　产品成本计算单

产品名称：乙产品（副产品）　　2012 年 10 月　　金额单位：元

项　目	直接材料	直接人工	制造费用	合　计
月初在产品成本（定额成本）	2 000			2 000
本月生产费用	4 000	1 800	3 300	9 100
本月转入	22 500			22 500
合计	28 500	1 800	3 300	33 600
产成品成本（5 000 千克）	27 000	1 800	3 300	32 100
月末在产品成本（定额成本）	1 500			1 500

（三）等级品的成本计算

1. 等级品的含义

等级品是指使用相同原材料，经过同一生产过程生产出来的品种相同，质量不同的产品，如纺织品、搪瓷器皿、电子元件的生产常有等级品产生。等级品的产生通常是由以下两种原因造成的。一种是工人操作不慎或技术不熟练造成的，在这种情况下，同一产品的不同等级产品均应负担相同的成本，因质量原因造成的损失体现在因等级差异而取得的销售收入上。另一种是由于所用原材料的质量不同、工艺技术上的要求不同或受生产技术过程本身固有的特点的影响造成的，如原煤经过加工可生产出大块煤、中块煤、小块煤和煤末等几个等级产品。这种等级品须采用一定的分配方法计算产品成本。

2．等级品与联产品、副产品的比较

（1）相同之处。它们都是使用同种原材料，经过同一生产过程产生的。

（2）不同之处。联产品、副产品之间产品性质、用途不同，属于不同种产品，而等级品是性质、用途相同的同种产品；在每种联产品、副产品中，其质量可以比较一致，因而销售单价相同，而等级品质量存在差异，从而销售单价相应分为不同等级。

3．等级品与非合格品的比较

等级品与非合格品是两个不同的概念。

等级品质量上的差别一般是在允许的设计范围以内的，这些差别一般不影响产品的使用寿命。

非合格品是等级以下的产品，其质量标准达不到设计的要求，属于废品范围。

4．等级品的成本计算方法应视造成等级品质量差别的原因确定

如果等级产品是由于工人操作不当、技术不熟练等主观原因造成的，可以采用实物量分配法，以使各等级产品的单位成本相同。因为各产品虽然等级不同，但使用原材料、经过的生产过程都相同，所以各等级产品的单位成本理应没有差别。同时，低等级产品成本与高等级产品成本相同，但由于售价较低而使其毛利低于高等级产品的差额，能够比较敏感地反映出由于企业产品质量管理不善所导致的经济损失。

等级品也可能是由于所用原材料的质量或受目前技术水平限制等原因不可避免而产生的，即客观原因造成的。如某些电子元件产品，由于目前生产技术水平限制，难以控制其产品质量，生产出售价差别较大的等级产品；对原煤进行洗煤加工，由于受原料质量影响，洗出售价不同的等级煤。上述情况一般不能对各等级产品确定相同的单位成本，要采用系数分配法计算各等级产品成本。通常用单位售价比例定出系数，再按系数的比例计算出不同等级产品应负担的联合成本。这样，不同等级产品具有不同的单位成本，等级高、售价大的产品负担成本多，等级低、售价小的产品负担成本少。这种做法更符合收入与成本相配比的要求。

【例 6-6】　等级品的成本计算

1．资料

企业名称：凯歌电子元件厂。

（1）部门设置：基本生产车间，生产同一产品，产出不同等级产品。

（2）生产组织：大量生产。

（3）工艺过程：单步骤生产类型。

（4）成本核算的管理要求：提供不同等级产品成本。

（5）成本计算方法：分别按实务量比例分配和按系数比例分配。

本期共生产三级管 50 000 只，其中甲级品 30 000 只，乙级品 12 000 只，丙级品 8 000 只。其售价分别为 20 元、16 元和 12 元，联合成本为 600 000 元。

2．要求

分别按实务量比例、系数比例分配计算等级品成本。

3．解析

按实务量比例分配成本见表 6-16，按系数比例分配成本见表 6-17。

表 6-16　　等级产品成本计算表（按实务量比例分配）

产品等级	产量（只）	比例	各产品应负担成本（元）	单位成本（元）
甲级产品	30 000	60%	360 000	12
乙级产品	12 000	24%	144 000	12
丙级产品	8 000	16%	96 000	12
合 计	50 000	100%	600 000	12

表 6-17　　等级产品成本计算表（按系数比例分配）

产品等级	产量（只）	单价（元）	系数	相对产量（只）	比例	各产品应负担成本（元）	单位成本（元）
甲级产品	30 000	20	1	30 000	67.57%	405 405.41	13.51
乙级产品	12 000	16	0.8	9 600	21.62%	129 729.73	10.81
丙级产品	8 000	12	0.6	4 800	10.81	64 864.86	8.11
合计	50 000			44 400	100%	600 000	

三、成本计算的定额法

定额法就是为了及时反映和监督生产费用和产品成本脱离定额的差异，加强定额管理和成本控制而采用的一种成本计算方法。本环节要求了解定额法的特点与适用范围，知悉定额法的核算流程，掌握成本计算的定额法的应用。

在上述各种成本计算方法（品种法、分批法、分步法和分类法）下，生产费用的日常核算都是按照实际发生额进行的，产品的实际成本也都是根据实际生产费用计算的。这样，生产费用和产品成本脱离定额的差异及其原因，只能在月末通过实际资料与定额资料的对比、分析，才能得到反映，因而不能更好地加强成本控制，更有效地发挥成本核算对于节约生产费用、降低产品成本的作用。

（一）定额法的特点

（1）事前制定产品的消耗定额、费用定额和定额成本作为降低成本的目标，对产品成本进行事前控制；

（2）在生产费用发生的当时，将符合定额的费用和发生的差异分别核算、分析和控制；

（3）月末在定额成本的基础上加减各种成本差异，计算产品的实际成本，为成本的定期考核和分析提供数据。

因此，定额法不仅是一种产品成本计算的方法，更重要的，还是一种对产品成本进行直接控制、管理的方法。

（二）定额法成本计算的程序

1．计算定额成本

所谓产品的定额成本就是根据各种有关的现行定额计算的成本。

采用定额成本法必须先制定单位产品的消耗定额，并据以制定单位产品的定额成本。产品定额成本的制定过程也是对产品成本进行事前控制的过程。产品的消耗定额、费用定额和定额成本确定后，它们既是对生产费用进行事中控制的依据，也是月末计算产品实际成本的基础，还是进行产品成本事后分析和考核的标准。

定额成本就是根据现行消耗定额和计划单位成本计算的，其计算公式为：

原材料费用定额=原材料消耗定额×原材料计划单价

生产工资费用定额=产品生产工时定额×生产工资计划单价

制造费用定额=产品生产工时定额×制造费用计划单价

小贴士

定额成本与计划成本的比较

（1）相同之处。它们都是以产品生产耗费的消耗定额和计划价格为依据确定目标成本。

（2）不同之处。计算计划成本的消耗定额是计划期（一般为一年）内平均消耗定额，也叫计划定额，在计划期内通常不变；而计算定额成本的消耗定额则是现行定额，它应随生产技术的进步和劳动生产率的提高不断修订。

定额成本的制定一般是通过编制“定额成本计算表”的方式进行的。产品的定额成本一般由企业的计划、技术、会计等部门共同制定。

不同的生产企业由于产品的生产工艺不同，产品“定额成本计算表”编制也是不同的。如果产品的零、部件较少，一般先计算零件定额成本，然后再汇总计算部件和产成品的定额成本；如果产品的零、部件较多，为了简化成本计算工作，也可以不计算零件的定额成本，而根据原有零件原材料消耗定额、工序计划和工时消耗定额的零件定额卡，以及原材料计划单价、计划的工资率和其他费用率，编制部件定额成本，然后汇总计算产成品定额成本，还可以不编制部件的定额成本，直接编制产品的定额成本。

为了便于进行成本分析和考核，定额成本包括的成本项目和计算方法，应该与计划成本、实际成本包括的成本项目和计算方法一致。

【例 6-7】 定额成本计算

1. 资料

企业名称：大力机械制造厂。

（1）部门设置：基本生产车间，生产甲产品，该产品由 A（2201）、B（2202）两个部件组成，其中部件 A 包括 3201、3202 两个零件。

（2）生产组织：大量生产。

（3）工艺过程：多步骤生产类型。

（4）成本核算的管理要求：提供产品定额成本（见表 6-18）。

（5）成本计算方法：定额法。

2. 要求

计算产品定额成本。

3. 解析

定额成本制定程序见表 6-18、表 6-19、表 6-20。

表 6-18　　零件定额卡

零件编号：3201　　零件名称：××

材料编号	材料名称	计量单位	材料消耗定额
4 201	××	千克	6

工　序	工时定额（小时）	累计工时定额（小时）
1	2	2
2	3	5
3	1.5	6.5
4	3.5	10

表 6-19　　部件定额成本计算表

部件编号 ：2 201　　部件名称：A

所用零件编号或名称	所用零件数量	部件材料费用定额							部件工时定额（小时）
		4 201			4 202				
		消耗定额	计划单价（元）	金额（元）	消耗定额	计划单价（元）	金额（元）	金额合计（元）	
3 201	1	6	4.2	25.2				25.2	10
3 202	2				13.8	3.5	48.30	48.3	16
装配									4
合计				25.2				73.5	30

定额成本项目					定额成本合计（元）
原材料	工资及福利费		制造费用		
	每小时定额	金额（元）	每小时定额	金额（元）	
73.5	2.3	69	5.2	156	298.5

表 6-20　　产品定额成本计算表

产品编码：××××　　产品名称：甲

所用部件编号名称	所用部件数量	材料费用定额（元）		工时定额（元）	
		部件	产品	部件	产品
2 201	2	298.5	597	30	60
2 202	3	202	606	20	60
装配					6
合计			1 203		126

产品定额成本项目					
原材料	工资及福利费		制造费用		产品定额成本合计
	每小时定额	金额	每小时定额	金额	
1 203	2.3	289.8	5.2	655.2	2 148

2．计算脱离定额差异

脱离定额差异是指在生产过程中，各项生产费用的实际支出脱离现行定额或预算的数额。

分析生产费用脱离定额的差异，控制生产费用支出，是定额成本法的重要内容。在发生生产费用时，对符合定额的费用和脱离定额的差异，应分别编制定额凭证和差异凭证，并在有关的费用分配表和明细账中分别予以登记。差异凭证填制以后，还必须按照规定办理审批手续。

（1）材料脱离定额差异的计算。在各成本项目中，原材料费用，包括自制半成品费用，一般占有较大的比重，而且大多数属于直接计入费用，因而更有必要和可能在费用发生的当时就按产品计算定额费用和脱离定额差异，加强控制。原材料脱离定额差异的计算方法，一般有限额法、切割核算法和盘存法。

① 限额领料单法。这种方法亦叫差异凭证法。为了控制材料费用，在采用定额成本法时，必须实行限额领料（或定额发料）制度，符合定额的原材料应根据限额领料单（或定额发料单）等定额凭证领发。如果增加产品产量，需要增加用料，必须办理追加限额手续，然后根据定额凭证领发。在差异凭证中，应该填明差异数量、金额以及发生差异的原因。差异凭证的签发，必须经过一定的审批手续。

在每批生产任务完成以后，应该根据车间余料编制退料单，处理退料手续；退料单也应视为差异凭证，退料单中所列的原材料数额和限额领料单中的原材料余额，都是原材料脱离定额的节约差异。采用限额法对于控制领料，促进节约用料有着重要作用。但是，上述差异凭证反映的差异往往只是领料差异，不一定是用料差异，不能完全控制用料。这是因为投产的产品数量不一定等于规定的产品数量，所领原材料的数量也不一定等于原材料的实际消耗量，即期初、期末车间可能有余料。

【例 6-8】 脱离定额差异计算（限额领料单法）

1. 资料

限额领料单规定的产品数量为 2 000 件，每件产品的原材料消耗定额为 5 千克，则领料限额为 10 000 千克；本月实际领料 9 500 千克。

2. 要求

采用限额领料单法计算原材料脱离定额差异。

3. 解析

若本月投产产品数量符合限额领料单规定的产品数量，即 2 000 件，且期初、期末均无余料，则少领 500 千克的领料差异就是用料脱离定额的节约差异。

若本期投产产品的数量为 2 000 件，但车间期初余料为 100 千克，期末余料为 110 千克。则：

原材料实际消耗量为：9 500+100－110=9 490（千克）

原材料脱离定额差异为：9 490－10 000=–510（千克）（节约）

若本月投产产品数量为 1 800 件，车间期初余料为 100 千克，期末余料为 110 千克。则：

原材料脱离定额差异为：（9 500+100－110）–1 800×5=490（千克）（超支）

由此可见，只有在产品投产数量等于规定的产品数量，而且车间没有余料或者期初、期末余料数量相等的情况下，领料的差异才是用料脱离定额差异。因此，要控制用料不超支，不仅要控制领料不超过限额，而且还要控制产品的投产量不少于计划规定的产品数量；此外，还要注意车间有无余料和余料的数量。

② 切割核算法。为了核算用料差异，更好地控制用料，对于经过切割（下料）才能使用的

材料，例如，板材、棒材等，除了采用限额法以外，还应采用切割核算法，即通过材料切割核算单，核算用料差异，控制用料。这种核算单应按切割材料的批别开立，单中填明交发切割材料的种类、数量、消耗定额和应切割的毛坯数量；切割完毕，再填写实际切割成的毛坯数量和实际消耗量。根据实际切割成的毛坯数量和消耗定额即可计算求得材料定额消耗量，以此与材料计划消耗量相比较，即可确定用料脱离定额的差异。材料定额消耗量和脱离定额的差异，应填入材料切割核算单中，并注明发生差异的的原因，有主管人员鉴证。材料切割核算单的格式见表 6-21。

表 6-21　　材料切割核算单

材料编号或名称：×××　　材料计量单位：千克　　材料计划单价：10 元
产品名称：××　　零件编号或名称：×××　　图纸号：×××
切割工人姓名：××　　机床编号：×××
交发切割日期：　×年×月×日　　完工日期：×年×月×日

发料数量		退回余料数量		材料实际消耗量		废料实际回收量	
110		5		105		9	
单件消耗定　额		单件回收废料定额	应割成的毛坯数量		实际割成毛坯数量	材料定额消耗量	废料定额回收量
4		0.2	26		24	96	4.8
材料脱离定额差异		废料脱离定额差异			脱离定额差异原因		责任者
数量	金额	数量	单价	金额	未按图纸切割，因而增加了边料减少了毛坯		××
+9	+90	−4.2*	0.5	−2.1			

注：*回收废料超过定额的差异可以冲减材料费用，故列为负数。

应割成的毛坯数量=材料实际消耗量 ÷ 单件消耗定额

材料定额消耗量=实际切割成的毛坯数量×单件消耗定额

废料定额回收量=实际切割成的毛坯数量×单件回收废料定额

材料脱离定额的数量差异=材料实际消耗量−材料定额消耗量

废料脱离定额的数量差异=废料实际回收量−废料定额回收量

采用材料切割核算单进行材料切割的核算，可以及时反映材料的耗用情况和发生差异的具体原因，加强对材料耗用的控制。

③ 盘存法。对于不能采用切割核算法的原材料，为了更好地控制用料、除了采用限额法外，还应按期（按工作班、工作日或按周、旬等）通过盘存的方法核算用料差异。这种方法的核算程序是：a. 根据完工产品数量和在产品盘存（实地盘存或账面结存）数量算出投产产品数量，乘以原材料消耗定额，计算出原材料定额消耗量；b. 根据限额领料单和超额领料单等领、退料凭证和车间余料的盘存数量，计算原材料实际消耗量；c. 将原材料的实际消耗量与定额消耗量相比较，计算原材料脱离定额差异。

【例 6-9】　脱离定额差异计算（盘存法）

1. 资料

生产甲产品耗用 A 材料，材料系生产开始时一次性投入。甲产品期初在产品为 100 件，本期完工产品为 1 000 件，期末在产品为 200 件。甲产品的原材料消耗定额为每件 5 千克，原材料的计划单价为每千克 8 元。限额领料单中载明的本期已实际领料数量为 5 000 千克。车间期初余料为 50 千克，期末余料为 30 千克。

2. 要求

采用盘存法计算原材料脱离定额的差异。

3. 解析

（1）计算原材料定额消耗量为：

（1 000+200−100）× 5=5 500（千克）

（2）计算原材料实际消耗量为：

5 000+50−30=5 020（千克）

（3）计算原材料脱离定额差异为：

（5 020-5 500）× 8= −3 840（元）（节约）

不论采用哪一种方法，核算原材料定额消耗量和脱离定额差异，都应分批或定期将这些核算资料按照成本计算对象汇总，编制原材料定额费用和脱离定额差异汇总表。表 6-21 中填明了该种产品所耗各种原材料的定额消耗量，定额费用和脱离定额的差异，并分析说明了发生差异的主要原因。这种汇总表，既可用来汇总反映和分析原材料脱离定额的差异，又可用来代替原材料费用分配表登记产品成本明细账，还可以报送有关领导或向职工群众公布，以便根据差异发生的原因采取措施，进一步挖掘降低原材料费用的潜力。

现以某工业企业甲种产品为例，列示某月份原材料定额消耗量和脱离定额差异的汇总表，见表 6-22。

表 6-22　　原材料定额费用和脱离定额差异汇总表

原材料类别	材料编号	单位	计划单位成本（元）	定额费用		计划价格费用		脱离定额差异		差异原因
				数量	金额（元）	数量	金额（元）	数量	金额（元）	
原料	4 202	千克	6	4 000	24 000	3 800	22 800	200	1 200	略
主要材料	3 203	千克	5	3 000	15 000	2 800	14 000	200	1 000	略
辅助材料	2 205	千克	4	2 000	8 000	2 400	9 600	+400	+1 600	略
合计					47 000		46 400		− 600	

在采用定额法计算产品成本的企业，为了便于对产品成本的考核和分析，材料的日常核算都应按计划成本进行。如前所述，原材料定额费用以及原材料脱离定额的差异等都是按原材料的计划单位成本计算的。因此，在月末计算产品的实际原材料费用时，还必须考虑所耗原材料应负担的成本差异问题，其计算公式为：

某产品应分配的原材料成本差异=（该产品的原材料定额费用 ± 原材料脱离定额差异）× 原材料成本差异分配率

如某月份甲产品所耗原材料定额费用为 150 000 元，脱离定额差异为节约 5 000 元，原材料成本差异率为超支 2%，则：

该产品应分配的材料成本差异=（150 000 − 5 000）×（+2%）=2 900（元）

为了简化核算，各种产品应分配的材料成本差异一般均由各该产品的完工产品成本负担，月末在产品不再负担。在实际工作中，原材料成本差异的分配计算，应通过材料成本差异分配计算表或发料凭证汇总表进行。

（2）生产工时和生产工人工资脱离定额差异的计算

人工费用定额差异要分计件工资与计时工资加以计算。在计件工资形式下，如果工资定额不变，按计划单价支付的工资就是定额工资。工资定额差异是指由于变更工作条件而多支付的工资、津贴等。

在计时工资制度下，生产工人工资的定额差异只有在月末实际生产工人总工资确定以后，才能计算。计算公式如下：

计划单位小时工资=某车间计划产量的定额生产工人工资/某车间计划产量的定额生产工时

实际单位小时工资=某车间实际生产工人工资总额/某车间实际生产工时总额

某产品的定额生产工资=该产品实际产量的定额生产工时×计划单位小时工资

某产品的实际生产工资=该产品实际产量的实际生产工时×实际单位小时工资

某产品生产工资脱离定额的差异=该产品实际生产工资－该产品定额生产工资

工资费用定额差异计算举例见表 6-23。

表 6-23　　工资费用定额差异计算

2012 年×月　　车间：一车间

产品名称	产量	单位定额工时	定额工资			实际工资			定额差异
			工时定额	计划小时工资率	定额工资	实际工时	实际小时工资率	实际工资	
甲产品	500	6	3 000		3 000	2 800		4 200	1 200
乙产品	500	4	2 000		2 000	1 600		2 400	400
合计			5 000	1	5 000	4 400	1.5	6 600	1 600

（3）制造费用脱离定额差异的计算

制造费用属于间接费用，一般按车间进行归集，月末分配计入产品成本。该项费用采用制定费用预算的办法下达给车间及有关部门，因此不能用日核算办法来控制差异，只能定期（一般按月）将费用预算与实际发生数比较计算差异。计算公式如下：

实际小时制造费用分配率=某车间实际制造费用总额/某车间实际生产工时总数

计划小时制造费用分配率=某车间计划制造费用总额/某车间计划产量的定额生产工时总数

某产品实际制造费用=该产品实际生产工时×实际小时制造费用分配率

某产品定额制造费用=该产品定额生产工时×计划小时制造费用分配率

某产品制造费用定额差异=该产品实际制造费用－该产品定额制造费用

3．计算定额的变动差异

由于生产技术和劳动生产率的提高，原来制定的消耗定额或费用定额一定时期后需要修订，修订后的新定额与修订前的老定额之间的差异，就是定额变动差异。

定额的修订一般在月初进行。在定额变动的月份，月初在产品的定额成本仍然是用老定额计算的，而本月投入产品的定额成本以及完工产品的定额成本和月末在产品的定额成本都是按修订后的新定额计算的，这样，“期初定额成本+本期投入的定额成本≠完工产品的定额成本+月末在产品的定额成本”，为了将按旧定额计算的月初在产品定额成本和按新定额计算的本月投入产品的定额成本，在新定额的同一基础上相加起来，以便计算产品的实际成本，还应计算月初在产品的定额变动差异，用以调整月初在产品定额成本。

【例 6-10】 定额变动差异计算

1. 资料

月初在产品的定额成本为 400 元，脱离定额差异为+50 元，其实际成本为 450 元。进行修订后，期初在产品的定额成本为 380 元。

2. 要求

计算月初在产品定额变动差异。

3. 解析

定额成本需要调低 20 元，才能与按新定额核算的本期投入定额成本和完工产品定额成本以及在产品定额成本相一致，但是实际成本为 450 元，是不能改变的，定额成本调低的 20 元只能记入差异，为了将其差异与脱离定额差异区分开来，要单独列为定额变动差异，即定额修订后，实际成本为 450 元的期初在产品成本构成为：定额成本 400 元，脱离定额差异+50 元，定额调整−20 元，定额变动差异+20 元。可见，如果定额降低，定额变动差异则为“+”号；相反，如果定额提高，定额变动差异则为“−”号。

月初在产品定额变动的差异，可以根据发生定额变动的在产品盘存数或在产品账面结存数乘以修订后的新定额，得到定额修订后的定额成本，然后与老定额进行比较后求得。然而，在有些企业如机械制造企业，定额计算需要从零件、部件到产品，如此计算，工作量较大。为了简化计算工作，也可以按照定额变动系数进行计算，其公式如下：

定额变动系数=按新定额计算的单位产品成本÷按老定额计算的单位产品成本

月初在产品定额变动差异=按老定额计算的月初在产品成本×（1－定额变动系数）

假定，某企业乙产品的某些零件从 2012 年 10 月 1 日起修订原材料消耗定额，单位产品老的定额成本为 100 元，单位产品新的定额成本为 95 元，该产品期初在产品原材料定额成本为 10 000 元，则：

乙产品的定额变动系数=95÷100=0.95

乙产品月初在产品定额变动差异=10 000×（1－0.95）=500（元）

月初在产品定额变动差异确定后，如果是降低，一方面应从月初在产品成本中扣除该项差异，另一方面，由于该项差异是月初在产品费用的实际支出，因而还应将该差异加入本月产品成本中。相反，如果是提高，则应将该项差异，一方面加入月初在产品定额费用之中，另一方面从本月产品成本中予以扣除，因为实际上并未发生这部分支出。

4．完工产品与在产品成本的计算

某种产品如果既有完工产品又有月末在产品，也应在完工产品与月末在产品之间分配费用。

由于定额法日常核算是将定额成本和各种成本差异分别核算的，因而分配费用时也应按定额成本和各种成本差异分别进行：首先计算完工产品和月末在产品的定额成本，然后分配各种成本差异。在定额法下，有着现成的定额成本资料，各种成本差异应采用定额比例法或在产品按定额成本计价法分配；前者将成本差异在完工产品与月末在产品之间按定额成本比例分配，后者将成本差异归由完工产品成本负担。

分配成本差异时，应按脱离定额差异、材料成本差异和月初在产品定额变动差异分别进行。差异金额不大，或者差异金额虽大但各月在产品数量变动不大的，可以归由完工产品成本负担；差异金额较大而且各月在产品数量变动也较大的，应在完工产品与月末在产品之间按定额成本比例分配。但是，其中月初在产品定额变动差异，如果产品生产的周期小于一个月，定额变动的月初在产品在月内全部完工，那么，即使差异金额较大而且各月在产品数量变动也较大，也可以将其归由完工产品成本负担。

为简化核算，月初在产品定额变动差异及材料成本差异可由完工产品负担；如果其他各种差异金额不大或虽然较大，但各月在产品数量比较稳定，则其他各种成本差异也可以由完工产品全部负担。

分配各种成本差异以后，根据完工产品的定额成本，加减应负担的各种成本差异，即可计算完工产品的实际成本；根据月末在产品的定额成本，加减应负担的各种成本差异，即可计算月末在产品的实际成本。产品实际成本的计算公式为：

产品实际成本 = 按现行定额计算的产品定额成本 ± 脱离现行定额差异 ± 原材料或半成品成本差异 ± 月初在产品定额变动差异

（三）定额法成本计算

在定额法下，计算产品实际成本的程序如下所述。

（1）设置产品成本明细账。应按产品设置成本明细账，账中月初在产品、本月生产费用、生产费用合计、本月产成品成本和月末在产品成本各栏中，应分别设置“定额成本”、“脱离定额差异”等栏目。

（2）计算定额变动差异。若本月定额有变动，则应在计算月初在产品定额变动差异数额后，填入相应的栏目内。

（3）分配费用。区分定额成本和脱离定额差异并将它们列入相应的栏目中。

（4）计算本月生产费用合计。这是在月初在产品成本基础上，加上本月发生的费用计算的。在计算时，要分定额成本、脱离定额差异、材料成本差异、定额变动差异计算。

（5）计算完工产品和在产品的定额成本。完工产品的定额成本是按完工产品的数量乘以产品的定额成本计算的；在产品的定额成本是用定额成本合计减去完工产品定额成本倒挤计算的。

（6）分配脱离定额差异、材料成本差异以及定额变动差异。为简化成本核算，可将它们全部计入产成品成本，由完工产品成本负担；若差异较大，可通过计算差异率将这些差异在完工产品与在产品之间进行分配。

（7）计算本月产成品成本和月末在产品成本。

【例 6-11】 定额法

1. 资料

企业名称：大力机械制造厂。

（1）部门设置：基本生产车间，大批量生产甲产品，该产品各项消耗定额比较准确；产品的定额变动差异和材料成本差异由完工产品成本负担；脱离定额差异按定额比例在完工产品和在产品之间进行分配。

（2）生产组织：大量生产。

（3）工艺过程：单步骤生产类型。

（4）成本核算的管理要求：提供产品定额成本、实际成本。

（5）成本计算方法：定额法。

2. 要求

采用定额法计算产品成本。

3. 解析

产品实际成本计算见表 6-24。

表 6-24　　产品成本明细账

产品名称：甲　　2012 年 10 月　　产量：400 件　　金额单位：元

成本项目	月初在产品成本		月初在产品定额变动		本月生产费用			生产费用累计				差异率	本月产成品成本					月末在产品成本	
	定额成本	脱离定额差异	定额成本调整	定额变动差异	定额成本	脱离定额差异	材料成本差异	定额成本	脱离定额差异	材料成本差异	定额变动差异	脱离定额差异	定额成本	脱离定额差异	材料成本差异	定额变动差异	实际成本	定额成本	脱离定额差异
	1	2	3	4	5	6	7	8=1+3+5	9=2+6	10=7	11=4	12=9÷8	13	14=13×12	15=10	16=11	17=13+14+15+16	18	19=9−14
原材料	6 000	700	−100	100	25 000	−1 000	−270	30 900	−300	−270	100	−0.98%	25 000	−245	−270	100	24 585	5 900	−55
工资及福利费	500	−100			8 000	−70		8 500	−170			−2%	7 000	−140			6 860	1 500	−30
制造费用	400	−90			6 000	−110		6 400	−200			−3.13%	6 000	−187.8			5 812. 2	400	−12.2
合计	6 900	510	−100	100	39 000	−1 180	−270	45 800	−670	−270	100	—	38 000	−572.8	−270	100	37 257.2	7 800	−97.2

表中本月产成品的定额成本应根据产成品入库单所列产成品数量乘以产品的单位定额成本计算登记。假定甲种产品的产成品数量为 400 件，新修订的直接材料费用定额为 62.5 元，每件产品直接人工定额为 17.5 元，制造费用定额为 15 元。产成品的定额成本计算如下。

直接材料费用=400×62.5=25 000（元）

直接人工费用=400×17.5=7 000（元）

制造费用=400×15=6 000（元）

产成品定额成本=25 000 + 7 000 + 6 000=38 000（元）

职业能力训练

一、职业能力选择

(一)职业能力单选

1. 不能采用分类法及与其相类似的方法进行成本计算的产品是(　　)。
   A. 联产品　　B. 等级产品　　C. 主、副产品　　D. 零星产品
2. 下列各项中,属于分类法优点的是(　　)。
   A. 加强成本控制　　B. 能提高成本计算的正确性
   C. 能简化产品成本的计算工作　　D. 能分品种掌握产品成本水平
3. 产品成本计算的分类法适用于(　　)。
   A. 品种、规格繁多的产品　　B. 可按一定标准分类的产品
   C. 大量大批生产的产品　　D. 品种、规格繁多并可按一定标准分类的产品
4. 采用分类法计算产品成本的目的,在于(　　)。
   A. 分类计算产品成本　　B. 分品种计算产品成本
   C. 简化各类产品成本计算工作　　D. 简化各种产品成本计算工作
5. 按照系数比例分配同类产品中各种产品成本的方法(　　)。
   A. 是一种完工产品和月末在产品之间分配费用的方法
   B. 是一种单纯的产品成本计算方法
   C. 是一种简化的分类法
   D. 是一种分配间接费用的方法
6. 在采用分类法计算产品成本时,类内各种产品之间采用分配方法计算的费用(　　)。
   A. 只是原材料费用　　B. 只是生产工资及福利费
   C. 只是制造费用　　D. 包括全部费用
7. 成本计算的分类法的特点是(　　)。
   A. 按产品类别计算产品成本
   B. 按产品品种计算产品成本
   C. 按产品类别归集生产费用,计算产品成本,同类产品内各种产品的间接计入费用采用一定方法分配确定
   D. 按产品类别归集生产费用,计算产品成本,同类产品内各种产品的费用采用一定方法分配确定
8. 分类法下,在计算同类产品内不同产品的成本时,对于类内产品发生的各项费用(　　)。
   A. 只有直接费用才须直接计入各种产品成本
   B. 只有间接计入费用才须分配计入各种产品成本
   C. 无论直接计入费用,还是间接计入费用,都须采用一定的方法分配计入各种产品成本
   D. 直接生产费用直接计入各种产品成本,间接生产费用分配计入各种产品成本
9. 分类法的适用范围与企业的生产类型(　　)。
   A. 有关系　　B. 有直接关系　　C. 没有直接关系　　D. 没有任何关系
10. 采用分类法计算的各种产品成本(　　)。

A. 比较准确　　B. 比较真实
C. 能真正体现成本水平　　D. 其计算结果有着一定的假定性

（二）职业能力多选

1. 下列可以采用分类法进行成本计算的情况有（　　）。
A. 产品品种规格繁多，且可按一定标准分类的企业
B. 主、副产品
C. 联产品
D. 不同瓦数灯泡的生产

2. 产品成本计算的分类法是（　　）。
A. 按产品类别设置生产成本明细账
B. 按产品类别归集生产费用，计算产品成本
C. 按产品品种设置生产成本明细账
D. 同类产品内各种产品的各项费用采用一定的分配标准进行分配

3. 类内各种不同规格型号产品之间成本的分配标准有（　　）。
A. 定额消耗量　　B. 定额费用
C. 产品的售价　　D. 产品的体积、长度、重量等

4. 采用系数分配法时，要在类内产品中选择一种（　　）、（　　）、（　　）的产品作为标准产品。
A. 产量较大　　B. 生产比较稳定　　C. 产量适中　　D. 规格适中

5. 定额成本是指根据企业（　　）计算的一种成本控制目标。
A. 现行材料消耗定额　　B. 工时定额
C. 费用定额　　D. 其他有关资料

6. 定额法主要适用于（　　）。
A. 定额管理制度比较健全　　B. 定额管理基础工作比较好
C. 产品生产已经定型　　D. 各项消耗定额比较准确、稳定的企业

7. 产品的定额成本一般由企业的（　　）会同企业计划、技术生产等部门共同制定。
A. 财会部门　　B. 计划部门　　C. 技术部门　　D. 生产部门

8. 在实际工作中，计算直接材料费用脱离定额差异，一般有（　　）方法。
A. 限额领料单法　　B. 切割核算法　　C. 盘存法　　D. 先进先出法

9. 定额法下的产品成本计算包括（　　）。
A. 定额成本　　B. 脱离定额的差异　　C. 材料成本差异　　D. 定额变动差异

10. 大量大批生产的产品可以采用（　　）等多种方法计算产品成本；单件小批生产的产品则应采用分批法计算产品成本。
A. 品种法　　B. 分步法　　C. 分类法　　D. 定额法

二、职业能力判断

1. 分类法一般适用于产品品种、规格繁多，产品可以按照一定的要求和标准划分为类别的企业或企业内部生产部门。（　　）

2. 采用分类法计算产品成本时，类内各种产品成本的计算，不论是间接计入费用还是直接计入

费用，都是按一定的分配标准按比例进行分配的，因而，计算结果具有一定的假定性。（ ）

3. 分类法与产品的生产类型没有直接联系，因而其成本计算期定期在月末进行成本计算。（ ）

4. 分类法是一种独立的成本计算方法，它可以与品种法、分批法、分步法结合使用。会计报告期一致。（ ）

5. 为了简化计算，采用分类法计算产品成本时，完工产品和在产品成本的分配在各大类产品中进行。类内各种产品成本的分配只计算完工产品成本，而不须分配类内各种产品的在产品成本。（ ）

6. 采用系数分配法时，首先要在类内产品中选择一种产量适中、生产稳定、规格适中的产品作为标准产品，把标准产品的单位系数定为“1”。（ ）

7. 所耗原材料和工艺技术过程相近的各种产品，成本水平也往往接近。在对产品分类时，类距既不能定得过大，使成本计算工作复杂化；也不能定得过小，造成成本计算上的“大锅烩”，影响成本计算的正确性。（ ）

8. 企业制定的定额成本和计划成本都是成本控制的目标，定额成本和计划成本的制订过程都是对产品成本进行事前控制的过程，因此定额成本和计划成本是相等的。（ ）

9. 定额成本是根据企业现行消耗定额制定的，随着生产技术的进步和劳动生产率的提高，消耗定额成本必须不断修订，因此，定额成本在年度内有可能因消耗定额的修订而变动；

计划成本是根据企业计划期（通常为年度）内的平均消耗定额制定的。在计划期（年度）内，计划成本通常是随着定额成本的变动而变动。（ ）

10. 定额变动差异是指由于修订定额而产生的新旧定额之间的差异，它是定额自身变动的结果，与生产费用支出的节约与超支无关。（ ）

11. 制定定额成本依据的现行定额是指企业从月初起施行的定额。在有定额变动的月份，应当根据变动以后的定额，调整月初在产品的定额成本，计算定额变动差异。（ ）

12. 定额法下，材料脱离定额差异是材料实际消耗量与定额消耗量的差异。（ ）

三、任务实训

1. 某工厂按照产品类别归集生产费用，计算成本。类内不同规格产品的成本采用系数法或定额法分配确定。该厂 2012 年 5 月有关 A 产品产量、定额及成本资料见表 6-25、表 6-26。

表 6-25 产量定额表

2012 年 5 月

产品规格	产量（件）	材料单件定额（元）	工时单件定额（元）
产成品			
A1	5 600	48	11
A2	13 000	40	10
A3	4 000	60	12
在产品			
A1	800	48	5.5
A2	2 000	40	5

A2 产品为标准产品。

表 6-26 生产成本资料

2012 年 5 月 金额单位：元

项　目	直接材料	直接人工	制造费用	合　计
月初在产品成本	195 000	130 000	150 000	475 000
本月发生费用	1 034 100	225 600	332 600	1 592 300

要求：1. 按系数法计算 A 类三种产品的成本；

2. 按定额比例法计算 A 类三种产品的成本。

2. 某公司大量生产甲产品，该产品各项消耗定额比较准确、稳定，采用定额法计算成本，公司规定该产品的定额变动差异和材料成本差异由完工产品成本负担，脱离定额差异按定额成本比例在完工产品和月末在产品之间进行分配。有关资料如下。

定额成本及脱离定额差异见表 6-27。

表 6-27 定额成本及脱离定额差异表 金额单位：元

成本项目		直接材料	直接人工	制造费用	合　计
月初在产品成本	定额成本	10 000	2 000	6 000	18 000
	定额差异	−785	+140	−900	−1 545
本月生产费用	定额成本	50 000	8 500	31 000	89 500
	定额差异	−1 000	+700	+1 640	+1 340

已知该公司甲产品 2012 年 8 月份耗用 A 材料，材料成本差异率为−2%；甲产品从本月 1 日起实行新的材料消耗定额，新的消耗定额为 38 元，该产品旧的消耗定额为 40 元，该产品月初在产品按旧定额计算的材料定额费用为 10 000 元。

甲产品本月完工 200 件，在产品 100 件，其产成品单位定额成本资料见表 6-28。

表 6-28 甲产品单位定额成本资料表 金额单位：元

成本项目	直接材料	直接人工	制造费用	合　计
单位产品定额成本	275	47.25	171	493.25

要求：计算本月甲产品总成本和月末在产品成本。

项目七 成本报表的编制和分析

学习目标

1. 能编制产品生产成本表和主要产品单位成本表；
2. 能对基本成本报表进行分析和说明；
3. 能参与管理部门的成本决策；
4. 明确成本报表的编制要求；
5. 掌握基本成本报表的结构和编制；
6. 掌握基本成本报表的分析方法。

项目导航

本项目主要阐述工业企业成本报表的编制和分析。在概括说明成本报表的意义、作用、种类以及成本报表编制和分析的一般程序和方法的基础上，重点阐述了产品生产成本表、主要产品单位成本表、制造费用明细表、管理费用明细表和财务费用明细表的编制和分析方法。

相关知识

一、成本报表编制和分析方法

编制成本报表能将企业日常分散的成本核算资料进行系统、全面的总结，以满足企业成本管理的需要，本环节要求了解成本报表的种类及特征，掌握成本报表的编制方法，熟练应用成本报表的分析方法。

（一）成本报表的意义

成本报表是会计报表体系的重要组成部分。成本管理应完成的任务和提供成本信息的工作是相辅相成的，企业的工作结果和工作质量最终都综合地反映在成本报表上，企业内部经营管理者需要借助成本报表所提供的信息来达到成本管理的目的。因此，编制成本报表对加强企业内部经营管理和增强企业竞争实力等都有着十分重要的意义。

1．成本报表综合反映了报告期内的产品成本水平

产品成本是企业生产经营活动的一项综合性指标，它反映了企业在供应、生产、销售和管理等各方面在生产经营活动中的成果，诸如企业产品产量的增减和产品质量的优劣、企业资源消耗的多少、劳动效率和技术水平的高低、资金周转的快慢以及管理效能的高低等最终都会直接或间接地反映到产品成本中。利用成本报表的资料，能够及时发现和改进企业在生产、技术、质量、管理等方面存在的问题，寻求降低产品成本的途径，提高企业的经济效益。

2．通过对成本报表的分析，可以考核和评价各成本中心的业绩，充分调动广大职工的积极性

利用成本报表提供的信息，可考核和明确企业生产、技术、质量、管理等有关部门和人员执行成本计划的成绩和责任，总结工作经验，激励先进，鞭策后进。企业职工通过成本报表资料，可以了解他们为完成成本计划，为企业增产节约做出了多大贡献，以利于他们总结经验，在保证和提高产品质量的前提下，努力增收节支，为降低产品成本做出新的成绩。全体员工通过报表还可以了解企业成本计划的执行情况，使他们能够监督企业的经济活动，向管理层献计献策，充分发挥员工降低成本、参与管理的主动性和积极性。

3．通过成本报表的资料进行成本差异分析，可以为例外管理提供线索

利用成本报表的资料进行分析，可以揭示实际成本与计划成本的差异，了解产品成本是节约或是超支，分析差异产生的原因和差异对产品成本升降的影响程度，特别是可重点分析那些属于不正常的、不符合常规的关键性差异对产品成本升降的影响，这就为查明成本升降的主要原因和责任，加强成本控制提供了线索。

4．成本报表的资料为制订成本计划提供了重要的参考依据

企业制订下期成本计划是在报告年度产品成本实际水平的基础上，结合报告年度成本计划执行的情况，考虑计划年度中可能出现的有利因素和不利因素而制订的。同时，各管理部门还可以根据成本报表提供的资料，确定产品价格，对未来时期的成本进行预测，为企业制订正确的经营决策，加强成本控制和有效管理提供重要的参考数据。

（二）成本报表的作用

成本报表是进行成本分析的主要依据。成本会计报表的主要作用是向企业职工、各管理职能部门和企业领导以及上级主管部门提供成本信息，用以加强成本管理，促进和挖掘节约成本的潜力。

（1）企业和主管企业的上级机构（或公司）利用成本报表，可以检查企业成本计划的执行情况，考核企业成本工作绩效，对企业成本工作进行评价。

（2）通过成本报表分析，可以揭示影响产品成本指标和费用项目变动的因素和原因，从生产技术、生产组织和经营管理等各个方面挖掘和动员节约费用支出和降低产品成本的潜力，提高企业生产耗费的经济效益。

（3）成本报表提供的实际产品（或经营业务）成本和费用支出的资料，不仅可以满足企业、车间和部门加强日常成本、费用管理的需要，而且是企业进行成本、利润的预测、决策，编制产品成本和各项费用计划，制定产品价格的重要依据。

（三）成本报表的种类

成本报表一般不是对外报送、公布的会计报表。成本报表的种类、项目和编制方法，由企业自行确定。在企业的上级机构要求企业将其成本报表作为会计报表的附表上报的情况下，成本报表的种类、项目和编制方法，也可由主管企业的上级机构会同企业共同确定。

1．成本报表按报送对象分类

成本报表按报送对象可以分为对外报表和对内报表。

对外成本报表是指企业向外部单位，如上级主管部门和联营单位报送的成本报表。在我国国有企业和集体企业占比重较大的情况下，为了管理上的需要，企业仍然有分管和托管的主管部门，这些主管部门为了监督和控制成本费用，了解目标成本的完成情况，进行同行业的分析对比，并为成本预测和决策提供依据，以及满足投资者了解企业经营状况和经营成果的需要，都要求企业提供成本数据资料。

对内报表是指为了企业内部经营管理需要而编制的成本报表。此类报表由于不对外报送，所以，内容、种类、格式、编制程序和方法、编制时间和报送对象，均由企业根据生产经营管理的需要自行确定。

2．成本报表按反映的内容分类

成本报表按反映的内容分类可以分为反映成本情况的报表和反映各种费用支出情况的报表两类。

反映产品成本情况的报表侧重于揭示企业在一定时期为生产一定种类和数量的产品所花费的成本水平及构成情况，并与计划成本、上年实际成本、历史最高水平成本以及同行业成本相比，通过比较分析，找出差距。属于此类报表的有产品生产成本表、主要产品单位成本表等。

反映各种费用支出情况的报表侧重于揭示企业在一定时期内各种费用支出总额及构成情况。属于这类报表的有制造费用明细表、营业费用明细表、管理费用明细表、财务费用明细表等。

3．成本报表按编报的时间分类

成本报表按编报的时间可以分为定期编制报表和不定期编制报表两类。

定期编制报表根据管理上的要求一般分为月报、季报、年报，其主要目的是定期反映一定时期的成本水平及构成情况，以满足企业定期考核、分析成本计划完成情况的需要。

不定期编制的成本报表是企业为了满足临时的、特殊的需要向有关部门和人员编制的成本报表。不定期报表可以及时反映和反馈成本信息，揭示存在的问题，促使有关部门和人员及时采取措施，改进工作，提供效率，控制费用的发生，达到节约费用支出、降低成本的目的。

（四）成本报表的编制原则与方法

1．成本报表的编制原则

（1）编制成本报表时，在资产计量和填报方法上，应保持前后会计期间的一致性。为了保证各期会计报表的可比性，要贯彻企业会计准则中的一致性原则，即一经采用某种会计方法便不轻易改变。当情况发生变化使得变更会计方法合理和必须时，应当及时变更并在“财务情况说明书”中说明变更的原因和改变的影响。另外，要注意各种成本报表之间、各项目之间，凡有对应关系的数据，应该相互一致，本期报表与上期报表之间有关的数据应相互衔接，如有变动，应在会计报表中予以说明。

（2）成本报表要求编制及时，资料客观，成本信息要具有相关性和可靠性，这样才能达到准确、有效地满足使用者获得有用信息，以供决策需要。相关性要求提供的信息能够帮助使用者并影响使用者的经济决策，因此信息要具有相关性，必须及时在失去其决策作用前，就为决策者所掌握。可靠性要求成本报表数据准确，内容完整，提供的信息能如实反映其理当反映的情况。

2．成本报表的编制方法

成本报表作为对内报表，其格式内容和编制方法均由企业根据管理需要自行确定，或者由上级机构会同企业共同商定。各种成本报表，有的反映本期的实际成本费用，有的反映到本期为止累计的实际成本费用。另外，为了分析和考核成本计划的执行情况，这些报表往往还反映有关的计划数和上月实际数、历史最好水平以及定额数等资料。其编制方法如下所述。

成本报表中的本期实际成本费用，应根据有关的产品成本或费用明细账的本期实际发生额填列；表中的累计实际成本费用，应根据本期报表中的本期实际成本费用，加上上期报表的累计实际成本费用计算填列；如果有关的明细账中登记有期末累计实际成本费用，可以直接根据有关明细账相应数据填列。成本报表中的计划数，应根据有关的计划填列；表中其他资料和补充资料，应按报表编制的有关规定填列。

（五）成本报表的分析方法

成本报表中的成本资料，只有经过一定的技术方法，将其加工处理，揭示出成本变动的实质，找出内在的规律性东西，其作用才能得以充分发挥，真正为企业管理服务。

成本报表的分析方法一般可以分为静态分析法和动态分析法两类。静态分析法是发现指标差距的方法，如对比分析法、比率分析法、差额分析法等；动态分析法则是分析变化趋势的方法，如趋势分析法等。采用哪种方法，要根据分析要求、分析对象的特点、所掌握的信息资料的性质和内容来决定。

1．对比分析法

对比分析法也称比较法，是将两个以上的同类经济指标进行数量对比，借以揭示指标之间差距及程度的一种分析方法。通过比较可以揭示客观上存在的差距，并为进一步分析指明方向。比较法是一种最基本的分析方法，其他各种分析方法都是在其基础上进行工作的。

应用比较法时，首先应确定比较的标准，即比较哪些内容。常用的比较标准有以下几种。

（1）实际指标与计划指标或定额指标相比较。这是用于确定企业成本计划指标或定额指标的完成情况，为进一步分析指明方向。

（2）本期实际指标与前期指标相比较。这是用于揭示成本指标的变动情况和变动趋势，借以观察企业生产经营管理水平的提高程度。

（3）本企业指标与同类型企业指标相比较。这是用于表示企业的先进（落后）程度及差距，借以判断本企业的成本管理水平，在更大的范围内寻找差距，推动企业改进经营管理，向更高的目标努力。

对比分析法只适用于同质指标的数量对比，因此，在运用这种方法时，要注意对比指标的可比性，即对比指标的计算口径、计价基础、时间单位等应保持一致，这是正确运用对比分析法的重要条件。

2．比率分析法

比率分析法是指通过计算各种经济指标的比率，据以分析成本活动的质量、水平和结构的分析方法。采用这一方法，先要把对比的数值变成相对数，求出比率，然后再进行对比分析。根据分析的内容和要求不同，比率分析法主要有以下几种。

（1）相关指标比率分析。相关指标比率分析是将两种性质不同但又相关的指标进行对比，计算相关指标间的比率，以便从经济活动的客观联系中，更深入地分析和比较生产耗费的经济效益。例如，将成本指标与反映生产经营成果的产值、销售收入、利润指标对比求出产值成本率、销售成本率和成本利润率指标。其计算公式为：

$$\text{相关指标比率}=\frac{\text{某项经济指标的数值}}{\text{另一项经济指标的数值}}\times 100\%$$

（2）结构比率分析。结构比率分析是以某个经济指标的各个组成部分在总体中所占的比重，来分析其结构变化对成本计划执行情况的影响。通过分析可以掌握该项经济指标的特点和变化趋势，寻求最佳成本结构或通过调整成本结构以达到降低成本的途径。其计算公式为：

$$\text{某项结构比率}=\frac{\text{某项经济指标的部分数值}}{\text{某项经济指标的全部数值}}\times 100\%$$

（3）动态比率分析。动态比率分析是将连续若干时期同类成本指标的数值进行对比，揭示该项成本指标发展方向和增减速度，以观察成本费用的变化趋势，故也称为趋势分析法。动态比率可分为定基比率和环比比率两种。

定基比率也称定基发展速度，它是以某一时期的数量为基数，将分析期各个时期的数量均与基期相比，计算各个时期较基期的增减比率。环比比率也称环比发展速度，它是将分析期各个时期的数量都和其前一期数量对比，计算其较前一期的增减比率。其计算公式如下：

$$\text{定期发展速度}=\frac{\text{报告期发展水平}}{\text{某固定基期发展水平}}\times 100\%$$

$$\text{环比发展速度}=\frac{\text{报告期发展水平}}{\text{上期发展水平}}\times 100\%$$

3．因素分析法

因素分析法也称连环替代法，它是把综合经济指标分解为各个影响因素，然后分别测定各个因素变动对综合经济指标影响程度的一种分析方法。采用这种方法时，是在假定其他因素不变而其中一个因素变化，求出指标的差异数额，这就是该变化因素对综合经济指标的影响程度。按照一定顺序连环替代，可依次确定各影响因素对综合指标的影响值。其一般计算程序如下。

（1）根据各因素之间的数学运算关系，列出该指标的计算公式。

（2）按照一定的替代顺序，依次以每个因素的实际数替换基数，每次替换后要计算出替代指标的差异数额，这就是该替换因素对计划完成结果的影响值。

（3）将各个因素的影响值相加，就是指标的实际数与计划数之间的差异总额。

各因素变动连环替代计算原理见表 7-1。

表 7-1　各因素变动连环替代计算原理

替换次数	因　素			指　标	差　异	产生差异因素
	因素 1	因素 2	因素 3			
0	基数	基数	基数	基期指标①	–	–
1	实际数	基数	基数	指标②	②－①	因素 1 的影响
2	实际数	实际数	基数	指标③	③－②	因素 2 的影响
3	实际数	实际数	实际数	实际指标④	④－③	因素 3 的影响
各因素影响程度合计					④－①	全部因素的影响

运用因素分析法时，应注意以下几个问题。

（1）要注意构成因素的相关性。

（2）要注意替换计算的顺序性。

（3）要注意计算程序的连环性。

4．差额计算法

差额计算法是指根据各项因素的实际数与基数的差额，来计算相互联系的各项因素变动对综合经济指标的影响程度的一种分析方法。它是连环替代法的一种简化形式。

差额计算法所应用的原理和连环替代法相同，只是计算形式不同，其特点是根据已确定的影响综合经济指标的各个因素及替换顺序，用各个因素的实际数与基数之差逐项直接替换基数，所得计算结果就是该因素变动对综合经济指标的影响程度。

各因素变动差额计算原理见表 7-2。

表 7-2　各因素变动差额计算原理

变动因素	因素 1	因素 2	因素 3	影响程度
	①	②	③	④＝①×②×③
因素 1	（实–基）	基数	基数	因素 1 的影响
因素 2	实际数	（实–基）	基数	因素 2 的影响
因素 3	实际数	实际数	（实–基）	因素 3 的影响
各因素变动综合影响				全部因素的影响

差额计算法的计算结果与连环替代法的完全一致。

差额计算法由于计算简便，所以应用比较广泛，特别是在影响因素只有两个时更为适用。

二、产品生产成本表的编制和分析

本环节重点要求掌握按成本项目反映的产品生产成本表的编制，按产品品种反映的产品生产成本表的编制，并对按成本项目反映的产品生产成本表的分析常采用对比分析法、构成比率分析法和相关指标比率分析法，了解本期实际成本与计划成本的对比分析，本期实际成本与上年实际成本的对比分析。

（一）产品生产成本表

产品成本表是关于按产品品别设置，或分成本项目反映各种产品总成本和单位成本，反映企业在一定时期内生产产品而发生的全部生产费用的报表。企业根据管理的需要可以编制按可比产品和不可比产品分类反映的全部商品产品成本表，一般称为商品产品成本表；也可以编制按成本项目反映的产品生产成本表，还可以编制按成本性态反映的产品生产成本表以及按主要产品和非主要产品反映的全部产品的生产成本报表，一般称为产品生产成本表。这里将这两类报表统一归为产品生产成本表。

（二）产品生产成本表的编制

产品生产成本表的编制，一般应根据上年和本年生产费用明细账（或产品成本计算单），有关产量统计资料，在产品和自制半成品等期末存货盘存资料，以及有关产品的计划和定额成本资料和相关经济技术资料等，经过整理、加工和分析计算对单位成本、总成本的各栏分别按成本项目类别，按成本性态类别，或按产品品种类别进行填列。

下面介绍几种常用产品生产成本报表的编制，它是根据一般工业企业管理和决策的需要而提供的参考格式。在实际工作中，根据可能和需要可选用适合格式进行编制。

1．按成本项目反映的产品生产成本表的编制

按成本项目反映的产品生产成本表是按成本项目汇总反映企业在报告期内发生的全部生产费用以及产品生产成本合计数的报表。产品生产成本表按成本项目反映可以反映报告期内全部产品生产费用的支出情况和各种费用的构成情况。将本表本年实际生产费用及产品生产成本与本年计划数和上年实际数相比较，可以考核和分析年度生产费用及产品生产成本计划执行情况及本年比上年生产费用及产品生产成本的升降情况。

产品生产成本表（按成本项目反映）编制方法如下所述。

（1）上年实际应根据上年 12 月份本表的本年实际数填列。

（2）本年计划数应根据成本计划有关资料填列。

（3）本年实际数应根据本月实际数加上上月本年累计实际数计算填列。

（4）按成本项目反映的本月各种生产费用数，根据各种产品成本明细账所记本月生产费用合计数，按照成本项目分别汇总填列。

（5）期初、期末在产品、自制半成品的余额，根据各种成本明细账的期初、期末在产品成本和各种自制半成品明细账的期初、期末余额分别汇总填列。

（6）产品生产成本合计数根据表中的生产费用合计数，加上在产品、自制半成品期初余额，减去在产品、自制半成品期末余额计算填列。

【例 7-1】 产品生产成本表的编制

1. 资料与要求

根据某有限责任公司 2012 年 12 月产品生产成本资料编制产品生产成本表。

2. 解析

见表 7-3。

表 7-3　　产品生产成本表（按成本项目反映）

企业名称：××有限责任公司　　2012 年 12 月　　金额单位：千元

成本项目	上年实际	本年计划	本月实际	本年实际
生产费用				
直接材料	323.36	311.12	43.42	331.26
直接人工	274.56	183.76	18.02	178.48
制造费用	223.12	278.30	24.36	304.63
生产费用合计	821.04	773.18	85.80	814.37
加：在产品、自制半成品期初余额	39.60	57.82	39.27	39.22
减：在产品、自制半成品期末余额	28.50	42.83	48.13	49.23
产品生产成本	832.14	788.17	76.94	804.36

2．按产品品种反映的产品生产成本表的编制

按产品品种反映的产品生产成本表是反映企业在报告期内生产的全部商品产品总成本和各种主要商品总成本及单位成本的报表。利用按产品品种反映的产品生产成本表，可以揭示企业生产一定数量产品所付出的成本是否达到了预期的要求，可以考核和分析企业产品生产成本计划的执行情况，以及可比商品成本降低计划的执行情况，对企业的成本管理工作做出评价。

按产品品种反映的产品生产成本表分为正表和补充资料两部分。正表项目栏的纵栏中分为可比产品与不可比产品两部分。可比产品是指上一年正式生产过，有上年度较完备的成本资料的产品。由于可比产品需要同上年度实际成本进行比较，因此，表中不仅要反映本期的计划成本和实际成本，还要反映按上年实际平均单位成本计算的总成本。不可比产品是指上一年没有正式生产过，没有上年度成本资料的产品。对于不可比产品，由于没有上年度实际单位成本资料，所以只反映本年度的计划成本和实际成本。正表项目栏的横栏中，分别反映各种产品的产量、单位成本、本月总成本、本年累计总成本。在产量栏中进一步分为本年（月）计划与本年（月）实际。其他各栏又分别根据实际产量，按上年实际平均数计算，本年计划数、本月实际数，本年实际数，分品种分栏进行反映。补充资料部分一般按年填报，主要内容是可比产品成本降低额、降低率、产值成本率的累计实际数与计划数，以及按现行价格计算的产品产值等资料。这种报表的格式见表 7-4。

表 7-4

产品生产成本表（按产品品种反映）

企业名称：××有限责任公司　　2012 年 12 月　　金额单位：千元

产品名称	规格	计量单位	产量			单位成本				本月总成本			本年累计总成本		
			本年（月）计划	本月实际	本年累计实际	上年实际平均	本年计划	本月实际	本年实际平均	按上年实际平均单位成本计算	按本年计划单位成本计算	本月实际	按上年实际平均单位成本计算	按本年计划单位成本计算	本年实际
			（1）	（2）	（3）	（4）	（5）	（6）=（10）÷（2）	（7）=（13）÷（3）	（8）=（2）×（4）	（9）=（2）×（5）	（10）	（11）=（3）×（4）	（12）=（3）×（5）	（13）
可比产品合计			—	—	—	—	—	—	—	3 105	2 830	2 502.5	34 515	31 440	28 335
其中：A 产品		台	310	30	315	61	56	48	49	1 830	1 680	1 440	19 215	17 640	15 435
B 产品		件	300	25	300	51	46	42.5	43	1 275	1 150	1 062.5	15 300	13 800	12 900
不可比产品合计			—	—	—	—	—	—	—	—	331.5	294	—	3 054	2 799
其中：C 产品		件	25	3	27	—	87	75	77	—	261	225	—	2 349	2 079
D 产品		台	30	3	30	—	23.5	23	24	—	70.5	69	—	705	720
产品生产成本合计			—	—	—	—	—	—	—	—	3 161.5	2 796.5	—	34 494	31 134

补充资料：

（1）可比产品成本降低额 61 80 千元。

（2）可比产品成本降低率 17.91%。

（3）按现行价格计算的商品产值 945 00 千元。

（4）产值成本率 32.95%（本年计划产值成本率 32%）。

（1）按产品品种反映产品生产成本表正表的编制方法如下所述。

① 产量栏分为“本年（月）计划”、“本月实际”和“本年累计实际”，分别反映本年（月）计划产量，本月和本年1月1日起至报表编制月月末止各种主要商品的实际产量。本栏应根据成本计算单或产品成本明细账的记录计算填列。

② 单位成本栏中的四项内容分别按上年度成本报表资料、本期成本计划资料、本期实际成本资料和本年累计成本资料分别计算填列。

③ 本月总成本栏包括三项内容。其中本月实际总成本按本月产品成本计算单的有关数据填列；其他两项内容分别根据上年实际平均单位成本和本年计划单位成本乘以本月实际产量所得的积数填列。

④ 本年累计总成本栏也包括三项内容。按自年初至本月末止的本年累计实际产量分别乘以上年实际平均单位成本、本年计划单位成本和本年累计实际平均单位成本的积数填列。

（2）按产品品种反映产品生产成本表补充资料的编制方法如下所述。

① 补充资料部分只填列本年累计实际数。

② 可比产品成本降低额是可比产品累计实际总成本比按上年实际平均单位成本计算的累计总成本降低的数额，超支用负数表示。其计算公式如下：

可比产品成本降低额=可比产品按上年实际平均单位成本计算的总成本
−可比产品本年累计实际总成本

根据表7-4中的数据，计算如下：

可比产品成本降低额=34 515−28 335=6 180（千元）

③ 可比产品成本降低率指可比产品本年累计实际总成本比按上年实际平均单位成本计算的累计总成本降低的比率，超支用负数表示。其计算公式如下：

可比产品成本降低率=可比产品成本降低额/可比产品按上年实际平均单位
成本计算的总成本×100%

根据表7-4中的数据，计算如下：

可比产品成本降低率=6 180/34 515=17.91%

④ 按现行价格计算的商品产值，根据有关统计资料填列。

⑤ 产值成本率指产品生产成本与商品产值的比率，通常以每百元商品产值总成本表示。其计算公式如下：

产值成本率=产品生产成本/商品产值×100

根据表7-4中的数据，计算如下：

产值成本率=31 134/94 500×100=32.95（%）

（三）产品生产成本表的分析

1．成本分析的原则

（1）全面分析与重点分析相结合。成本是企业经济活动情况的综合反映，是多种因素的综合结果，只有从经济活动的各个方面相互联系地进行全面研究，才能真正揭示成本升降的原因。全面分析就是要求成本分析内容具有全局性、广泛性，要以产品成本形成的全过程为对象，结合生产经营各阶段的不同性质和特点，做到事前进行预测分析，事中进行控制分析，事后进行查核分析。

（2）定量分析与定性分析相结合。定量分析是通过对成本变动数量的分析，来揭示成本指标的变动幅度及各因素的影响程度，而定性分析是通过对成本性质的分析，揭示影响成本费用各因素的性质、内部联系及变动趋势。定量分析是定性分析的基础，定性分析是对定量分析的进一步补充和说明。

（3）纵向分析与横行分析相结合。进行成本分析时，不仅要从企业内部范围进行本期与上期的对比分析、本期与计划的对比分析、本期与历史先进水平的对比分析，而且还要加强与国内外同行业先进水平相对比，找出差距，取长补短，充分发挥潜力，达到或超过先进水平。

（4）成本分析与成本考核相结合。为了达到成本分析的目的，还应将成本分析结果同企业内部各部门业绩考核相结合，将降低成本的任务落到各责任部门，使得各职能部门的责任目标更具体、更明确，并且可及时将执行任务的结果进行反馈，使成本分析更实际、更深入。

对按成本项目反映的产品生产成本表的分析常采用对比分析法、构成比率分析法和相关指标比率分析法。

【例 7-2】 产品生产成本表的分析

1. 资料

某有限责任公司 2012 年 12 月“产品生产成本表”见表 7-3。

2. 要求

对产品生产成本表（按成本项目）进行分析。

3. 解析

根据表 7-3 分析如下。

就表中生产费用合计数来看，本年实际数低于上年实际数，但高于本年计划数。这说明：产品生产成本本年累计实际数低于本年计划数，另外，计划的期初、期末在产品和自制半成品余额的差额（57.82−42.83=14.99 千元）大于实际的期初、期末在产品和自制半成品余额的差额（39.22−49.23=−10.01 千元）。

对于各项生产费用，可以计算构成比率，并在本年实际、本月实际、本年计划和上年实际之间进行对比。生产费用各项目构成比率计算见表 7-5。

表 7-5　　生产费用构成比率计算表　　金额单位：千元

项　目			上年实际	本年计划	本月实际	本年实际
成本资料	直接材料	（1）	323.36	311.12	43.42	331.26
	直接人工	（2）	274.56	183.76	18.02	178.48
	制造费用	（3）	223.12	278.30	24.36	304.63
	生产费用合计	（4）	821.04	773.18	85.80	814.37
构成比率	直接材料	（5）=（1）/（4）	39.38%	40.24%	50.61%	40.68%
	直接人工	（6）=（2）/（4）	33.44%	23.77%	21%	21.92%
	制造费用	（7）=（3）/（4）	27.18%	35.99%	28.39%	37.41%

从表 7-5 各项构成比率，可以看出，本年实际构成与本年计划构成相比，本年直接材料费用和制造费用的比重有所提高，而直接人工费用比重有所降低；与上年实际构成相比，本年直接材料费用和制造费用的比重也有所提高，而直接人工费用的比重则有所降低。

对案【例 7-1】中各期产品生产成本合计数，可以与各该期的产值、收入或利润相比，计算相关指标的比率，即产值成本率、收入成本率或成本利润率，据以比较各期的相对的经济效益。

假定[例 7-1]某有限责任公司各期的利润总额分别为：上年实际 177 100 元，本年计划 180 260 元，本月实际 16 600 元，本年实际 186 180 元，则各期成本利润率可计算如下：

上年实际成本利润率=177 100/832 140×100%=21.28%

本年计划成本利润率=180 260/788 170×100%=22.87%

本月实际成本利润率=16 600/769 400×100%=21.58%

本年实际成本利润率=186 180/804 360×100%=23.15%

根据上述计算结果可以看出，该企业的成本利润率不仅本年实际高于本年计划和上年实际，说明该企业的经济效益不错，而且在不断提高。

2．按产品品种反映的产品生产成本表的分析

对按产品品种反映的产品生产成本表的分析，一般可以从以下两方面进行。

（1）本期实际成本与计划成本的对比分析。进行这一方面的成本分析，应该根据产品成本表中所列的全部产品和各种产品的本月实际总成本和本年累计实际总成本，分别与本月按本年计划单位成本计算的总成本和按本年计划单位成本计算的本年累计计划总成本进行比较，确定全部产品和各种主要产品实际成本与计划成本的差异，了解成本计划的执行结果。

【例 7-3】 产品生产成本表的分析

1. 资料

某有限责任公司 2012 年 12 月“产品生产成本表”见表 7-4。

2. 要求

按产品品种分析全部产品成本计划完成情况。

3. 解析

根据表 7-4 中资料，按产品品种分析全部产品成本计划完成情况。分析中主要涉及以下两项指标：

计划成本降低额=按本年计划单位成本计算的本年累计计划总成本-本年累计实际总成本

=∑［实际产量×（计划单位成本−实际单位成本）］

计划成本降低率=成本降低额/按本年计划单位成本计算的本年累计计划总成本×100%

根据上述公式计算表 7-4 中各产品品种成本分析数据见表 7-6。

表 7-6 全部产品生产成本分析表（本期比计划） 金额单位：千元

项 目	按本年计划单位成本计算的本年累计计划总成本	本年累计实际总成本	成本降低额	成本降低率
可比产品合计	31 440	28 335	3 105	9.88%
其中：A 产品	17 640	15 435	2 205	12.50%
B 产品	13 800	12 900	900	6.52%
不可比产品合计	3 054	2 799	255	8.35%
其中：C 产品	2 349	2 079	270	11.49%
D 产品	705	720	−15	−2.13%
全部产品生产成本	34 494	31 134	3 360	9.74%

从表 7-6 中可以看出，该企业产品生产成本降低任务总体完成得很好，实际成本比计划成本节约 3 360 000 元，成本降低率为 9.74%。其中，可比产品成本节约 3 105 000 元，成本降低率为 9.88%；不可比产品成本节约 255 000 元，成本降低率为 8.35%；产品成本降低率最大是 A 产品，最小为 D 产品，D 产品的成本降低率为负值，说明 D 产品成本超支。对于成本降低最大及最小的产品，特别是成本超支较大的产品，一般应进一步查明原因。

（2）本期实际成本与上年实际成本的对比分析。对于可比产品，还可以进行这一方面的成本对比，分析可比产品成本本期比上年的情况。可比产品成本升降情况的分析，可以按产品品种进行，也可以按全部可比产品进行。可比产品成本的降低计划一般按全部可比产品综合规定，因而可比产品成本降低计划执行结果的分析一般按全部可比产品综合进行。

分析中常用到的指标及计算公式如下：

可比产品成本计划降低额=Σ［计划产量×（上年实际单位成本–本年计划单位成本）］

可比产品成本计划降低率=可比产品成本计划降低额/Σ（计划产量×上年实际单位成本）×100%

可比产品成本实际降低额=Σ［实际产量×（上年实际单位成本–本年实际单位成本）］

可比产品成本实际降低率=可比产品成本实际降低额/Σ（实际产量×上年实际单位成本）×100%

【例 7-4】 产品生产成本表的分析

1. 资料

某有限责任公司 2012 年 12 月“产品生产成本表”见表 7-4。

2. 要求

按产品品种分析可比产品成本降低任务完成情况。

3. 解析

根据表 7-4 中资料，按产品品种分析可比产品成本降低任务完成情况。根据上述公式计算结果见表 7-7。

表 7–7　可比产品生产成本分析表（本期比上期）　金额单位：千元

产品名称	产　量			单位成本			可比产品成本计划降低额	可比产品成本计划降低率	可比产品成本实际降低额	可比产品成本实际降低率
	本年（月）计划	本月实际	本年累计实际	上年实际平均	本年计划	本年实际平均				
	(1)	(2)	(3)	(4)	(5)	(6)	(7)=(1)×(4)−(1)×(5)	(8)=(7)÷[(1)×(4)]	(9)=(3)×(4)−(3)×(6)	(10)=(9)÷[(3)×(4)]
可比产品合计	—	—	—	—	—	—	3 050	8.92%	6 180	17.91%
其中：A 产品	310	30	315	61	56	49	1 550	8.20%	3 780	19.67%
B 产品	300	25	300	51	46	43	1 500	9.80%	2 400	15.69%

从表 7-7 中可以看出，该企业本年可比产品生产成本与上年相比总体下降。本年实际成本比上年实际成本减少 6 180 千元，成本降低率为 17.91%。其中 A 产品成本降低 3 780 千元，成本降低率为 19.67%；B 产品成本降低 2 400 千元，成本降低率为 15.69%。可比产品成本实际降低额和降低率都超过了计划降低额和降低率，企业应就影响成本降低的主要因素做进一步分析。

三、主要产品单位成本表的编制和分析

（一）主要产品单位成本表的编制

1．主要产品单位成本表及作用

（1）主要产品单位成本表。主要产品单位成本表是反映企业在一定时期内（月份、季度、年度）生产的各种主要产品单位成本的构成和各项主要经济指标执行情况的成本报表，是产品生产成本表的必要补充。

主要产品单位成本表应按主要产品分别编制，它是对产品生产成本表的补充说明。主要产品单位成本表的主要特点：按产品成本项目，分别反映产品单位成本及各成本项目的历史先进水平、上年实际平均水平、本年计划、本月实际和本年累计实际平均的成本资料。

（2）主要产品单位成本表的作用如下。

① 利用主要产品单位成本表可以分析各种主要产品单位成本水平和结构比例；

② 利用主要产品单位成本表可以比较各种主要产品单位成本计划、定额执行情况；

③ 利用主要产品单位成本表可以寻找产生差距的原因，挖掘降低单位产品成本的潜力，提高企业经济效益。

2．主要产品单位成本表的结构和编制方法

主要产品单位成本表可以分设产量、单位成本和主要技术经济指标三部分。

设定 A 产品单位成本表的格式和内容见表 7-8。

表 7-8　　主要产品单位成本表

编制单位：某企业　　金额单位：元

产品名称	A		本月计划产量		6	
规格	JG		本月实际产量		8	
计量单位	台		本年累计计划产量		90	
销售单价	165		本年累计实际产量		100	
成本项目	历史先进水平		上年实际平均	本年计划	本月实际	本年实际平均
直接材料	98		102	100	104	108
直接人工	20		22	22	25	23
制造费用	12		19	16	14	14
产品生产成本	130		143	138	143	145
主要技术经济指标	单位	耗用量	耗用量	耗用量	耗用量	耗用量
1．材料甲	千克	10	10.5	10	11	10.25
2．材料乙	千克	20	21	21	22	21.5
3．工时	小时	8	9	8	8.5	8.2

表 7-8 中各项数字填列方法如下。

（1）产量：本月及本年累计计划产量应根据生产计划填列；本月及本年累计实际产量应根据产品成本明细账或产成品成本汇总表填列；销售单价应根据产品定价表填列。

（2）单位成本：历史先进水平，应根据历史上该种产品成本最低年度本表的实际平均单位成本填列；上年实际平均单位成本，应根据上年度本表实际平均单位成本填列；本年计划单位成本，

应根据本年度成本计划填列；本月实际单位成本，应根据产品成本明细账或产成品成本汇总表填列；本年累计实际平均成本，应根据该种产品成本明细账所记自年初至报告期末完工入库产品实际总成本除以累计实际产量计算填列。

（3）主要技术经济指标：指该种产品主要原材料的耗用量，应根据业务技术核算资料填列。

（二）主要产品单位成本表的分析

企业在对全部产品及可比产品成本降低情况进行分析的基础上，要对企业主要产品单位成本进行具体的分析，以便找出主要产品单位成本升降的原因，寻求降低成本的途径。

主要产品单位成本分析包括两个方面的内容：一是分析主要产品单位成本计划完成情况；二是按成本项目进行逐项分析。

1．主要产品单位成本计划完成情况分析

对主要产品单位成本计划完成情况进行分析时，要将实际单位和计划单位成本或上年单位成本进行比较，计算差异，确定单位成本是升高还是降低了，升降幅度是多少，在此基础上再按成本项目进行逐项分析，进一步了解各成本项目升降的情况。

**【例 7-5】　主要产品单位成本表的分析**

1．资料

某企业 2012 年 12 月“A 产品单位成本分析表”见表 7-8。

2．要求

分析产品单位成本计划完成情况。

3．解析

根据表 7-8 中的数据，编制 A 产品的单位产品成本分析表，见表 7-9。

表 7-9　　A 产品单位成本分析表　　金额单位：元

项目	上年实际平均	本年计划	本年实际平均	本年实际比上年实际		本年实际比本年计划	
				升降额	升降率	升降额	升降率
	（1）	（2）	（3）	（4）=（3）−（1）	（5）=（4）/（1）	（6）=（3）−（2）	（7）=（6）/（2）
直接材料	102	100	108	6	5.88%	8	8.00%
直接人工	22	22	23	1	4.55%	1	4.55%
制造费用	19	16	14	−5	−26.32%	−2	−12.50%
合计	143	138	145	2	1.40%	7	5.07%

利用下面公式还可以计算某成本项目对单位成本的影响：

某成本项目对单位成本的影响=某成本项目成本升降额/产品单位成本升降额×产品单位成本升降率×100%

根据表 7-9 的数据计算本年实际与本年计划对比中各成本项目对单位成本的影响如下：

直接材料对单位成本的影响=8/7×5.07%=5.80%

直接人工对单位成本的影响=1/7×5.07%=0.72%

制造费用对单位成本的影响=−2/7×5.07%=−1.45%

从上述计算数据中可以看出，该企业A产品本年实际单位成本比上年实际单位成本增加2元，成本上升1.4%；比本年计划增加7元，成本上升5.07%。成本上升主要由直接材料费用超支造成，其次直接人工费用提高也在一定程度上使产品单位成本上升，本年制造费用相对下降，但因其下降额度在单位成本中所占比重较小，对单位成本的影响也较小，未能从总体上降低成本。对直接材料上升过快的问题，应进一步查明原因。

2．成本项目分析

（1）直接材料成本项目分析。如果企业生产的产品只耗用一种材料，或虽耗用几种材料，但它们之间不存在配比关系时，对单位材料成本的变动情况，应结合单位产品材料消耗量（简称单耗）和材料单价两个因素的变动情况进行深入分析，此种分析也称两因素分析法；如果一种产品耗用几种材料，并且在各种材料之间存在着配比关系时，除了分析单耗和材料单价因素变动外，还应分析材料配比因素变动的影响，也称三因素分析法。这里介绍的是两因素分析法，其因素分解式为

单位产品材料成本=Σ（单位产品材料消耗量×材料单价）

从因素分解式可以看出，影响单位材料成本的因素有两个：一是单耗因素，二是材料单价因素，测定各因素的变动对单位材料成本的影响，可按如下公式进行：

单耗变动对单位材料成本的影响=Σ［（实际单耗−计划单耗）×计划材料单价］

单价变动对单位材料成本的影响=Σ［实际单耗×（实际材料单价−计划材料单价）］

【例7-6】 主要产品单位成本表的分析

1. 资料

某企业2012年12月“A产品单位成本分析表”见表7-8。

2. 要求

对成本项目（直接材料）计划完成情况进行分析。

3. 解析

根据表7-8中的相关数据，并补充单价数据资料，整理计算后见表7-10。

表7−10 A产品单位材料成本资料 金额单位：元

材料名称	单　位	本年计划			本年实际平均		
		单耗	单价	材料成本	单耗	单价	材料成本
1. 甲材料	千克	10	5.8	58	10.25	5.503	56.41
2. 乙材料	千克	21	2	42	21.5	2.4	51.60
合计				100			108.01

根据表7-10的资料，计算分析A产品单位材料成本的变动情况如下：

单位产品材料成本变动额=108.01−100=8.01（元）

单耗变动对单位材料成本的影响=(10.25−10)×5.8+(21.5−21)×2=1.45+1=2.45（元）

单价变动对单位材料成本的影响=10.25×(5.503−5.8)+21.5×(2.4−2)=−3.044+8.6=5.56（元）

上述分析说明，A产品材料成本实际比计划上升8.01元，是单耗与材料单价两个因素共同变动影响的结果。其中：单耗变动使单位材料成本比计划上升了2.45元，单价变动使单位材料成本比计划上升了5.56元。

在单耗变动中，甲材料消耗量高于计划，使单位材料成本超支了1.45元，乙材料消耗量也高

于计划，使单位材料成本超支了 1 元。影响单耗变动的原因主要有：材料质量的变化、材料加工方式的改变、利用废料或代用材料、材料利用程度的变化、产品零部件结构的变化、废料回收情况等，应结合上述原因进行深入、具体的分析。

在材料单价变动中，甲材料的单价低于计划，使单位材料成本降低 3.04 元，乙材料单价高于计划，使单位材料成本较计划超支了 8.6 元。影响材料单价变动的原因有：材料买价、运费、运输途中的损耗、材料入库前的挑选整理费用等因素的变动，这些原因既有主观的，也有客观的，应结合具体情况加以深入分析。

（2）直接人工成本项目分析。当企业只生产一种产品时，单位产品的人工成本等于人工成本总额除以产品总量。其计算公式为：

单位产品人工成本=生产工人薪酬总额/完工产品产量

这种情况下，影响单位产品人工成本的因素只有两个，即工人薪酬和产品产量。这两个因素变动对单位产品人工成本变动的影响可用如下公式测定：

产品产量变动对单位产品人工成本的影响=计划工人薪酬总额/实际产品产量−计划工人薪酬总额/计划产品产量

工人薪酬总额变动对单位产品人工成本的影响=（实际工人薪酬总额−计划工人薪酬总额）/实际产品产量

在多数企业中，生产的产品品种往往不是单一的，各产品的人工费用一般按生产工时比例分配计入各种产品成本。因此单位产品人工成本的高低取决于单位产品的生产工时和小时薪酬分配率这两个因素。其计算公式如下：

单位产品人工成本=单位产品生产工时×小时工资率

每项因素变动对单位产品人工成本的影响，可以用下列公式测定：

单位产品工时变动对单位产品人工成本的影响=（单位产品实际工时−单位产品计划工时）×计划小时薪酬率

小时薪酬率变动对单位产品人工成本的影响=单位产品实际工时×（实际小时薪酬率−计划小时薪酬率）

【例 7-7】 主要产品单位成本表的分析

1. 资料

某企业 2012 年 12 月“A 产品单位成本分析表”见表 7-8。

2. 要求

对成本项目（直接人工）计划完成情况进行分析。

3. 解析

根据表 7-8 中的相关数据，补充下列数据并整理计算，见表 7-11、表 7-12。

表 7–11　A 产品总产量、总工时、工资总额资料　金额单位：元

项　目	本年计划	本年实际	差　异
产品产量	9 000	9 987	987
总工时	72 000	81 894	9 894
工资总额	198 000	229 703	31 703

表 7-12　　A 产品单位产品人工费用分析资料

项　目	本年计划	本年实际	差　异
单位产品工时（小时）	8	8.20	0.20
小时薪酬率	2.75	2.804 9	0.054 9
单位产品人工成本（元）	22	23	1.00

单位产品工时变动对单位产品人工成本的影响=(8.2−8)×2.75=0.55（元）

小时薪酬率变动对单位产品人工成本的影响=8.2×(2.804 9−2.75)=0.45（元）

从上述计算结果可以看出，A 产品单位人工成本实际比计划增加了，是由单位产品工时上升和小时薪酬率上涨两个因素共同影响所致。

单位产品工时上升，意味着劳动生产率有所下降。劳动生产率变动应从以下几个方面进行深入分析：生产工艺及产品设计的改变、机器设备的性能、工人技术的熟练程度、劳动纪律和劳动态度等。小时薪酬率是生产工人工资总额与生产总工时的比率。薪酬总额控制得好，会使小时薪酬费用节约。对生产工人薪酬总额变动的分析，可以与前述按成本项目反映的产品生产成本表中的直接人工费用的分析结合进行。

（3）制造费用成本项目分析。制造费用是为组织和管理生产所发生的各项费用，是生产车间的间接费用。对制造费用的分析也区分两种情况。

当企业只生产一种产品时，单位产品制造费用的因素分解式为

单位产品制造费用=制造费用总额/产品产量

上式各因素变动对单位产品制造费用的影响的测定公式为

产品产量变动对单位制造费用的影响=计划制造费用/实际产品产量−单位产品计划制造费用

制造费用总额变动对单位制造费用的影响=（实际制造费用总额−计划制造费用总额）/实际产品产量

如果企业生产多种产品，则单位产品的制造费用应按以下分解式进行因素分析：

单位产品制造费用=单位产品生产工时×小时费用率

上式中两个因素变动对单位制造费用的影响，可按以下公式测定：

单位产品工时变动对单位制造费用的影响=（实际单位产品工时−计划单位产品工时）×计划小时费用率

小时费用率变动对单位制造费用的影响=实际单位产品工时×（实际小时费用率−计划小时费用率）

【例 7-8】　主要产品单位成本表的分析

1. 资料

某企业 2012 年 12 月“A 产品单位成本分析表”见表 7-8。

2. 要求

对成本项目（制造费用）计划完成情况进行分析。

3. 解析

根据表 7-8 中的相关数据，补充小时费用率数据，整理计算后见表 7-13。

表 7-13　　A 产品单位产品制造费用分析资料

项　目	本年计划	本年实际	差　异
单位产品工时（小时）	8	8.20	0.20
小时费用率	2	1.71	−0.29
单位产品制造费用（元）	16	14	−2.00

单位产品工时变动对单位制造费用的影响=（8.2−8）× 2=0.4（元）

小时费用率变动对单位制造费用的影响=8.2 ×（1.71−2）=−2.4（元）

以上计算结果表明，A 产品单位成本中，制造费用节约 2 元，这一节约主要归因于小时费用率的下降。对造成单位产品制造费用增加的单位产品工时变动应当进一步查明原因。

3．主要技术经济指标分析

这一分析主要是通过本月实际数和本年累计实际平均数与本年计划数、上年实际平均数和历史先进水平分别进行对比，揭示差异，进而查明发生差异的具体原因。

四、制造费用明细表的编制和分析

本环节要求重点掌握按项目设置制造费用明细表和按成本形态划分的制造费用明细表，能分栏填制各费用的本年计划数、上年同期实际数、本月实际数、本年累计实际数。掌握对制造费用明细表的对比分析法。通过实际数与基数的对比来揭示实际数与基数之间的差异，借以了解企业经济活动的成绩和问题。

（一）制造费用明细表的编制

制造费用明细表是按制造费用项目设置的，分栏反映各费用的本年计划数、上年同期实际数、本月实际数、本年累计实际数。企业根据管理的需要，也可以将制造费用按成本性态划分为变动成本和固定成本。该表可分车间按月编制。两类制造费用明细表格式见表 7-14、表 7-15。

表 7-14　　制造费用明细表（按制造费用项目）

2012 年 12 月　　金额单位：千元

项　目	本年计划	上年同期实际	本月实际	本年累计实际
工资	（略）	（略）	（略）	4 150
职工福利费				581
折旧费				7 860
修理费				3 530
办公费				785
取暖费				1 230
水电费				1 435
机物料消耗				2 790
低值易耗品摊销				658
劳动保护费				780
租赁费				0

续表

项　　目	本年计划	上年同期实际	本月实际	本年累计实际
运输费				540
保险费				4 100
设计制图费				710
试验检验费				514
在产品盘亏和毁损（减盘盈）				315
其他				0
制造费用合计				29 978

表 7-15　　制造费用明细表（按成本性态）

编制单位：××有限责任公司　　2012 年 12 月　　金额单位：千元

费用项目	行次	本年计划	上年同期实际	本月实际	本年累计实际
变动制造费用：	1				
水电费	2	225	20.43		240
修理费	3	79.6	7.72		56.5
运费	4	30	2.6		29.9
机物料消耗	5	13.4	1.4		13.6
小计	6	348	32.15		340
固定制造费用：	7			（略）	
工资	8	230	21.2		257
福利费	9	30	2.8		33
办公费	10	40	2.2		86.74
折旧费	11	140	12		120
租赁费	12	18	1.64		16.46
劳动保护费	13	24	2.12		24.8
小计	14	482	41.96		538
合计	15	830	74.11		878

此表按制造费用项目分别反映各费用的本年计划数、上年同期实际数、本月实际数和本年累计实际数。其中，本年计划数应根据成本计划中的制造费用计划填列；上年同期实际数应根据上年同期本表的累计实际数填列；本月实际数应根据“制造费用”总账科目所属各基本生产车间制造费用明细账的本月合计数汇总计算填列，本年累计实际数应根据这些制造费用明细账的月合计数汇总计算填列。

（二）制造费用明细表的分析

对制造费用明细表的分析主要采用对比分析法。这是通过实际数与基数的对比来揭示实际数与基数之间的差异，借以了解经济活动的成绩和问题的一种分析方法。

在采用对比分析法进行分析时，通常先将本月实际数与上年同期实际数进行对比，揭示本月与上年同期实际数之间的增减变化。在表中列有本月计划数的情况下，则应先与计划数进行对比，以便分析和考核制造费用月度计划的执行结果。而在将本年实际数与本年计划数进行对比时，如果数据不是来自12月份的制造费用明细表，则这两者的差异只反映年度内某一期间计划执行的情况，据以发出信号，提醒人们应该注意的问题。如果数据来自12月份的制造费用明细表，则本年累计实际数和本年计划数的差异，就是全年费用计划执行的结果。为了具体分析制造费用增减变动和计划执行好坏的情况及原因，上述对比分析应该按照费用项目进行。由于制造费用项目很多，可以选择变化较大，差异较大或费用比重较大的项目，有重点地进行分析。

【例7-9】 制造费用明细表的分析

1. 资料

某企业2012年12月“制造费用明细表”见表7-15。

2. 要求

对制造费用明细表进行分析。

3. 解析

根据表7-15中的数据，对比实际数与计划数，分析计算差异，见表7-16。

表7-16 制造费用明细表分析资料 金额单位：千元

费用项目	工资	福利费	办公费	折旧费	水电费	修理费	运费	租赁费	劳动保护费	机物料消耗	合计
本年计划数	230	30	40	140	225	79.6	30	18	24	13.4	830
本年累计实际数	257	33	86.74	120	240	56.5	29.9	16.46	24.8	13.6	878
差异	27	3	46.74	−20	15	−23.1	−0.1	−1.54	0.8	0.2	48

从表7-16中可以发现，本年实际数与本年计划数相比有很多超支项目，也有很多节约项目。由于各制造费用项目的性质和用途不同，评价各项费用超支或节约时，不能简单地将一切超支都看成不合理的和不利的，也不能简单地将一切节约都看成是合理的和有利的。例如，劳动保护费的节约，可能导致缺少必要的劳动保护措施，影响安全生产；修理费支出的减少，可以是维修不及时，机器设备没有在正常运转。又如，机物料消耗的超支，也可能是由于追加了生产计划导致的结果，这样的超支是合理的。

五、期间费用明细表的编制和分析

企业发生的期间费用包括销售费用、管理费用和财务费用，这些费用支出的节约或浪费，往往与公司（总厂）的行政管理部门和生产车间工作的质量和有关责任制度、节约制度的贯彻执行情况密切相关。因此，掌握期间费用明细表的编制及有效分析方法，并向各有关部门、车间编报上述报表，分析这些费用的支出情况，不仅是促进节约各项费用支出，防范铺张浪费，不断降低成本和增加盈利的重要途径；同时也是推动企业改进生产经营管理工作，提高工作效率的重要措施。

（一）期间费用明细表的编制

期间费用明细表是反映企业在一定时期内各项期间费用的发生额及构成情况的成本报表，包括管理费用明细表、销售费用明细表和财务费用明细表。期间费用明细表通常按月编制并按照费用项目设置，分栏反映各费用的本年计划数、上年同期实际数、本月实际数和本年累计实际数。

1．销售费用明细表

销售费用明细表是反映企业在报告期内发生的全部销售费用及构成情况的报表。其格式见表 7-17。

表 7–17　产品销售费用明细表

2012 年 12 月　金额单位：千元

项　　目	本年计划	上年同期实际	本月实际	本年累计实际
工资	（略）	（略）	（略）	2 808
职工福利费				393
业务费				1 030
运输费				3 870
装卸费				2 090
包装费				3 670
保险费				896
展览费				0
广告费				4 120
差旅费				1 280
租赁费				0
低值易耗品摊销				540
销售部门办公费				796
委托代销手续费				0
销售服务费				0
折旧费				896
其他				0
合计				22 389

此表按产品销售费用项目分别反映各费用的本年计划数、上年同期实际数、本月实际数和本年累计实际数。其中，本年计划数应根据本年产品销售费用计划填列；上年同期实际数应根据上年同期本表的累计实际数填列；本月实际数应根据“产品销售费用”明细账的本月合计数填列；本年累计实际数应根据产品销售费用明细账的本月末累计数填列。

2．管理费用明细表

管理费用明细表是反映企业在报告期内发生的全部管理费用及构成情况的报表。其格式见表 7-18。

表 7–18　管理费用明细表

2012 年 12 月　金额单位：千元

项　　目	本年计划	上年同期实际	本月实际	本年累计实际
1. 工　资	985 120	（略）	（略）	985 830
2. 福利费	137 650			138 008
3. 折旧	325 620			325 400

续表

项目	本年计划	上年同期实际	本月实际	本年累计实际
4. 办公费	115 100			113 400
5. 差旅费	283 200			297 659
6. 运输费	482 200			483 560
7. 保险费	198 200			198 000
8. 租赁费				
9. 修理费	328 000			317 600
10. 咨询费				
11. 诉讼费				
12. 排污费	178 530			178 120
13. 绿化费	14 520			14 000
14. 物料消耗	89 650			88 785
15. 低值易耗品摊销	72 300			71 860
16. 无形资产摊销	68 000			68 000
17. 递延费用摊销	78 670			78 420
18. 坏账损失	39 560			39 000
19. 研究开发费	481 000			470 000
20. 技术转让费				
21. 业务接待费	386 200			367 560
22. 工会经费	19 600			19 715
23. 职工教育经费	246 320			251 680
24. 待业保险费				
25. 劳动保险费	292 000			272 800
26. 税金				
房产税	60 000			60 000
车船使用税	24 400			24 400
土地使用税	12 300			12 300
印花税	6 100			6 100
27. 材料、产成品盘亏和毁损（减盘盈）	7 000			7 200
……				
其他	4 820			4 888
管理费用合计	4 936 060			4 894 285

此表按管理费用项目分别反映各费用的本年计划数、上年同期实际数、本月实际数和本年累计实际数。其中，本年计划数应根据公司（总厂）或企业行政管理部门的管理费用计划填列；上年同期实际数应根据上年同期本表的累计实际数填列；本月实际数应根据管理费用明细账的本月合计数填列；本年累计实际数应根据管理费用明细账的本月末的累计数填列。

3．财务费用明细表

财务费用明细表是反映企业在报告期内发生的全部财务费用及构成情况的报表。其格式见表 7-19。

表 7-19 财务费用明细表

2012 年 12 月 金额单位：千元

项　　目	本年计划	上年同期实际	本月实际	本年累计实际
利息支出（减利息收入）	（略）	（略）	（略）	4 150
汇兑损失（减汇兑收益）				2 280
调剂外汇手续费				768
金融机构手续费				0
其他筹资费用				0
合计				7 198

此表按财务费用项目分别反映各费用的本年计划数、上年同期实际数、本月实际数和本年累计实际数。其中，本年计划数应根据本年财务费用计划填列；上年同期实际数应根据上年同期本表的累计实际数填列；本月实际数应根据财务费用明细账的本月合计数填列；本年累计实际数应根据财务费用明细账本月末的累计数填列。

（二）期间费用明细表的分析

对各项期间费用的分析主要采用对比分析法和构成比率分析法。首先应采用对比分析法，视分析的目的，选择各费用明细表中的某项数字为基数，将本期实际数与基数进行对比，确定各个项目本期实际数与对比基数的差异。分析时，可以将各项费用的本期实际数与计划数进行对比，分析计划执行的结果；可以将各项费用的本期实际数与上期实际数进行对比，了解其增减变化，分析发展趋势。其次应采用构成比率分析法，以各项费用的总额为基数，分别用各项费用的各个项目与总额进行计算，求出所占比重，找出影响费用总额的重点项目，确定管理的重点环节。

在分析中应当注意下列问题。

（1）应首先分析费用开支比例和提取标准的费用项目，看其是否符合有关制度的规定。

（2）不能仅从某项费用绝对数的增减来评价费用控制情况，要联系与之相关的生产经营业务量的增减变化。

（3）应当选择费用比重较大、超支或节约数额较大的项目有重点地进行分析，做到点面结合。

（4）由于期间费用与所得税税前扣除办法所约束的内容直接相关，分析应特别注意，企业可能因避税考虑而有意超支或节约某项目。

1．管理费用明细表分析

管理费用发生在行政管理部门，费用的发生与产品无直接联系，费用项目多，大部分费用是固定费用，应当编制预算加以控制。在分析时，首先应对费用按性质进行分类，分析哪些费用的发生是正常的，哪些是不正常的；哪些是管理上的原因，哪些不是管理上的原因。管理费用各项目按性质一般可以分为如下几类。

（1）管理性费用。如工资及福利费、办公费、差旅费、修理费、业务招待费等。这类费用的高低一般反映企业的管理水平，应从管理上找原因。

（2）发展性费用。如研究开发费、职工教育经费、绿化费等。这类费用的高低与企业的未来发展相关，不能简单与管理水平挂钩，应将费用支出与带来的效益相比较进行分析。

（3）保护性费用。如保险费、劳动保护费等。这类费用的高低与企业防范生产经营风险和劳动保护条件改善相关，可以避免未来损失，因此也不能简单与管理水平挂钩，而应将费用支出与带来的效益相比较进行分析。

（4）非生产性费用。如材料与产成品盘亏和毁损的净损失、产品“三包”损失等。这类费用的发生与管理有直接的关系，必须从管理上找原因。

【例 7-10】 管理费用明细表的分析

1. 资料

某企业 2012 年 12 月“管理费用明细表”见表 7-18。

2. 要求

对管理费用明细表进行分析。

3. 解析

以表 7-18 中的数据为例，对管理费用明细表进行分析，分析计算数据见表 7-20。

表 7-20　　管理费用明细分析表　　金额单位：千元

项　目	本年计划	本年累计实际	实际比计划		各项目占总体比重	
			增减金额	变动%	计划数	实际数
1. 工资	985 120	985 830	710	0.07%	19.96%	20.14%
2. 福利费	137 650	138 008	358	0.26%	2.79%	2.82%
3. 折旧	325 620	325 400	−220	−0.07%	6.60%	6.65%
4. 办公费	115 100	113 400	−1 700	−1.48%	2.33%	2.32%
5. 差旅费	283 200	297 659	14 459	5.11%	5.74%	6.08%
6. 运输费	482 200	483 560	1 360	0.28%	9.77%	9.88%
7. 保险费	198 200	198 000	−200	−0.10%	4.02%	4.05%
8. 租赁费			0		0.00%	0.00%
9. 修理费	328 000	317 600	−10 400	−3.17%	6.64%	6.49%
10. 咨询费			0		0.00%	0.00%
11. 诉讼费			0		0.00%	0.00%
12. 排污费	178 530	178 120	−410	−0.23%	3.62%	3.64%
13. 绿化费	14 520	14 000	−520	−3.58%	0.29%	0.29%
14. 物料消耗	89 650	88 785	−865	−0.96%	1.82%	1.81%
15. 低值易耗品摊销	72 300	71 860	−440	−0.61%	1.46%	1.47%
16. 无形资产摊销	68 000	68 000	0	0.00%	1.38%	1.39%
17. 递延费用摊销	78 670	78 420	−250	−0.32%	1.59%	1.60%

续表

项　目	本年计划	本年累计实际	实际比计划		各项目占总体比重	
			增减金额	变动%	计划数	实际数
18. 坏账损失	39 560	39 000	−560	−1.42%	0.80%	0.80%
19. 研究开发费	481 000	470 000	−11 000	−2.29%	9.74%	9.60%
20. 技术转让费			0		0.00%	0.00%
21. 业务接待费	386 200	367 560	−18 640	−4.83%	7.82%	7.51%
22. 工会经费	19 600	19 715	115	0.59%	0.40%	0.40%
23. 职工教育经费	246 320	251 680	5 360	2.18%	4.99%	5.14%
24. 待业保险费			0		0.00%	0.00%
25. 劳动保险费	292 000	272 800	−19 200	−6.58%	5.92%	5.57%
26. 税金			0		0.00%	0.00%
房产税	60 000	60 000	0	0.00%	1.22%	1.23%
车船使用税	24 400	24 400	0	0.00%	0.49%	0.50%
土地使用税	12 300	12 300	0	0.00%	0.25%	0.25%
印花税	6 100	6 100	0	0.00%	0.12%	0.12%
27. 材料、产成品盘亏和毁损（减盘盈）	7 000	7 200	200	2.86%	0.14%	0.15%
……			0		0.00%	0.00%
其他	4 820	4 888	68	1.41%	0.10%	0.10%
管理费用合计	4 936 060	4 894 285	−41 775	−0.85%	100%	100%

从表 7-20 中，可以看出，该企业在预算执行上总体较为理想，实际支出比计划减少了 73 049 元。但个别项目需要进一步分析，如差异较大项目，包括节约和超支的项目。就绝对数来看，与计划相比变动差异较大的五个项目依次是："研究开发费"较计划节约 80 000 元，"差旅费"超出计划 15 359 元，"修理费"节约 9 000 元，"业务招待费"节约 8 440 元，"职工教育经费"超支 4 750 元。对前述五个项目可作为重点分析对象，查找节约和超支的原因。就相对数来看，"产成品盘亏和毁损（减盘盈）"的变动比率超出计划数的 20%，是与计划相比差异变动最大的项目，但由于其仅占总体比重 0.1%，比重较小，对企业整体管理费用控制的影响较小，企业可视情况决定是否对其进行重点分析，如超支的性质等情况。

2. 销售费用明细表分析

销售费用明细表的分析方法与管理费用明细表分析基本相同。在进行销售费用明细表分析时应当注意，联系当期市场需求变化的情况和企业销售业务的开展、销售规模的大小等业务背景。特别是与销售变动和开展业务有关的变动性或半变动性费用，一定要结合销售业务情况进行分析，在满足开展业务、扩大销售的前提下再考虑节支问题。

【例 7-11】 销售费用明细表的分析

1. 资料

某企业 2012 年 12 月"销售费用明细表"见表 7-17。

2. 要求

对销售费用明细表进行分析。

3. 解析

以表 7-17 中的数据为例，分析数据可参照表 7-20 格式设计计算，此处省略。

对销售费用明细表分析如下：本年销售费用实际支出较计划超出 58 208 元，超出计划的 2.61%。其中需要重点关注的指标主要有：运输费、装卸费、广告费、差旅费等，运输费节约 13 000 元，其他项目依次超支 10 000 元、45 600 元、8 796 元。广告费支出超出计划 11.07%，占总超支金额的 78.34%，需要特别予以注意。对上述费用指标节约或超支的原因可做进一步分析，查找原因。

3. 财务费用明细表分析

财务费用明细表的分析方法与前述期间费用明细表分析方法基本相同。在分析评价财务费用时应该考虑企业融资对生产经营资金需求的满足程度以及外汇市场上汇率变化的风险情况（有外币业务的企业需要考虑）。

【例 7-12】 财务费用明细表的分析

1. 资料

某企业 2012 年 12 月“财务费用明细表”见表 7-19。

2. 要求

对财务费用明细表进行分析。

3. 解析

以表 7-19 中的数据为例，分析数据可参照表 7-20 格式设计计算，此处省略。

对财务费用明细表分析如下：本年实际财务费用较计划超支 21 021 元，超出计划的 2.87%。其中金融机构手续费超支 11 040 元，占总超支金额的 52.52%；汇兑损失超出计划 9 981 元，占总超支金额的 47.48%。企业可一步分析金融机构手续费超支和汇兑损失超支的原因。

职业能力训练

一、职业能力选择

（一）职业能力单选

1. 连环替代法中，确定各因素排列顺序的原则是：（　　），先实物量指标后价值量指标。

   A. 先历史指标后现实指标　　B. 先数量指标后质量指标

   C. 先实际指标后预算指标　　D. 先分析数年后标准数

2. 不属于产品生产成本表反映的内容是（　　）。

   A. 报告期内全部产品总成本

   B. 报告期内各主要产品单位成本

   C. 报告期内全部产品各成本项目的总成本

   D. 报告期内各项期间费用

3. 通过产品生产成本表，可以考核和分析（　　）成本降低计划的执行情况。

   A. 可比产品　　B. 不可比产品

C. 全部产品　　D. 主要产品

4. 可比产品是指（　　），有完整的成本资料可以进行比较的产品。

A. 试制过　　B. 国内正式生产过

C. 企业曾经正式生产　　D. 总产值

5. 比较分析法只适用于（　　）。

A. 不同质指标的数量对比　　B. 同质指标的数量对比

C. 不同质指标的质量对比　　D. 关联指标的比率对比

6. 某项经济指标的各个组成部分占总体的比重，称为（　　）。

A. 相关指标比率　　B. 动态比率

C. 构成比率　　D. 效益比率

（二）职业能力多选

1. 比较分析法中常用的比较标准有（　　）。

A. 成本计划或定额指标　　B. 历史指标

C. 同行业指标　　D. 报告期实际指标

E. 未来期间预计指标

2. 比率分析法常用的比率有（　　）。

A. 相关指标比率　　B. 构成比率

C. 动态比率　　D. 综合比率

E. 定额比率

3. 按成本报表反映的内容将其分为（　　）等几类。

A. 产品生产成本表　　B. 主要产品单位成本表

C. 制造费用明细表　　D. 管理费用明细表

E. 专题分析表

4. 影响单位产品直接材料费用变动的因素主要有（　　）。

A. 单位产品直接材料消耗数量　　B. 直接材料消耗数量

C. 材料单价　　D. 材料价格差异

E. 材料领用差异

二、判断题

1. 成本报表的种类、格式和内容必须符合国家有关部门的统一规定。（　　）

2. 编制成本报表的目的主要是为了满足企业内部管理的需要。（　　）

3. 可比产品成本实际降低率等于可比产品成本实际降低额除以全部可比产品以计划产量计算的全年总成本。（　　）

4. 成本利润率是相关指标比率。（　　）

5. 在分析各项费用计划执行情况时，根据费用超支或节约结果就可以做出评价。（　　）

三、任务实训

实训一　主要产品单位成本的编制和分析

【实训目的】 通过实训，让学生了解编制产品生产成本表的基本依据，熟悉并领会成本表编制的一般程序，掌握并能运用编制和分析成本表的方法，形成对一般生产企业成本表的较强的编制和分析能力。

【实训资料】 长发企业生产甲产品，有关资料见表7-21、表7-22。

表7-21 主要产品单位成本表 金额单位：千元

成本项目	上年实际平均	本年计划	本年实际
原材料	1 862	1 890	2 047
工资及福利费	150	168	164
制造费用	248	212	209
合计	2 260	2 270	2 420

表7-22 单位甲产品耗用原材料的资料表

项　目	上年实际平均	本年计划	本期实际
原材料消耗量（千克）	950	900	890
原材料单价（元）	1.96	2.10	2.30

【实训要求】 根据上述资料，分析甲产品单位生产成本的计划完成情况；分析影响原材料费用变动的因素和各因素对材料费用变动的影响程度。

实训二　可比产品成本降低率计划完成情况分析

【实训目的】 练习可比产品成本降低率计划完成情况分析

【实训资料】 长发企业生产甲、乙两种可比产品的成本资料如下。

（1）可比产品成本计划降低率为7%；

（2）可比产品生产成本资料见表7-23。

表7-23 可比产品成本资料表

可比产品	产量（件）		单位成本（千元）		
	计划	实际	上年实际平均	本年计划	本年实际
甲	15	25	200	185	175
乙	20	18	100	95	97.5
合计	—	—	—	—	—

【实训要求】 计算可比产品成本降低率计划完成情况，分析升降原因。

参考文献

1. 顾全根. 成本会计. 北京：中国财政经济出版社，2007.
2. 顾全根. 成本会计实务. 北京：清华大学出版社，2009.
3. 顾全根，刘洪海. 成本会计全真实训. 北京：清华大学出版社，2010.
4. 李　敏. 成本会计. 上海：立信会计出版社，2006.
5. 鲁亮升. 成本会计. 大连：东北财经大学出版社，2005.
6. 苗海荣. 成本会计. 北京：中国人民大学出版社，2004.
7. 周国安. 成本会计实务. 北京：高等教育出版社，2002.
8. 丁元霖. 成本会计. 上海：上海社会科学院出版社，2002.
9. 周　萍. 成本会计. 武汉：华中科技大学出版社，2007.